Name Analyst 황시현의

이름이야기 II

이름분석학

Name Analyst
황시현의 이름이야기 II

이름분석학

초판 1쇄 인쇄 2017년 12월 23일
초판 1쇄 발행 2018년 1월 3일

지은이 황시현
펴낸이 홍행숙
펴낸곳 문학의문학
등록번호 105 91 90635
주소 서울 마포구 토정로 222 한국출판협동조합 422호
전화 02-722-3588
팩스 02-722-3587

표지 디자인 제이앤코
일러스트 신재균
내지 디자인 강지우

ISBN 979-11-87433-05-7(03180)

값은 책의 뒷면에 있습니다.

Name Analyst 황시현의

이름이야기 II

이름분석학

문학의 문학

이름분석가로
다시 태어나다

名

'달(夕)에게 말(口)을 걸다'

'名'이라는 한자의 어원을 살펴보면, 저녁 (夕) + 입 (口). 두 개의 글자를 합쳐서 만들어진 글자로 이름 명 '名'의 부수도 입 구(口)이다.

저녁 석(夕)은 지사자로 '月'에서 한 획을 빼낸 모양으로 '달이 반쯤 보임'으로 해가 지고 달이 뜨는 과정을 의미하는 '저녁, 황혼'의 뜻이며, 입 구(口)는 '말하다, 소리, 사람'의 의미까지 확대되기도 한다.

'달(夕)에게 말(口)을 걸다' 저녁에 달을 보며 말을 하는… 마치 달을 보며 기도하는 사람의 모습을 연상시키는 글자입니다.

'命'이라는 한자도 사람(人) + 하나(一) + 입(口) + 병부(卩). 4개의 글자를 합쳐서 만들어진 글자로 목숨 명'命'의 부수는 입 구(口)이다.

'사람(人)이 하늘(一)에 소리(口)내어 기도(卩)한다' 또는

'사람(人)이 하늘(一)에 두드린다(叩)' 는 의미로

한 일(一)은 '하나, 하늘, 오로지, 모두, 창조, 최초, 시작' 등의 의미를 갖는 글자로 하나와 하늘이 합쳐진 '한' 一 의 의미이며,

입 구(口)는 '말하다, 소리, 사람'의 의미까지 확대되기도 한다고,

병부 절(卩)은 상형자로 병부란? 왕과 병권(兵權)을 가진 신하 사이에 미리 나누어 가진 일종의 사실 확인용 표식인 신표(信標)로, 후대에 남녀 사이에 사랑의 '정표'로도 사용되기도 했다고 한다. 또, 병부 절'(卩)'의 갑골문 자형을 보면 두 손을 공손히 모으고 무릎을 꿇은 사람의 모양을 하고 있다.

두드릴 고(叩)는 입 구(口)와, 병부 절(卩)이 합쳐진 글자로 '두드리다, 조아리다, 끌어당기다, 잡아당기다, 묻다, 물어보다, 정성스러운 모양'을 의미한다.

목숨 '命'에 담긴 각 글자의 의미들을 조합해 보면, '命은 사람이 하늘에 말로써 정성스레 기도하면 끌어당길 수 있는 것' 또는 '命은 사람이 정성스레 기도하면 창조할 수 있는 것'으로 해석이 가능하다. 인간의 노력 여하에 따라 삶(生)과 죽음(死)을 달리 할 수 있다는 것

이다. 즉, 인간의 목숨(命)은 자체수정이 가능하다는 것이다.

삶의 변화를 주고 싶습니까? 이름을 바꾸면 당신의 운명이 달라집니다. 라고 자신 있게 말하는 성명학자다. 그 이유는 소리에너지의 파동의 효과를 성명학을 배우기 이전에 이미 경험했기 때문이다. '命'이라는 한자를 '사람이 하늘에 두드리는 것'으로 해석하는 이유도 '말의 힘 → 생각의 힘 → 긍정적인 생각의 힘 → 긍정적인 생각과 말의 힘 → 기도의 힘 → 소리 내어 기도할 때의 말의 힘'의 원리가 삶에 끼치는 영향을 직접 경험해봤기 때문에 '이름이 불리어질 때의 영향이 한문이름보다 더 큽니다'라고 주장하는 새로운 성명학 이론이 당연하게 이해가 됐다.

이름 속에 담긴 운명을 이야기 한다는 것은 생년월일시 속에 담겨진 운명을 이야기하는 것과 크게 다르지 않음을 알게 되었고, 오히려 불리어지는 이름이 사람들의 삶에 사주보다 더 많은 영향을 끼친다는 것도 임상에서 만난 10만여 명의 사람들과의 상담을 통해 밝혀졌으며, 거의 대부분의 사람들은 사주와 똑 같은 운명의 이름을 갖고 산다는 것도 밝혀졌다. 이것은 소리에너지의 파동의 효과를 이야기하는 것이며, 개명 후 사주와 똑같은 운명이었던 본명과는 다르게 살아간다는 약 7천 8백여 명의 개명 고객들과의 교류를 통해서도 충분히 증명되어지고 있다.

그리고 또 하나, 그저 불리는 소리(音)의 작용보다는 글자(書名)

속에 담겨진 소리에너지의 작용이 훨씬 크다는 것이 일반인보다 많이 불리는 연예인들의 예명이름 분석을 통해서도 충분히 증명되어지고 있다. 이런 연구 과정을 통해 우리 연구원은 법적인 개명을 하지 않을 작명은 애초부터 하지 않는 것을 원칙으로 한다. 서류상의 이름의 영향이 더 큼이 밝혀진 것도 제일 큰 이유이지만, 법적으로 개명을 해야 더 많이 불리어지기 때문이다.

우연한 기회에 성명학 책을 읽게 되었고, 강한 호기심은 성명학 책에는 계산법이 나와 있지 않은 주역괘를 찾아내는 결과를… 그 후 이름상담을 받으러 갔다가 벌써 다 분석해 봤다는 나의 말에 상담사는 성명학에 재능이 있으니 배우라 권하였고, 당시에는 성명학을 점서(占書)로 알고 있었기에 내가 왜? 성명학을 배우냐고, 됐다고 펄쩍 뛰었지요.

디자이너의 꿈이 가정형편으로 일찍부터 좌절되었고, 결혼 후까지도 꿈을 포기하지 않은 채 매년 그 길을 향해 목표를 세우면 바로 코앞에서 물거품이 되는 상황을 겪으면서 디자이너의 꿈은 미술계통의 그냥 그림을 그리는 화가의 길로 수정, 15년 만에 그림을 그리면서 유화를 그리는데도 수채화 톤이 나오는 기이한 현상은 결국 한국화가 나에게 맞음을 깨달았고, 드디어 나만의 그림 톤을 찾았고, 그리려는 그림 역시 기왕이면 사람들에게 도움이 되는 그림을 그려야겠다고 맘먹고 본격적으로 그림을 그리려던 날이 이름상담을 받으러 간 날이다. 그랬기에 성명학을 배워보라는 말은 말도 안 되는 이야기이고, 오랫동안 꿈꿨던 나만의 그림세계에 빠질 수 있는 기회를 버릴 수가 없었기에 손을 내저으며 극구 사양했다. 그러나 참 아이러니 하게도 평범한 사람이 주역괘 운까지 찾아낸 사람이 없었다며, 자신도 힘들게 배워 겨우 알아낸 것을 필시 재능이 있는데다 성명학은 통계학이론이며 재능이 있는데 배워두면 주변지인들을 위해서도 좋지 않겠느냐는 상담사의 말과 '배워 둬서 나쁠 것 없지 않을까?' 라는 단순한 생각에서 시작한 성명학 입문이 현재의 이 길로 오게 될 줄은 정말 아무도 몰랐고, 나 자신조차도 몰랐다. 재미삼아 본 사주에서도 운명을 다루는 직업을 가질 것이라는 소리는 한 번도 들어 본 적이 없으니까.

지금도 간혹 고객 중에 무속인들이 오지만, 나야 그들이 무속인인지 모른다. 이름을 분석하는 과정 중에 신끼가 많은 이름을 갖고 계시니 '신끼가 많으시네요' 하고 이야기하면 그제야 '자신의 신분을 밝힌다. 실은 자신은 어디서 잘 나가는 유명한 무속인이라고 어떻게 이름 속에 신끼가 있다는 것이 나오느냐?고' 오히려 되묻는다. 그러면서 '정말 신끼가 하나도 없는데 어떻게 자기 삶을 이름으로 알 수가 있느냐?고' 정말 신기해한다. 그럼 나는 '성명학은 통계학이라는 자료를 통해 나오는 결과를 이야기하는 학문입니다. 그러니 공부했지요.'라고 말하면 고개를 절레절레 흔들며 정말 신기하다고… 이들처럼 일반인들은 물론 지인이나 친구들도 '성명학자'의 길을 가고 있다고 이야기하면 분명 신끼가 있어서 이런 일을 하고 있다고 생각하는 모양이다. 안타깝게도 아무것도 안보이고 안 들린다. 신끼가 많은 영험하다는 무속인들조차 내가 이 길을 가는지 조차도 모르고 신끼가 있다는 소리를 안 하는데 오히려 일반인들이 신끼가 있다고 생각하더라구요.

오로지 이름만을 분석하고 작명한다. 심지어 나는 사주를 못 본다. 라고 블로그에 글을 올려놨다. 사주 역시 통계학이기에 이미 나와진 자료들이 늘 똑같은 이야기를 반복한다. 인터넷에 사주사이트가 무지 많고 아주 정확하다. 사람의 생년월일시가 고정으로 있는 한 기본적인 사람의 운명은 똑같은 결과를 이야기한다. 좀 더 세밀하게 보느냐? 재물운을 더 잘 보느냐? 연애운을 더 잘 보느냐? 사주가의 재능에 따라 차이가 있을 뿐, 큰 뼈대는 같다. 그래서 나는 사주를 컴퓨터로 본다. 중요한 건 사주보다 더 정확하게 풀어내는 이름분석 재능이 있어 자신 있게 이 길을 간다. 누가 뭐라고 이야기하든 아무려면 어떠랴? 내가 하는 이 일이 어려움에 처한 많은 사람들을 위해 좋은 일이라면 된 것이고, 또 그 일에 재능이 남다르게 있어서 그 재능을 남다른 연구를 통해 이름 상담과 작명 이외에도 그들의 삶을 들어주고, 그들의 삶이 나아질 수 있도록 좋은 책을 알려드리고 여러 가지 생활 속에 활용할 수 있는 방법들을 이야기하는 시간들을 가질 수 있는 이 직업이 참 맘에 든다. 그저 감사할 따름이다. 또 아직 버리지 않은 화가로서의 꿈이 있어 곧 나에게 크게 변화가 오는 또 한 번의 기회와 시간이 남아있다는 것만으로도 행복한 삶이다.

나는 이름의 중요성보다는 '씨크릿'이라는 책과 '씨크릿의 효과',

'끌어당김의 법칙'에 대한 이야기를 더 많이 해주는 상담가로 더 많이 알려져 있다. 블로그의 내용들도 결론은 말의 중요성을 이야기하는 내용으로 구성되어 있다. "당신의 생각과 당신의 말이 삶에 끼치는 영향이 더 큽니다"라는 것을 해가 거듭될수록 상담시간 중 70% 가량을 할애해 '말의 힘'의 중요성을 이야기하게 된다.

그 이유는 이름을 분석해보면 이름에 영적인 기운과 말의 힘을 강하게 가진 사람들이 간혹 있다. 그들은 소위 '기도하는 운명'을 가진 사람들이다. 이들을 두고 무속인이나 스님들은 '기도를 많이 하고 사세요'라고 이야기하고, 교인들은 '말의 은사'를 가지셨으니 기도 많이 하시라는 이야기를 듣는 사람들이다. 일부의 사람들이 영적인 기운이 많으니 '기도하는 운명'을 사세요 라고 이야기 하면 무속인이나 스님이 되라는 것으로 받아들여 그 말을 무시하고 사시는데, 이런 부분에 대한 오해를 풀어드리고자 '영적인 기운과 말의 힘'을 같이 가진 분들'을 위해 신이 주신 좋은 재능을 잘 활용하고 사시라고.

"이름을 불러줌으로써 현재까지 살아온 삶에 이런 영향을 받았습니다. 늘 들어왔던 사주와 이름 속의 삶 둘 중에 어떻게 살아오셨는지요?" 라고 물으면 열이면 열 명이 "이름대로 살았네요"라고 말이다.

이름분석에서 보여주듯, 소리에너지의 효과, 즉 '말의 힘'이 삶에 끼치는 영향이 과학적으로 증명되었듯이 유난히 '영적인 기운과 말의 기운'을 가진 분들은 평상시 내뱉는 말이, 그저 생각만 해온 걱정들이 실제로 삶에 영향을 끼친다는 것을, 예민한 분들은 자신의 삶

속에서 경험한 분들이 많다.

이름분석 과정에서 이런 기운을 강하게 가진 분들한테는 '평상시 생각과 말을 조심해야 하는 운명입니다.' 라고 이야기해 주는데 상담고객 중 한 젊은 여성이 제 말을 듣자마자 정말 그런 무서운 경험을 했고, 그 뒤로 다시는 그런 생각과 말은 안하게 되었다고 하면서 자신에게 있었던 이야기를 해 주었다. 가끔 자신을 괴롭히던 직장동료와 상사가 하루는 성적인 농담을 했는데 그게 너무 싫었던 그녀는 맘속으로 그들이 잘못되라고 욕을 했고, 바로 다음날 그들이 탄 엘리베이터가 고장이 나서 그 안에 타고 있던 두 분 중 한명은 죽었고, 다른 한명은 허리를 크게 다쳐 불구가 되었다는 이야기를 하면서 그 뒤로는 안 좋은 생각과 말은 조심하고 있다면서 자신의 이름 속에 그런 에너지가 있다는 것이 너무 놀랍다고 이런 고객들과 상담을 하면서 이런 분들한테는 론다 번의 책 '씨크릿'의 끌어당김의 법칙의 원리를 알려줌과 동시에 그 법칙이 바로 '말의 힘'이니 '평상시 당신의 생각과 말을 함부로 하지 말 것' 을 경각시키고자 애쓴다.

10만여 명의 이름 상담 고객 중 지금까지 14명의 고객이 이름에 흉운이 많아 결코 평안한 삶을 살수 없는 여건임에도 평범하게 무난하게 잘 살고 있는 분들인데, 이들은 하나 같이 종교생활을 하고 있음이 밝혀졌다. 기독교 신자, 불교 신자, 가톨릭 신자 등이며, 본인이 직접 종교생활을 하는 분들이 대부분이고 드물게 어머님이 또는 시어른께서 절에서 살다시피, 교회에 열심히 다니시며 그들을 위해 기도해 주고 있다는 사실이다. 단명수의 흉운을 5개나 가지신 분이 평범하게 살아가기란 쉽지 않다. 그러나 평범한 삶으로 살아가고 있는 그 뒤에는 어머님의 간절한 기도가 있었다는 것이 이름분석을 통해 밝혀졌고, 기도는 운명을 부드럽게 변화시킬 수 있다는 것이 증명된 것이다. '하늘에 간절히 소리 내어 기도하면' 삶의 고통을 부드럽게 변화시킬 수 있다는 것을 이야기하는 것이다.

개명으로도 영적인 기운을 뺄 수는 있어 넘치는 영적인 기운은 분명 이름에서 뺐지만, 타고난 운명인 '말의 힘'의 재능은 신이 특별히 주신 이유가 있으니 주변의 많은 이웃들을 위해 좋은 말과 덕담, 기도로써 도움이 되는 삶을 살라는 이유이다. 이 책을 준비하면서 사람들의 이름분석 보다는 일상의 언어, 단어 분석을 통해 소리의 기운(氣運=에너지)이 담긴 이야기를 더 많이 설명해내고자 했다. 보다 많은 사람들이 평상시 긍정적인 생각은 물론, 늘 긍정적이며 아름다운 말을 하는 습관을 가졌으면 하는 이유에서다. 이 글을 통해 단 한 분만이라도 '앞으로는 좋은 생각과 좋은 말을 하고 살아야지'라는 마음을 먹을 수 있는 계기가 된다면 저의 책 펴냄의 의도는 성공한 것이라 말할 수 있을 것이다.

2013년 단순히 블로그에 올린 글들 중 몇 개만 추려 책으로 엮으려던 나의 이야기를 들은 8년 지기 고객이자 지인으로 지내는 채유태 군의 '기왕이면 제대로 엮어 출판까지도 하는 게 좋지 않겠냐'는 권유로 책을 써볼까 마음먹었다. 바쁜 업무와 첫 출판사와의 만남이 불발되면서 차일피일 미루던 책 만들기를 2015년 '원장님 아직 책 못내셨나요? 좋은 출판사 소개시켜드릴까요?' 하고 불을 지펴준 고객 민광동 님 덕분에 제대로 계획을 갖게 되었습니다. 나의 미래 꿈 그 어디에도 책을 낸다는 계획은 한 번도 해보지 못하였는데 유태 씨와 민광동 님 덕분에 이런 멋진 기회를 갖게 되었네요. 고마워요. 감사합니다.

그동안 업무와 글쓰기를 병행하며 끼니를 제대로 지켜주지 않고 잠을 제대로 재우지 않은 나의 몸에게 제일 먼저 용서를 구하며, 앞으로 운동과 규칙적인 식사로 사랑할 것을 약속한다. 사랑해 시현아.

더불어 같은 핑계로 아내의 본분과 어미의 역할을 살짝 눈감고 지 가족에게 감사하며, 어미의 글을 읽어보고 '엄마의 글을 읽고 어찌 안 흥미로울 수가 있겠어!' 라며 최고의 찬사를 보내준 "딸! 아들! 진짜 정말 참말로 고맙다." 글을 쓰는 짬짬이 치고 들어오는 스트레스가 있었지만 요즘 중년들에게 가장 인기가 많다는 Social Site '밴드'를 하면서 책 준비과정을 들은 친구들의 응원이 많은 힘이 되었습니다. 고맙다 친구들아!

'좋은 책은 좋은 출판사를 만나야 하는 것도 중요하다'며 이 책이 출판될 수 있도록 소개를 마다하지 않은 고객에서 지인으로, 이제는 친구가 된 주해갤러리 대표 윤주해 님께 감사드린다.

마지막으로, 그동안 저를 믿고 개명하여 좋은 변화를 경험하고 사신다는 소식을 전해 주시는 고객님들 참으로 감사합니다. 여러분께서 주신 정보들로 인해 제가 가는 길에 확신을 가질 수 있는 뒷받침이 되었고, 제가 드린 이름으로 평안한 삶 살고 계시다는 말씀이 저에게는 성명학자로서 가는 길의 보람입니다.

앞으로도 더욱 더 많은 연구를 통해 보다 더 많은 사람들이 보다 나은 삶을 찾을 수 있도록 제 命이 다하는 그날까지 열심히 살아가겠습니다.

어버이날 부모님도 못 찾아뵙고, 한글날 출간되어 한글의 중요성을 알리는 데 일조 하였으면 하는 바람으로 발악을 하였으나, 아뿔사! 인정하고 싶지 않은 오십견 고통으로 서너 달 오른 손을 못 쓰는 우울한 나날을 보내게 되었고,

결국 글은 더디게 수정과 편집, 첨부 다시 수정이라는 산고의 긴 시간을 거치면서 2016년에도 빛을 보지 못하였다. '전세계 그 어디에도 없는 이름분석이라는 새로운 분야의 세계적인 책을 꿈꾸는데 그런 중요한 책이 그리 쉽게 나올 리 없겠지?' 스스로를 다독이며, 차분히 다시 보고 다시 보고, 그리고 기분 좋은 미소와 함께 2017년 9월 새벽에.

이름분석가 Name Analyst 황시현

이름=불리는 소리(파동에너지)

이름은 소리에너지의 함축덩어리이며, '이름의 파동에너지'의 작용 원리와 말(=소리)의 파동원리는 같다.

한문은 형상문자의 조합이고, 한글은 '한자의 소리글'이다. 광미명성학 이론은, 이 소리글인 '한글이름'의 영향이 한문이름보다 더 많은 비중을 차지함이 밝혀지면서 그 이유를 소리에너지의 작용 때문이라고 주장한다. 이름분석을 통해 사람들의 사주를 보듯 그들의 운명을 분석해 낸다는 것은 참으로 매력적인 일이다. 이 새로운 '이름분석이론'으로 사람들의 이름을 분석하고 작명해 주는 기본적인 성명학의 차원을 넘어 다양한 언어와 사물들의 이름이 분석 가능해졌다. 외국어 발음의 표기가 가능한 한글의 장점 덕분에 외국어의 분석이 가능해졌고, 이름분석 연구 및 그 결과 소리글인 '한글이 과학적 언어'라는 것이 증명되었고, 소리에너지의 작용원리를 밝혀내는 계기가 되었다.

이 New 성명학 이론을 통해 본명과 삶의 관계, 개명 후 달라진 변화, 지명(地名)분석 결과와 풍수적 특징과의 관계, 외국어와 외국인 이름분석의 결과, 영화의 제목 분석과 영화의 내용과의 관계, 드라마나 책 속 캐릭터 이름분석과 각 캐릭터의 성격과 특징의 일치 등 다양한 분석이 가능해졌으며, 이러한 연구과정은 결국 '소리에너지'의 작용과 영향이라는 결론을 얻는 과정이었다고 볼 수 있다, 이런 연구 결과를 토대로 나는, 이름이 중요하듯 일상생활의 대화에서도 '말의 힘'의 작용이라는 것이 얼마나 중요한지를 더 강조해 설명하게 되었다.

요즘 10대~30대 어린 젊은 친구들 사이에 상스러운 비속어 섞인 대화가 장소 불문하고 사용되는 모습들을 보면 참으로 안타까웠다. 다양한 이름분석 연구과정을 통해, 우리가 '평상시 쏟아내는 말들이 자신의 삶에 끼치는 영향'에 대해 성장 가능성이 많은 젊은 친구들에게 꼭 알려주고 싶었다. 하여 이름분석이론을 적용한 다양한 연구과정을 네이버 블로그 『황시현의 이름이야기』에 담아왔다. '말의 파동효과'를 보여줌으로써 '말'의 에너지에 대해 한번쯤은 생각해 보는 계기가 되었으면 하는 바람으로, 나름대로의 연구 결과를 수시로 올려 다 함께 생각해 보는 코너를 운영 중이다.

이 이름분석이론을 바탕으로 다양한 이름분석 시도와 연구가 이루어질 수 있었던 계기가 있었다. 성명학에 입문해 한창 이론을 배우던 중, 이 New이론으로 적용 시 과연 그 사람의 삶과 이름분석 결과가 맞는가? 그 입증을 위해 수많은 유명인들과 주변 지인들의 이름을 분석하고 있었는데, 옆에서 책을 보던 딸아이가 이 엄마의 놀라는 듯 신기해하는 연속적인 중얼거림에 역시 신기해하며 질문을 해왔다.

딸 "엄마, 신숙주 풀어봐 봐. 응? 신숙주는 이름분석으로 어떤 사람이야?"

나 "신숙주? 음 신숙주는 예민하고, 칼 같은 성격에 다재다능하고. 자존감이 강하고, 등등, 불의의 사고 운에 단명수가 있네."

나 "어? 근데 신숙주가 사육신, 생육신 관련 인물이잖어?"

사실 제가 아는 역사 속 '신숙주'는 이게 다입니다.

딸 "와, 엄마 다 맞는데. 그럼 그리스로마 신화의 아르테미스 풀어봐 봐."

나 "으음. 아르테미스는 알테미스, 로마어:디아나, 영어: 다이아나, 다이애나… 여러 나라의 발음이 달라서 다 풀어봐야겠다. 먼저, 알테미스는… 이렇네."

딸 "우와 엄마! 그것도 거의 맞는다. 신기하다."

나 "정말? 와 정말 나도 신기하다."

이 새로운 이름분석이론을 외국인 이름에 적용하여 분석하게 된 계기다.

신숙주라는 사람의 삶과 성격, 아르테미스의 신화적 성격 등에 대해 사실 잘 몰랐다. 그런데 한국사, 세계사는 줄줄 꿰는 딸아이가 거의 다 맞는다고 하니, 참! 이 성명학이론으로 어디까지 분석가능할지 호기심 충만이었던 순간이다. 한국의 성명학 이론을 갖고 외국인 이름을 풀어낸다? 정말 멋진 연구과정이 될 것 같았다. 성명학은 중국에서 유입되어 한국과 일본으로 전파되었고, 현재 이 세 나라 외의 다른 나라에는 성명학, 작명이라는 것이 없다. 한문이름 중심인 기존 전통성명학 이론으로는 삶의 분석이 불가능하다. 해서 사주(생년월일시)가 꼭 필요하다.

이 새로운 이름분석 이론은 '이름을 분석한다', '이름으로 삶을 분석한다', '이름으로 사주를 분석해낸다'란 말이 가능한 이론이다. 심지어 사람의 이름뿐만이 아닌 모든 사물의 단어, 언어 분석이 가능해졌다. 이렇듯 이름분석이 가능해진 것은 세종의 소리글 '한글창제' 덕분이며, 전세계 모든 언어의 발음소리를 표기할 수 있다는 이 위대한 '한글'과 New '이름분석이론'으로 인해 한국인은 물론, 중국인, 일본인의 이름도 생년월일시(=사주) 없이도 90% 이상 분석이 가능해진 것이다. 또, 한글이 중심인 이 이름분석이론을 사람들의 이름분석에 국한하지 않고 확대하여 다양한 분석을 시도한 결과 말로만 듣던 '한글의 과학성'과 '한글의 우수성'을 증명해 내는 과정이었으며, 사물의 이름이나, 언어, 외국인 이름 등 분야를 막론하고 이 이론을 적용하여 다양한 연구가 가능했던 결정적 계기였다.

그 많은 연구 과정들 중에 그리스 신화 속의 신들의 이름(단어)분석 결과, 그 결과가 그 존재의 의미와 흡사하게 분석되었고, 신들의 성격과 사는 모습 등이 이름분석 결과와 거의 비슷하게 분석된다는 것을 알게 되었다. 이러한 연구 결과들을 블로그에 올려서 젊은 세대들에게 '한글의 우수성'과 한국인으로서의 자부심을 알리고, 동시에 이런 소리에너지 증명과정들을 보여줌으로써 '말의 중요성'을 더 많이 알려주고자 노력하였다.

상담 현장에서도 이름분석 상담을 두 시간 가까이 진행하면서 이름의 중요성보다는 '말의 중요성'에 대해 가장 많은 시간을 공들여 이야기하는 이름분석가가 아닐까? 불리어지는 소리에너지의 파동이 삶에 끼치는 영향은 실제 임상에서 수년간 10만 여명이 넘는 사람들의 이름분석 결과로도 알 수 있었다. 많은 대부분의 사람들이 이름분석 상담 후 타고난 사주보다 불리어지는 이름대로 살아왔다는 것을 고객들이 직접 입증해주었고, 상담 후 이름분석 이론을 토대로 작명된 이름을 법적개명 한 뒤에 자신들의 삶의 변화 과정도 직접 전해주시니, 해가 거듭될수록 '말(=소리)의 중요성'을 더 강력하게 이야기하는 상담이 진행될 수밖에 없다.

불리어지는 이름이 중요하듯 평상시 하는 말(=소리) 역시 우리의 삶에 강하게 영향을 준다. 이름 속에 보이지 않는 그들의 과거와 현재, 미래를 알 수 있다는 것과 개명으로 그들의 성격이 달라지고 환경이 변화되는 결과로도 알 수 있다. 6년여 동안 전국을 다 찾아다닌

최고의 의사들도 못 고친다는 희귀질환(이유식 시기부터 채소만 먹으면 토하는 희귀질환으로 인해 인스턴트로 키워질 수밖에 없었던 아이가) 판정을 받은 여아가 개명 후 엄마의 시장바구니를 가리키며 채소들을 먹고 싶다고 표현하고, 그래서 먹인 야채가 별 거부반응 없이 좋아지는 현상들… 등을 고객들로부터 직접 전해 듣고 있다.

개명 후 대인관계, 가족 간의 사이가 좋아졌다는 온갖 다양한 변화 소식과 그동안 나를 통해 작명 받아 개명한 수 천 여명의 고객들로부터 마치 기적 같은 이야기들을 체크해 왔는데, '이름분석'이라 함은 이름 속에 담겨진 보이지 않는 에너지를 이야기하는 것이며, 불리는 이름이 사주보다 삶에 끼치는 영향이 더 크고 강하다는 것은 '소리 에너지' 즉 '말의 힘' 또한 중요하다는 것을 의미하기도 한다. 간혹, "그럼, 순 한글이름이 더 좋은 건가요?" 하고 질문하는 분들이 있다. 우리 글과 말은 순한글로만 표현할 수 없는데, 많은 단어들이 한자에 기본을 둔 글자들이기 때문이다. 여기서 밑줄 친 3줄의 문장에서도 '간혹', '순', '질문', '분', '표현', '단어', '한자', '기본' 글자의 '자' 이렇게 일반적인 말을 하면서도 9개의 단어가 한자로 구성된 단어들임을 알 수 있다.

세종께서 양반들의 전유물인 '한자'를 일반 백성들 누구나가 쉽게 읽고 이해할 수 있는 글자로 만들겠노라 하신 것이 한글 창제 취지의 발단인 것은 한국인이면 누구나 다 아는 사실이다. 즉, 한글은 '한자를 읽어낼 수 있는 글자' 즉, 소리글자에 목적을 두고 창제된 것으로 현재의 우리 한글은 순 우리말로만 표현할 수 없는 어법적인 구조를 갖고 있다는 것을 알 수 있다. 한때 한글 사랑의 차원으로 순우리말 한글 이름이 유행하여 한문 없는 이름을 가지게 된 친구들이 현 20~30대 중에 많은데, 순우리말 한글이름을 가진 사람들이 성명학적으로 좋지 않음이 알려지면서 순우리말 한글 이름을 강하게 주장하던 목소리들이 현재는 거의 들리지 않고 있다.

한글은 참으로 중요하다. 그러나 한글에 대해 제대로 이해되지 않은 그 무지함 때문에 신문에서 한자를 없애는 상황과 학교에서 한문 교과목이 사라지는 사태까지 발생을 하였으니, 그 결과 대부분의 학생들은 한문을 모르고는 이해할 수 없는 교과서의 용어(인수분해, 용해, 분수, 약분, 융합, 용액… 등등의 단어들…)와 그 의미 파악이 힘들어졌고, 역사관련 학문분야나 신문을 보면서도 읽을 수는 있으나 이해가 안 되는 상황이 벌어져 논술수업을 통해 '어려운 용어' 공부를 따로 과외 받는 상황이 생겨나게도 했다. 결국 '한글'이 세계적으로 위대한 과학적 창조품임은 한국인이면 누구나 알고 있지만, 현실적인 상황은 한자를 알아야 한글단어의 의미가 파악되듯, 한글과 한자의 병행 사용은 필연적인 것일 수밖에 없다는 것이고, 우리가 이미 1천 수백 여 년 동안 사용해 오고 있는 성(性)과 이름에서 한자의 중요성을 무시해서는 안 된다는 것이다. 다만 최근의 연구결과 한자이름도 중요하지만 그 한자이름의 소리글인 '한글이름이 더 중요하다'는 것을 '광미명성학'의 완성과 다양한 이름분석 연구 결과들을 통해서 더 확실히 증명할 수 있게 되었다는 것이다.

성명학은 한자문화 환경이던 시절 중국에서 시작 유입된 후 지금까지 약 수 백여 년 통용되어 왔다. 세종의 한글창제 이후 한글이 대중화된 21세기 현재까지, 그동안 훌륭한 많은 성명학자들이 사주를 보고 잘 지었으니 완벽할 거라는 이름을 갖고 있었음에도 몇몇 사람들은 자신의 삶이 여전히 힘든 이유를 잘 몰랐으나, 이 새로운 이름분석이론이 연구되고 나서야 한문이름 중심 성명학의 문제점이 증명되는 계기가 되었다.

최근에 이 한문이름 중심 성명학 이론의 문제점과 한계가 각 방송언론 매체를 통해서도 많은 사람들에게 알려지게 되었는데, 한글이름의 영향이 한문이름보다 실제 사람들의 삶에 더 많은 영향을 끼친다는 것은 바로 소리에너지의 파동 현상과 작용 때문인 것으로 소리에너지와 관련된 수많은 과학자들의 연구결과를 통해서도 충분히 증명되고 있다. 더불어 최근엔 이름의 소리에너지 파동의 작용과 관련하여 다양한 전기 전자 측정 기구를 통해 설명해 내는 연구들이 활발하게 진행되고 있다.

특히, 아무 의미 없는 '한글이름 세 글자'가 한문이름보다 더 중요하다는 성명학적 연구 결과는 한글이름의 소리에너지 파동이 실제 사람들의 삶에 더 많은 영향을 끼치고 있음을 말해주고 있다. 물론 한문이름 역시 그 사람의 삶에 40%나 차지하는 내면의 기둥과 같은 에너지이니 한문이름도 당연히 중요하지만, '한글이름은 더 중요하다'는 것이 이 이름분석이론의 연구결과이다.

한문이름 중심 성명학이론 이후 한글이름의 발음오행/소리오행 중심 이론이 나왔지만, 그 이론들도 단순히 이름분석만으로 사주를 분석해 내지 못하는 것이 현실이다. 타 이론으로 개명한 대다수 사람들의 이름 재감명 상담분석 결과에서도 개명 전 이름 즉 본명의 삶과 개명 후 이름의 변화를 설명해 낼 수 있었던 것은 역시 '이름분석이론' 덕분인 것이다.

또, 정말 불리어지는 소리(=파동)에너지의 영향에 대한 확실한 주장을 하려면, 한국인 이름뿐만 아니라 외국인들 이름의 소리에 대한 분석이 가능해야 한다. 초성 종성이 뚜렷하지 않은 중국인이나 특히, 일본인과 영어스펠링으로 표기가 가능한 외국인들 이름의 발음소리 운에 대한 분석 결과와 그들의 불리어지는 이름의 소리가 삶에 미치는 영향이 더 크다는 설명이 모든 인간에게 적용이 가능해야 한다. 이렇듯 동·서양인을 막론하고 분석이 가능하고 그 결과를 증명해 낼 수 있어야 소리의 파동에너지, 음파의 영향이라는 주장이 가능하지 않겠는가? 현재 이 '이름분석학'이론은 아직은 좀 더 연구하고 발전시켜야겠지만 이러한 설명이 모두 가능한 이론으로 전 세계적으로 정말 대단한 이론이라고 말할 수 있다.

이름분석가의 길에 들어선 후, 한문과 밀접한 단어를 사용하는 우리나라의 한자교육의 중요성에 더 많은 관심을 갖게 되었고, 이름의 소리가 중요하듯 '말소리'는 더 중요하다는 것을 강조하는 독특한 상담을 하게 됐다. 시중의 성명학 책 대부분이 성명학 기초이론에 관한 내용으로 '한문이름의 중요성'을 강조해 왔다면, 나는 그간의 연구과정을 담은 이 책을 통해서 '이름'이 중요한 이유는 한글'소리의 파동에너지'의 작용 원리 때문이며, 소리에너지의 함축덩어리인 한글이름이 더 중요하듯, 일상의 언어인 '소리', 즉 '말의 소리'는 더 중요하다는 주장을 담고자 한다.

차례

이름분석 연구 II

이름분석 연구 III

이름분석 연구Ⅳ

이름분석 연구Ⅴ

부록

이름분석 연구 I

일상의 단어 및 영단어를 분석하다

성명학 이론에서 '성명' 즉 '이름' 연구에 한계를 두지 않은 호기심의 증폭은 일상생활의 모든 글자, 단어, 언어들의 이름분석을 해보는 이상한 현상으로 나타났다. 지인들과 나누는 대화 속에서도 생각지 못한 한 단어의 의미를 이름분석이론 공식을 대입 '머릿속에 떠올리곤 혼자 피식! 미소 짓는' 일들이 허다하다. 같은 길을 가고 있는 제자와의 대화는 일상이 분석에서 분석으로 이어지는 생활의 연속이며, 신기하게 그 단어와 이름분석 결과가 묘하게 일치하는 것을 알아내고 둘이 동시에 서로 쳐다보고 깔깔 웃는 일이 종종 있습니다. 그 과정에서 나온 몇 개의 단어들을 분석해 보겠습니다. 자, 여러분들도 같이 분석해보고 하나의 단어와 이름분석학적 결과의 특징이 일치함을 비교해 보시죠.

1) '가난'과 '부자'의 차이

木 → 火			水 ← 金	
가	난		부	자
3	4		6	5
7			11	

'가난'이란? '살림살이가 넉넉하지 못한 상태'라는 사전적 의미가 있네요.

'가난'이라는 단어가 현재는 넉넉하지 못한 상태라, '가난'의 단어를 이름분석이론으로 들여다보면 목생화(木→火)의 오행으로 대인관계 운은 주변 사람들의 도움을 받는 에너지흐름(氣運)을 갖네요. 7 수리운(數理運) 특징은 맹호출림의 에너지로 맹호가 숲을 뛰쳐나가는 기세처럼 의지가 굳고 활동력이 있어 불굴의 노력으로 자수성가하여 권력과 재력을 갖추게 되는 운으로 자기의 노력으로 모든 어려움을 극복하고 목적을 달성하여 기초를 확립하게 되는 운이라네요.

'거지'라는 단어도 '가난'과 같은 7수리운 맹호출림의 운입니다. 수리운의 특징대로 라면 '가난'과 '거지'는 충분히 극복 가능한 삶이라는 것을 알 수 있어요. 주변 사람들과 비교하여 상대

적으로 느끼는 단어로 노력여하에 따라 변화를 줄 수 있는 기운(=에너지)이라는 거죠. '거지'라는 단어의 사전적 의미는 '남에게 빌어먹고 사는 사람'을 뜻합니다. '가난'은 상태, 환경을 뜻하는 단어이고, '거지'는 '가난'한 상태, 환경에 놓여 있는 사람들 중 어떤 한 특정인?을 지칭하는 단어로 남에게 빌어먹는 사람이라는데, '거지'라는 단어의 오행의 흐름은 대인관계 운에서 금극목(木/金) 상극의 에너지로 막힘, 단절을 뜻합니다. '거지'는 인복(人福)이 없으니 '가난'이라는 상태는 목생화(木→火) 주변사람들의 도움을 받아 극복의 여지가 있는 환경이지만, '거지'는 사람을 칭하는 말로 인복도 없으니 가난에서 벗어나려면 홀로 노력하여 자수성가 하는 것 말고는 방법이 없네요.

그럼 반대말 '부자'는 이름분석학적으로 어떤 기운을 갖는 단어인가? 알아볼까요? '부자'의 사전적 의미는 재물이 많아 살림이 넉넉한 사람을 일컫는 말로,

금생수(水←金)의 오행으로 구성되며 내가 누군가를 돕는 에너지 흐름을 가졌군요. '부자'는 누군가를 돕는 또는 아랫사람들의 도움을 받는 기운(氣運)을 가진 사람입니다. '부자'의 수리운 11획의 수리학적 특징은 매사가 순조롭고, 스스로 노력하고 개척하는 일마다 좋은 결과를 맺게 되며, 사회적 기반을 닦고 대성해 주변으로부터 신망을 얻으며, 깊은 사고력, 강한 자립심, 성실함을 갖고 한번 목적한 바는 끝까지 이루고야 마는 진취적인 기상이 있어 가문을 일으켜 번창케 하며, 부부해로하고 자녀가 번창하며, 천성이 근면하고, 인

정도 많아 대인관계도 좋고, 게다가 두뇌도 명석하여 부귀, 명예, 권위를 누리는 에너지를 가졌다네요. 부자들은 역시 다르지요? '부자'란 기본적으로 성실해야 하고 인정이 있는 사람이 '부자'라 불릴 자격이 있네요.

2) '거지'와 '재벌'이라 불리는 그들의 삶은?

木 / 金		金 → 水	
거	지	재	벌
3	4	6	9
7		15	

'재벌'이라는 단어의 사전적 의미는 '재계(財界)에서, 여러 개의 기업을 거느리며 막강한 재력과 거대한 자본을 가지고 있는 자본가 · 기업가의 무리.'라고 합니다. '부자'와는 그릇의 크기가 확실히 다른 것 같네요. '재벌'의 오행의 에너지도 금생수(金→水)로 '부자'와 같은 오행의 기운을 가졌네요. 다만 재벌의 위치가 아무래도 부자보다는 더 큰 규모의 단어이며, '재벌'은 사회계층에서도 상류층에 있는 부류로 '재벌'의 오행은(金→水) 위에서 아래로 향하는 형상으로 아랫사람들을 도와주는 방향으로의 오행의 운을 갖는 게 아닐까? 생각해봅니다.

'재벌'의 15 수리학 운의 특징은 군계일학의 운으로 황제의 리더운이며, 군자의 면모를 갖고 있는 운으로 하늘로부터 복을 받는 운으로 재복과 명성이 따르며 맡은 분야에 두각을 나타내 대내외적으로 출세를 할 수 있고 특히 남성은 문무와 지덕을 겸비하니 주변의 신망이 두터워 많은 사람들로부터 추앙을 받는다. 사회적인 명성과 신뢰를 얻게 되며, 부귀지존에 부귀 쌍전이니 초운에 곤란함과 어려움이 따른다 하더라도 위기를 모면해 대업을 이루니 부귀·수복이 무궁하다. 한번 맡은 일은 반드시 성공적으로 이루어내고 능력을 발휘하게 되므로 어디를 가든지 명성이 그치지 않는 운이며, 통솔력과 지배력이 뛰어나다. 라고 합니다.

재벌은 아무나 되는 게 아니지요? 군자의 면모와 신뢰, 문무와 지덕을 겸비하고 하늘로부터 복을 받아야 하는, 통솔력과 리더십을 가진 황제의 기운이라고 하네요. 자! '거지'의 생활도 '가난'도 충분히 노력 여하에 따라 극복 가능한 일이며 '재벌'은 하늘에서 돕는 운이 있다 하니 '재벌' 되기는 쪼매 어렵고 '부자'라도 되고 싶거들랑 지와 덕을 겸비할 수 있도록 공부 많이 하고 성실한 생활로 남을 위해 베푸는 인자함을 두루 갖추면 되겠네요.

3) '나비의 일생'을 수리학적인 기운과 비교

며칠 전 우리 고객 과 대화 중에 '변태'라는 단어를 이야기하다 그

'변태'가 아닌 '번데기'에서 나비가 되는 과정의 '변태'라고 부연 설명을 하다가 '나비의 일생'을 이름분석이론으로 각 단어의 의미와 삶의 과정을 알아볼까? 하고 호기심이 들어 바로 답을 찾아봅니다. '알 → 애벌레(유충) → 번데기 → (변태) → 나비(성충)'라는 '나비의 일생'을 알아볼까요?

알	애 벌 레	(유 충)	번 데 기	(변 태)	나 비
	5 9 6	5 8	7 5 2	8 6	3 5
7획	20	13	14	14	8

'알'은 7획으로 수리운 7의 수리학적인 특징은 앞서 분석한 '가난', '거지'와 같은 맹호출림의 에너지입니다. 알을 깨고 나오는 모습과 호랑이가 숲을 뛰쳐나오는 기세가 거울처럼 똑 같은 용맹스럽고 강직한 성품에 독립심이 강해 목적한 바를 관철시켜 자수성가하여 사회적 지위를 얻는 에너지의 특징을 갖습니다. 이 세상 모든 '알'들이 깨어나는 특징이 7 수리운의 특징과 흡사함을 알게 됩니다.

'애벌레'는 '유충'으로 통칭되나, 단어의 의미는 같으나 불리는 글자는 분명 다르니 각각의 단어를 분석해 보고 수리학적 특징과는 어찌 되는지 알아보겠습니다. '애벌레'는 20의 수리운을 가지며, 20 수리운의 특징은 일시적인 성공은 있으나 매사가 수포로 돌아가는, 좋은 자질과 두뇌를 가졌으나 부모 형제 덕이 없으며, 파란이 있고, 일생을 곤고하게 살게 되며, 불의의 사고, 이별, 단명 등의 고독한 흉운의 수로 '애벌레'로 생활하는 동안 많은 곤충과 새들에게 잡아먹히고, 파란을 겪는 '애벌레'의 일상이 그려집니다.

통칭 '유충'이라는 단어에는 13획 총명지모의 운으로 두뇌가 명석하여 어려운 경지에 처해도 능히 해결하는 수단과 지략이 출중하고 개척정신이 풍부하며, 처세술에 능통하고 재주가 뛰어나 주변의 부러움을 한 몸에 받으며, 탁월한 지략으로 대업을 이루고 응사유공(應事有功)해 입신양명하니 가문의 발전과 영예가 있고 행복한 가정생활을 영위한다. 점진적인 발전이 있으니 무에서 유를 창조하는 천복이 따르는 매우 길한 수리의 에너지로 성충으로 살아남기 위한 과정에서의 보호색의 변신작용 등을 '처세술에 능하다', '점진적인 발전', '무에서 유를 창조' 새로운 존재로의 잠재된 능력을 말함이 아닐까요?

처세술에 능한 머리 좋은 '유충'만 살아남아 '번데기'가 됩니다. 무에서 유를 창조하여 '번데기'로 창조되었군요. '번데기'는 수리학적인 운이 14로 이산 파멸의 운인데, 이 14운의 특징은 매사에 꼼꼼하고 슬기로우며, 의협심이 강하고 풍류적 기질도 있으나 일생을 가정운이 약하니 부모형제와 생리 사별 운이 있고, 매사가 천신만고(千辛萬苦)의 고통 속에 고독, 번민, 실패, 곤고, 병약 등의 흉운을 면키 어려운 운이다.

'번데기' 하면 생각나는 추억이 하나 있습니다. 어릴 적 밭에서 우연히 발견한 번데기를 두 손가락으로 집어 들고, "동·서·남·북!"하고 말을 시키면 번데기가 꼼질꼼질 꼬리를 움직거리다 마치 제가 말한 방향으로 움직이는 모양을 보며 신기해 웃던 기억이 납니다. 언니들이 가르쳐 준 놀이인데, 그땐 들과 산천에 나는 모든 것들이 장난감이었던 시절입니다. 그 '번데기'를 집고 제가 "동·서·남·북"이라고 외칠 때 그 번데기가 어느 쪽으로 방향을 틀어야 할지 번민하며 움직였을까요?

번데기는 '애벌레' 시절 풀잎과 보호색을 띠며 열심히 풀잎을 뜯어먹고 자라서 어느새 땅속의 번데기로 또는 풀잎 끝에 달린 고치로 자리를 잡습니다. 광야에 맡겨진 신세나 마찬가지로 온갖 비바람을 견뎌내야 하고, 곤충, 새, 작은 동물들의 먹잇감으로 파란 많은 삶을 견뎌내야 하는 과정을 거쳐야 아름다운 성충으로 변신을 하는데, 그 과정을 '변태'라고 합니다. '변태'도 '번데기'와 같은 14 수리운을 가졌습니다. 파멸, 분리, 이별 등의 운의 특징인 '번데기'의 껍질을 찢고 나오는 과정의 파멸, 껍데기를 버리고 새롭게 나오는 과정의 분리, 전혀 새로운 모습으로 탈바꿈하기 위한 '변태'의 과정에 오기까지 파란 많은 고통들을 견뎌내야 화려한 세계가 열리나 봅니다.

그리고 드디어 최종 '변태' 과정을 무사히 마치고 성공을 하면 아름다운 '나비'로 살아가게 되는데, '나비'의 수리학적 운이 8입니다. 8의 수리학적 운의 특징은 수복겸전의 운으로 건강, 장수, 재물복을 가진 수로 중국인들이 가장 좋아하는 숫자입니다. 이

수리운의 특징은 겉은 다정하고 온화하나 속은 강직한 외유내강의 성품을 지녔으며 강한 의지로 초지일관 노력하는 수리이다. 아무리 힘든 고난과 역경이 닥쳐도 강인한 정신력으로 이겨내며 의지가 강건해 독립적으로 수행하려는 신념이 강하고, 노력한 만큼 부귀와 명예를 함께 얻을 수 있다. 매사 시작도 좋고 끝도 좋으며 목적 달성이 성취되어 부귀공명을 얻고 장수한다. 미래가 확실하게 보장되어 있고 부부해로 속에 자손마저 영특하게 되는 대내외적 활동에 많은 결실을 본다는 운의 특징을 갖습니다.

성충이 되었고 2세를 다시 잉태해야 하는 가장 아름다운 시기로 2세의 준비를 위해 가져야 하는 풍부한 먹이활동과 짝짓기(부부해로) 등… 그저 단순히 주고받은 대화속의 단어 '변태'로 인해 '나비의 일생'을 이름분석 이론을 통해 알아보기로 하였지만 '나비의 일생'이나 하나의 사람이 살아내야 하는 삶의 과정이나 전체적인 생애는 '곤충'이나 '사람'이나 그 삶의 모습이 닮아 있다. 일반적인 사물 또는 단어들은 그 단어 본래의 의미와 성명학적인 분석을 통한 기운(氣運=에너지)이 어떻게 다른지? 또는 앞서 풀어본 내용처럼 같게 나올지 한번 알아보자.

4) '담배, 마약, 전쟁, 폭력, 학살, 태풍'

이런 단어들은 성명학적으로 어떤 기운을 가졌기에 실제 그러한 일들이 벌어질까요?

火 / 水		水 / 土	
담	배	마	약
7	7	5	6
↘	↙	↘	↙
14획		11획	

'담배=14', '전쟁=14', '폭력=14', '학살=14', '태풍=14' 이 단어들은 모두 14획의 획순으로 구성, 14 수리운의 특징은 이산파멸(離散破滅)의 에너지로 지혜가 출중하고 능력은 있으나 노력에 비해 대가가 적고 매사가 분리되는 흉운의 수이다. 가정에 파탄이 생기고 부부이별, 생리사별, 병고, 수술, 시비, 다툼, 불의의 사고, 곤고, 고독, 번민, 실패 등의 심지어 단명까지도 하는 흉한 운을 면키 어려운 수리이다. 앞에 나열한 단어들의 특징과도 닮은 수리학적 특징을 가졌다. '담배'의 오행구성은 수극화(火/水)의 상극의 오행 기운(에너지)을 갖고 있다. 입(口)에 담배를 무는 모습과 오행의 기운이 같음은 우연의 일치일까? 한자 입구(口)는 水의 오행이니, 물(水)이 불(火)을 무는 형상이다. '전쟁'은 金/金의 오행 구성으로 칼과 칼의 부딪침을 뜻하는 에너지의 특징을 가졌으며, 하나 같이 무서운 기운을 가진 단어임이 틀림없다.

'마약'이라는 단어도 일반적으로 알고 있는 상식으론 한번 빠지면 헤어날 수 없는 중독성의 약품으로 장기적으로 정신적인 파멸뿐만 아니라 가족의 해체를 가져 오는 것으로 알고 있다. 그렇다면

'담배'처럼 파멸의 운인 14획의 수리를 가져야 하는 게 아닌가? 하는 생각도 든다. 헌데 '마약'은 11획 중인 신망의 에너지로 인기운이다. 두터운 신망을 얻어, 번창, 번영하는 기운(氣運)으로 사교적이며 자립심이 매우 강해 봄을 만나 만물에 꽃이 피는 형상으로 창성(創成), 발전하고 많은 사람들이 나를 좋아하며 따른다. 라는 에너지의 특성이 마약에 모여들고 빠져드는 중독성이라는 면에서 11 수리운의 특징과 마약의 특징이 우연히 맞아 떨어진 것일까? 11수리는 좋은 운의 수리이다. '마약'이 갖고 있는 예외적인 장점은 소량의 적정량을 이용해 병 증상의 완화에 도움이 되는 의약품으로 활용되기도 한다는 것이다.

5) '에이즈 AIDS'와 '에볼라 Ebola'

'에이즈AIDS'는 우리말로 "후천성면역결핍증(後天性免疫缺乏症)"으로 에이즈가 처음 발생한 것은 1980년대로 당시 약이 아직 개발되지 않아 많은 사람들이 에이즈공포로 떨었던 기억이 난다. 에이즈 치료약이 많이 개발되고, 꾸준한 관리로 2011년 이후 국내 에이즈 환자 감염인의 치료율이 90% 이상으로 건강을 회복한 사람들은 사회생활을 잘 해 나가고 있는 것으로 알려지고 있다. 그런데 최근 서아프리카 3개국에서 발병한 '에볼라 Ebola' 라는 새로운 바이러스가 알려지면서 또 많은 사람들이 죽음의 공포에 떨고 있다. 아직 명확한 치료약이 나온 것은 아니지만 처음 에이즈 발생 시처럼 처음부터 병으로부터의 근본적인 차단을 통해 감염에 노출되는 것을 막는 방법과 함께 철저한 위생관리를 통해 관리하고 있다. 현재 전 세계 많은 의료진과 봉사자들이 '에볼라' 환자들의 치료와 관리를 위해 현지에서 노력 중이다.

자, 그럼 '에이즈 AIDS'와 '에볼라 Ebola' 병증의 특징과 이름분석적 그 단어에 담긴 기운(에너지)은 어떠한가? 살펴보자.

土·土→金	A	I	D	S
에 이 즈	Acquired	Immune	Deficiency	Syndrome
5 3 4	13839954	944355	4569395537	17549645
↘ ↙	42	30	56	41
12획		7		

'에이즈 AIDS'는 12획 박약박복의 유약한 에너지로, 무기력하며 소극적이고 육친(부모, 형제, 배우자, 자식)과의 인연이 약하고 병약하며 파란 많은 생활을 겪으며 주변 사람들에게 피해의식을 느끼는 등 고독한 삶을 살게 되는 운이다.

영어 'AIDS'의 원 단어인 Acquired Immune Deficiency Syndrome의 수비학 운(運)은 7이 나온다. 81수리학의 7획 맹호출림(猛

虎出林)의 운으로 맹호가 숲에 나타난 형상이니 호랑이가 포효를 하는 것처럼 크게 성공한다. 의지가 철석같이 굳세고 활동력이 풍부하여 모든 일을 자신 있게 밀어 붙이는 장부의 기질로 불굴의 노력 끝에 자수성가하여 권력과 재력을 갖출 수 있는 운으로, 그 위력이 강해 다른 사람이 모두 따르게 되며, 자기의 노력으로 모든 어려움을 극복하고 목적을 달성해 기초를 확립하게 된다. 7획 수리운 역시 좋은 수리운이다. 이 7획의 수리운의 특징은 한마디로 7전 8기의 오뚜기근성의 강한 특징을 갖는 에너지로, 한글 발음 '에이즈'의 운 12획은 박약박복의 유약한 수리운으로 12 수리운은 현실에서 충분히 견뎌낼 수 있는 극복 가능한 운이다. 현재 에이즈 치료약이 개발되는 등 본인의 치료 노력 여하에 따라 삶을 평온하게도 살 수 있는 가능성이 있는 수리에너지라고 할 수 있다.

土 /	水 /	火	
에	볼	라	Ebola virus
5	9	5	↘ ↓ ↙
	19획		43획

'에볼라'는 土/水/火 상극의 오행의 기운으로 인해 병의 특징이 나타나는데 토극수(土/水)의 피부질환의 특징이 있다. 게다가 수극화(水/火)의 오행은 폐와 심장이 서로 극을 하니 비부점막 다발성 출혈, 기침과 가슴통증, 저혈압, 열(火)을 동반하는 에볼라의 전형적인 병적 증상들과 거의 같다. 수리운 19획 고독비참의 수

리운의 성명학적 특징은 중도 실패, 부부인연 박약, 육친의 덕이 없고, 형화(形禍), 조난(遭難), 생사이별 등의 흉운을 초래, 객사, 고독한 가운데 병고에 시달리는 운이다. 해서 '에볼라'에 감염되면 사람들로부터 격리된 채 혼자 외로이 병마와 싸우는 운이다.

'Ebola virus' 영어 수비학(數秘學) 수리운 43획이며 패가망신의 운으로 이 운의 81 수리학적 특징은 일시적인 성공으로 행복할 듯하나 인덕이 없고 금전적 어려움이 고달픈 수이며, 의지가 약하고 재물이 사방으로 흩어지니 아무리 벌어도 불의의 재난을 당하여 재산을 모으지 못한다. 고민과 번민이 많고 특히 남녀관계의 문제로 재앙을 초래할 흉한 운이다. 정신착란을 일으킬 수도 있다.

6) '다육이'의 특징과 수리운의 특징

몇 년 전부터 '다육이'를 취미로 기르는 분들이 많이 있는데, 초등학교 동창 친구도 최근에 혼자 지내는 외로움과 무료함에 다양한 품종의 '다육이'를 키우는 취미를 가진 걸 밴드에서 보고 "다행이다. 정서적인 안정을 위해 좋은 취미를 가졌구나!~" 잠깐 대화를 나눈 적이 있습니다. 그러다 '다육이'의 이름분석상 그 특징이 어떨까? 궁금해졌지요. 다육이의 습성이 잎 하나 떼다 흙 위에 올려놓고 물만 적당히 주면 금세 몽글몽글 불어나는 특징이 있는데 이름분석 결과와 같은 특징을 가질지 알아보았습니다.

'다육이'는 선인장과 식물로 사막의 불모지에서 자라는 다육(多肉)식물로 잎이 다육인 것과 줄기가 다육인 것이 있고, 번식시키려면 잎이나 줄기를 떼서 통풍 잘되는 곳에서 물은 어쩌다 한번 줘야 하는데, 부지런한 성격의 사람은 기르기 힘들다는 식물입니다. 종류가 워낙 다양하게 많고 모양도 가지각색이며 그래서 이름도 다양한 식물인데 흔히들 '다육이'로 많이 부르고 있지요.

火 土 土
다 육 이
4 6 3
↘ ↙
13

'다육이'는 물이 거의 없는 사막이라는 조건의 뜨거운 태양 아래 자생하는 식물의 특징답게 넓은 대지(土土)위에 태양(火)의 도움을 받아 자라나는 오행의 에너지를 갖고 있으며, 수리운(數理運)은 13으로 13 수리의 특징은 총명하고 어려운 경제에 처해도 지략이 출중해 처세술에 능하며, 개척정신이 풍부하고, 점진적 발전과 부흥, 무(無)에서 유(有)를 창조하는 창의적인 에너지로, 입신양명하니 가문의 발전과 영예가 있고, 부귀복록을 누리며 부부운, 가정운도 좋아 행복한 가정생활을 영위하는 운이다.

이름분석의 결과로 본 '다육이'의 특징과 실제 '다육이'를 키우면서 다육이가 성장해 가는 특징들이 같음을 알 수 있지 않나요? 이 글을 쓰기 위해 '다육이'의 오행을 적으면서 깜짝 놀랐습니다. 전엔 수리운만 분석해 보고 13획이 나오는 것이 신기하게 맞아서 이름분석 결과를 글로 알려드려야겠다는 생각만 했는데, 실제로 글을 작성하면서 오행의 구성까지 자세히 분석해 보니 화토토(火土土) 오행의 형상을 보고 한자이름 多肉은 그 식물의 특징을 의미 그대로 '몸(肉)이 많은(多) 식물'이라고 지어졌을 뿐인데, 多肉의 발음운인 '다육'이 즉, 많은 사람들이 부르는 애칭 '다육이'는 어쩜 그렇게 식물의 특징 그대로의 기운(=에너지)을 가졌는지? 정말 재밌는 이름분석 결과를 보고 놀랐습니다.

7) '라벤더 Lavender'의 이름분석 결과

'라벤더'는 세계적으로 가장 많은 사람들이 좋아하는 향을 가진 꽃으로 건강차로도 음용하고, 향수와 섬유탈취제, 방충제, 아로마 오일 등 다양한 분야에 이용되는 등 세계인들의 사랑을 많이 받는 향기 식물입니다. '라벤더 Lavender' 의 이름분석적인 특징이 그 식물의 다양한 용도의 특징과 같은지 알아보기로 하겠습니다.

火 水 火	
라 벤 더	Lavender
5 8 4	31455459
↘ ↙	↘ ↓ ↙
17	36

'라벤더 Lavender' 는 라틴어의 'lavo' 또는 'lavare(목욕하다)'에서 유래. 'Lavender' 의 발음 운 즉 불리는 소리의 기운(氣運) '라벤더'는 17 수리운을 갖는다. 17 수리운의 특징은 명망사해(名望四海)의 에너지로 '유명하다' '이름을 해외에 떨친다'는 운으로 진취적이고 활동적이며 끈기와 노력, 성실, 책임감이 있으며, 관록(官祿)운이 좋고, 명예와 부귀를 겸비하니 만인의 존경을 받는 운이다. 라벤더는 차와 향료, 오일(oil) 등 다양한 용도로 활용되는 허브중 하나로 라벤더가 세계인들의 사랑을 받고 유명한 이유와도 일치하네요.

'Lavender'의 수비학 운은 36으로 썩 좋지는 않네요. 36 수리운의 특징은 명석한 두뇌와 뛰어난 활동력이 있어도 운이 따라 주지 않으며, 혹 만인이 부러워하는 권세를 이룰 수는 있으나 자만하면 극쇠를 면키 어려운 변화무쌍한 생을 산다. 재운이 미약하고 의협심으로 인해 패가망신하는 흉한 수리이다.

Lavo는 14 '이산파멸'의 운으로 'Laverder' 36과 거의 비슷한 흉 운의 특징을 가지며, 'Lavare'는 17로 발음 운 '라벤더' 17과 똑같은 운이네요. 라벤더(Laverder)의 특징이 그러한가 봅니다.

화수화의 오행의 에너지는 라벤더의 성장 환경은 물(水) 빠짐이 좋은 배수환경과 햇볕(火)이 잘 드는 곳에서 잘 자란다고 하고, 라벤더의 꽃말이 풍부한 향기, 침묵, 불신, 질투를 뜻한다고 합니다. 증류를 통한 향신료나 오일의 정제시 열(火)을 가하는 과정, 또는 오일(oil)은 水의 오행을 가지며, 꽃말인 풍부한 향기는 '라벤더' 17 수리운의 특징을, 불신, 질투는 'lavo', 'laverder'의 14, 36 수리운의 특징을 갖네요. 간혹 이렇게 온갖 단어들을 이름분석하다 보면 어떤 분들은 억지로 꿰다 맞춘다고 이야기하는 분들이 있습니다. 이름분석 결과를 '억지로 꿰다 맞추기'에는 너무나 많은 단어들이 그 단어의 의미와 이름분석의 결과인 수리운의 특징과 확률이 거의 80~90% 맞는다는 것이죠.

간단하게 몇 개의 꽃 종류를 분석해볼까요? '라일락'도 17획으로 '라벤더'와 같은 수리운입니다. '라일락'의 꽃향기도 그 향이 아름답고 진하죠. '국화'는 12획 박복한 이별의 운을 갖고 있네요. 상가(喪家)에 조화로 많이 쓰는 흰색의 국화가 '이별'을 상징하는 꽃인데, 이름 '국화'가 '이별의 운'을… '장미'는 11획 중인신망의 인기운으로 이지적이고, 사교적인 기운으로 '장미'가 동서양을 막론하고 사랑받는 서양의 대표적인 아름다운 꽃의 상징이라면, 동양에서는 '모란(牡丹)'을 화중왕(花中王)으로 부귀화(富貴花)라고 하여 장미만큼이나 아름다운 꽃으로 오랜 기간 동안 사랑받아온 꽃이랍니다. 한글 '모란' 이나 한문 '牡丹' 둘다 11획으로 '장미'와 같은 중인신망의 인기운을 갖네요.

8) '열쇠와 자물쇠'

'열쇠'의 사전적 의미는

1. 자물쇠를 잠그거나 여는 데 쓰는 물건.

2. 어떤 일을 해결하는 데 필요한 가장 중요한 방법이나 요소를 비유적으로 이르는 말.

'열쇠' 하면 떠오르는 가장 일반적인 상식은 역시 1번의 의미처럼 무엇을 열거나 잠그는 것을 떠올립니다. 이 '열쇠'라는 단어의 분석을 하면 13획으로 13 수리운의 특징은 총명함, 창의적인, 지혜의 에너지로 두뇌가 명석하여 어려운 경지에 처해도 능히 해결하는 수단과 지략이 출중하다, 개척정신이 강하고 무(無)에서 유(有)를 창조하는 처세술에 능한 운이다. 중요한 무엇을 해결하려면 꼭 필요한 총명함의 기운을 갖고 있네요.

열 쇠　　　자 물 쇠

8 5　　　5 8 5

↘ ↙　　　↘ ↙

13　　　18

그럼 '자물쇠'의 사전적 의미는 '여닫게 되어 있는 물건을 잠그는 장치.'로 보통 자물쇠를 잠근다는 것은 보관할 만한 중요한 가치가 있는 물건을 보호한다는 것을 의미하는데, 우리가 흔히 알고 있는 자물쇠의 의미와 이름분석학적인 수리운이 같은지 알아볼까요? 자물쇠는 자(5획)+물(8획)+쇠(5획)=18획의 수리운이 나옵니다. 18획 수리운의 특징은 부귀영달의 재물운에 다재다능한 팔방미인의 운으로, 고귀한 품격으로 큰 뜻으로 계획을 세워 포부와 기상이 출중하니, 부귀공명의 대업을 이루는 장군의 기상이다. 재물운이라네요. 재산적 가치가 있는 소중한 물건을 보관하는 것 '자물쇠' 의미 그대로.

9) '키 Key & 락(럭) Lock'

'Key'의 발음소리운 '키'는 3획으로 이지적이고, 두뇌회전이 비상하여 처세술에 능하고, 융화력이 있으며, 과단성, 활동적인 천성에 힘입어 대업을 이루고 입신양명해 만인이 부러워하는 지도적 인물이 될 수 있다, 지모와 함께 결단력과 실천력이 있으므로 노력을 게

발음	영어	발음	영어
키	Key	락(럭)	Lock
↓	257	↓	3632
3	14	6(6)	14

을리 하지 않으면 대성하는 운이다. '키'는 총명하네요. 'Key' 수비학 운이 14로 14 수리운의 특징은 분리, 이별, 파멸 등의 에너지로 매사에 꼼꼼하며, 슬기롭고 의협심이 강하며 풍류적인 기질이 있으며, 능력은 있으나 진가를 발휘하기 어려운 천신만고하는 흉운의 수이다. 'key'의 스펠링 수비학 운은 분리, 파멸, 분해, 이별이라는 의미에서 그 해결의 과정과 비슷하다. 이 14 수리운은 과학자나 특히 연구직, 수학자 들이 많이 갖는 수리운으로 학생들의 경우 이름에 이 수리운을 갖고 있으면 예술적인 재능이나 문학적인 소양이 많음에도 대학은 이과(理科)계열을 선택하는 경우가 많다.

'Lock'의 발음, 소리운 '락(럭)' 6획은 조상의 가업을 계승발전 하는 운으로 천성이 온후하고 확고부동한 신념과 인내력으로 자신의 명예와 재물을 지키고, 폭넓은 인간관계를 갖고 부부해로 복록이 가득한 수리운이다. 한글의 '자물쇠'운과 수리는 달라도 그 운의 의미는 비슷하네요. 'Lock'의 수비학 운은 14로 'Key'의 수비학 운과 같게 나오는군요. 역시 영어 스펠링 'Key'와 'Lock'의 수비학 운보다는 발음인 소리의 에너지 '키'와 '락'의 기운이 훨씬 그 의미에 가까움을 알 수가 있습니다. 이 과정을 통해 소리글인 '한글'이 과학적인 언어라는 증명을 보여주는 것이라고 하면 너무 과장된 표현일까요?

10) 기타 '핸드폰, 컴퓨터, 게임, 게임중독'

자, 그러면 영어이지만 우리가 일상생활에 널리 모국어처럼 사용되는 외래어 '핸드폰, 게임, 컴퓨터'는 어떤 소리에너지(氣運)를 갖는지 알아보겠습니다.

'핸드폰'은 총획순이 핸(8획)+드(3획)+폰(7획)=18획으로 18수리 운은 다재다능 팔방미인의 에너지를 갖습니다. '손안의 컴퓨터'라고 할 만큼, 통신, 정보검색, 자료보관, 놀이, 은행 등등의 다양한 일처리를 하는 핸드폰의 장점을 한마디로 '탤런트'라고 말할 수 있습니다. 18 수리운의 특징 그대로라고 할 수 있지요.

'컴퓨터'의 사전적 의미는 '전자 회로를 이용한 고속의 자동계산기. 숫자 계산, 자동 제어, 데이터 처리, 사무관리, 언어나 영상정보 처리 따위에 광범위하게 이용되는 것'이라는데 이름분석이론으론 어떤 수리운을 가질까요? 컴(7획)+퓨(6획)+터(5획)=18획 '핸드폰'과 같은 다재다능한 '사전적 의미' 그대로네요.

'게임'은 특히 컴퓨터나 핸드폰으로 즐기는 '게임' 등으로 잠깐은 즐거움을 주는 것인데, 게임중독에 빠지면 그야말로 병적인 분류로 치료를 받아야할 만큼 심각한 놀이가 됩니다. '게임'은 게(4획)+임(6획)=10획 만사허망의 운으로 재능이 있어도 소득 없는 일에 분주하고, 어느 정도 발전을 이룬 뒤에는 더 이상의 성공을 이루기 어려운 수리로 포부와 이상은 원대하나 일에 일관성이 없고, 시작은 있으나 열매를 못 맺는 운으로 부모형제 덕이 없고 객지에서 고생하는 운이죠. 사교성은 민첩하나 결단력이 부족하여 언제나 좋은 기회를 잃는 운이다. '게임'이라는 것이 그렇군요.

'게임중독'은 말 그대로 경기나 시합에 과도하게 집착한 나머지 사물을 정상적으로 판단할 수 없는 병적인 상태를 말합니다. 특히 학생들이 컴퓨터 게임중독으로 인해 학교에 무단결석을 하는 등 학업에도 집중하지 못하는 현상을 떠올리게 됩니다. 그런데 '게임중독'의 이름분석 수리운으로도 22획 중도좌절의 기운을 갖습니다. 이 22 수리운의 특징은 이별, 형액, 실패, 조난, 역경의 에너지로 일시적인 성공은 얻을 수 있으나 매사에 중도 좌절하게 되는 운으로, 특히 학생의 경우 학업을 중도에서 포기하게 되는 등 마음의 방황을 많이 겪게 되는 운이죠. '게임중독'의 단어의 의미와 이름분석 수리운의 의미가 같네요.

재미로 풀어보는 이름이야기 I

나의 블로그 「황시현의 이름이야기」의 Herstory 코너에는 어릴 적 나의 추억이야기를 올려놓은 글들이 있다. 자칫 딱딱할 수 있는 성명학 이야기를 어떻게 하면 쉽고 편안하게 전달할 수 있을까? 늘 고심하여 글을 올리고 있다. 일반적으로 사람들은 '이름이 좋아야 한다', '이름이 중요하다'는 인식은 다 하고 있다. 그러나 대부분의 사람들이 알고 있는 좋은 이름이란? '한문이름이 좋은 것'으로 알고 있는 것이 현실이다. 늘 말하지만 '한문이름보다 한글이름이 더 중요하다'는 것은 '소리에너지'의 파동 효과 때문인데, 소리에너지가 삶에 끼치는 영향이 중요하다는 것은 평상시 우리가 아무렇지 않게 사용하는 언어나 단어에 담긴 에너지의 파동이 우리 현실의 삶에 얼마나 많은 영향을 끼치는지 살펴보면 알 수 있다. 일상의 단어, 언어들에 이 성명학 분석이론을 접목시켜 어릴 적 추억이야기를 간단하게 올려 그 추억과 관련된 단어를 분석해 보았다.

추억1 '딸기'

어릴 적 집 앞, 행길 건너에 밭이 있었다. 온갖 먹을거리가 다양한, 토마토, 참외, 딸기 등등. 딸 다섯, 당시 이발소를 운영하시던 아버지는 특수 작물 농사로도 소득을 올리고 계셨다. 다양한 먹을거리를 심으신 이유도 군것질꺼리가 없던 시절, 다섯 딸 아이들의 먹거리를 고민 하셨을 게고, 아니면, 엄마의 성화로? 암튼, 아직 익지도 않은 고놈의 딸기가 왜 그리 먹고 싶었는지.

그 딸기밭으로 가려면, 이발소에서 훤히 내다보이는 행길을 건너야 했는데, 아버지가 등을 지고 이발을 하고 계셔도 거울을 통해 훤히 문밖의 상황을 알 수가 있었다. 익지도 않은 퍼런, 아니 익어가는 약간 노란, 단내 나는 고놈의 딸기가 먹고 싶었다.

나는 망을 봤다. 어린 동생을 업은 언니가 먼저 행길 건너 밭 아래로 내려갈 때 까지. 바로 밑에 동생이 납짝 엎드린 자세로 있었고, 그리고 작전 성공! 일단 행길을 건너면 딸기밭은 행길 한참 아래에 있어서, 일부러 길 건너 와보지 않고서는 우리가 무슨 일을 저지르는지 알 수가 없었다. 와우, 그 새콤달콤함이란! 언니, 동생과 미소를 교환하며, 마냥 즐거운 시간이었다. 덜 익은 딸기를 먹으면 '배탈난다'는 아버지의 말씀도 떠올랐지만 에라! 일단은 먹고나 보자였다.

들킬까봐 조마조마하면서도, 빨갛게 익지도 않은, 퍼런, 아니 노란

고놈의 딸기가 왜 그리 맛이 있던지. 딸기가 익어갈 때 색깔이 녹색에서 하얗게, 노랗게 점점 발그레하게, 붉게, 빨갛게 이렇게 변해갔던 것 같다. 고놈의 딸기를 제법 먹었는데, 배탈은 안 났던 것 같다. 혹시, 아버지의 거짓말? '딸기'라는 이름을 분석해 딸기가 갖고 있는 특성 또는 우리가 알고 있는 딸기 이미지와 비슷한가? 분석해 보았는데 여러분들이 생각하는 딸기의 형상과 성명학적인 분석이 비슷한지 볼까요?

火 ← 木
딸 기
9 2
↘ ↙
11획

성명학적으로 11획 수리에너지의 특징은 이지적이고 사고력이 깊으며, 성실하고 사교적이며 자립심이 매우 강해 봄을 만나 만물에 꽃이 피는 형상으로 창성(創成), 발전하고 가문을 일으켜 세우고 번창하게 하는 대길수로 부부해로(夫婦偕老), 부귀안락(富貴安樂)하는 운으로, 인기가 있어 많은 사람들이 좋아하며 따른다. 천성이 근면하고 인정도 많아 대인 관계가 좋다. 게다가 두뇌도 명석하여 부귀, 명예, 권위를 누리는 운이다.

딸기가 주렁주렁 매달려 자라는 모습이 창성, 번창이라는 이미지와 딸기는 화(火)의 오행을 가진 식물로 한의학적으로 딸기처럼 붉은 색의 과일은 심장 건강에 도움이 되고 비타민 C와 식이섬유가 많아 피로회복에도 크게 도움이 된다고 하네요. 한의학의 오행체질론을 살펴보면 火 - 심장과 소장, 木 - 간장과 쓸개, 水 - 신장과 방광, 金 - 폐와 대장, 土 - 위장, 비장을 의미한다고 한다. 우연인지는 모르겠으나 관련된 단어의 이미지나 성질 등이 성명학적인 풀이와 유사함을 알 수 있습니다.

호칭呼稱, 단어單語 속에 담긴 기운氣運

평상시 별생각 없이 사용해왔던 호칭과 단어들을, 소리에너지의 작용과 영향 분석이 가능한 New성명학이론을 이용하여 다양한 이름분석을 해보았다. 우리가 평소 사용하는 호칭들에 대해 생각나는 대로 성명학이론을 적용하여 호칭으로 불리는 단어의 분석을 해봄으로써, 부르는 호칭에 담긴 그 단어가 주는 의미의 특징과 분석 결과가 같은지 알아보았다. 부부, 부모, 남편, 부인, 아버지, 어머니, 아버님, 어머님, 아내, 지아비, 아빠, 엄마, 아들, 며느리, 딸, 사위, 당신, 여보, 자기 등등의 호칭과 단어의 상징적 의미와 성명학적 분석의 결과가 과연 어떻게 나올 것인가?

호칭(呼稱)의 분석은 사람과 관련된 단어이기에 이름을 분석하듯 오행의 분석을 하였다. 한글이름의 발음(=소리)오행으로 대인관계를 알 수 있다. 상하관계, 친구들과의 관계, 이름에서는 (예를 들면, 홍길동의 오행은 토/목→화의 오행을 가졌는데) 그 사람의 건강을 알아 볼 수가 있다. 그러나 여기의 단어들은 호칭이기에 관계 운만 보기로 하겠다.

1) '부부'와 '부모'라는 호칭 속에 담긴 운

水 /	水	水 /	水
부	부	부	모
6	6	6	5
↘	↙	↘	↙
12획		11획	

'부부'라는 단어의 오행의 기운(=에너지)은 물/물(水/水)이다. 물(水)과 물(水)이 만나 큰물 즉, 바다가 되니 사람과 사람이 만나 한 가족을 이루는 형상인 듯하다. 그러나 이 수/수의 오행은 적당한 물의 증가는 재물을 뜻하나, 물이 많아 넘치면 홍수가 되듯, 사람의 관계에서도 좋았다, 나빴다를 반복하는 에너지로 약간의 부딪힘을 뜻하기도 하며, 총 수리운(數理運)이 12로 이별의 에너지이다. '부부' 사이에 보이

지 않는 묘한(별것 아닌 일로) 싸움의 근원이 이 12 이별의 기운이 항상 작동되고 있어서 그런 건 아닌지.

'부모'라는 단어는 자식의 입장에서 부르는 단어다. '부모'라는 단어의 오행의 기운도 물(水)+물(水)=큰물(가족)이 되는 형상의 오행이면서 '부모'라는 단어도 자식과 좋았다 나빴다.를 반복하는 약간의 마찰이 있는 오행을 가졌다.

일상에서 부모 자식 간에 늘 있는 약간의 마찰은 필연적인 것인가요? 자식의 입장에서 보는 단어라 그런지 총 수리운 역시 11획 중인신망의 운으로 많은 사람들이 따르는 인기 운이며, 매사가 순조롭고, 부부가 해로하고 자녀가 번창하며 하는 일마다 순조로워 번영을 이루는 길한 운이다. 진취적인 기상의 리더운으로 봄을 만나 만물에 꽃이 피는 형상으로 창성(創成), 발전하고 가문을 일으켜 세우고 번창하게 하는 대길수로, 많은 사람들이란 자식들을 나타내는 건 아닐까? 자식의 입장에서 '부모'란 단어가 가지는 의미는 맞는 듯.

2) '남편'과 '부인' 둘의 사이는?

'남편'이라는 단어는 부인의 입장에서 보는 단어다. 각 단어가 나타내는 의미는 본인의 입장, 상대의 입장, 제3자의 입장에서 보는 다양한 상징적 의미들이 있다. '남편'이란 단어의 오행을 보면 수극화(水克火)로 상극의 기운으로, 아내를 힘들게 하는 상극의 에너지이

火 / 水		水 / 土	
남	편	부	인
6	8	6	4
↘	↙	↘	↙
14획		10획	

며, 총 수리운도 14 수리로 노력에 비해 대가가 적고 수고는 있으나 공은 없는 운으로, 강한 이별의 기운이 있다. 시비, 다툼의 수리로 아내의 입장에서 보는 관점이며, 대부분의 일반적인 보통 사람들의 일상적인 남편의 모습 같기도…….

'부인'이라는 단어도 오행은 '남편'이라는 단어의 오행과 차이가 없다. 토극수(土剋水) 로 남편을 힘들게 하는 상극의 기운이다. 남편과 부인이 서로를 힘들게 하니 부부관계가 어찌 다정할 수 있을까?

'부인'이란 단어의 수리운은 10획 만사허망의 운으로 가족의 덕이 없는 고독한 허망의 운으로 재능이 있어도 소득 없는 일에 분주하고, 어느 정도 발전을 이룬 뒤에는 더 이상 성공을 이루기 어려운, 모든 일에 능력이 풍부하고 재치와 기량이 풍성하여 일은 잘 벌이지만 의욕만 앞서 만족한 결과를 얻기 어렵다. 육친의 덕이 없고, 사교성은 민첩하나 결단력이 부족해 언제나 좋은 기회를 잃게 되며 대개는 타향을 전전하며 온갖 산고와 질병 흉 운을 겪게 되는 운이다. 결정적인 순간에 매듭을 짓지 못하며, 가족과 떨어져 공허한 생활을 하는 운이며 역시나 일상적인 부인의 모습이다. 자식의 입장에서 봐도 부인의 인생은 그렇네요.

3) '아빠'와 '엄마'들은 다 그런 거야

결혼을 하고 남편과 부인이 자식을 나으니 귀여운 자녀들이 '아빠', '엄마'라 부른다.

土 /	水	土 /	水
아	빠	엄	마
4	10	7	5
↘	↙	↘	↙
14획		12획	

'아빠', '엄마'라는 두 단어 역시 오행의 기운은 토극수(土剋水)로 서로 남편 때문에 힘들고 아내 때문에 힘들다. 아이의 입장에서 아빠(土/水) 때문에 힘들고, 엄마(土/水) 때문에 힘들어 한다는 상극의 기운으로 구성되어 있는데, 부모가 어찌 자식을 힘들게 하겠어요. 아마도 부모가 자식에 대해 노심초사 하는 걱정의 형태를 나타내는 것이며, 자녀들 입장에서는 철들어 부모님의 걱정이 왠지 부담스럽고 어렵게 느껴지는 느낌을, 토극수(土剋水)의 기운 때문에 부모님 때문에 힘들다고 느끼는 그런 것은 아닐까요?

'아빠'란 존재의 에너지는 '남편'과 같은 14획 이산파멸의 운이다. 관재(송사, 사기 당함), 시비, 구설, 이별, 파멸, 불의의 사고, 다툼 등의 기운이 늘 주변에 존재하는 삶인가보다..

'엄마'는 12획 박약박복의 수리운으로 감성이 풍부하고 신중하며 사색적이나 현실성이 떨어지는 운으로 소극적이고 약한 의지로 일의 진행이 미흡하고 제치와 기량은 있으나 뜻을 이루기가 어려운 파란 많은 생활과 심신이 유약해 주변사람들에게 피해의식을 느끼는 등 매우 고독한 삶을 살게 되는 부부간의 정도 박약한 이별 운이며, 재물운도 약하고, 건강도 약한 운이다. '엄마' 하면 떠오르는 흔한 이미지들이다. 어릴 적 엄마의 모습이 떠올려진다. 나 역시 아이들의 엄마이던 워킹맘 이전의 유약한 듯 박복했던(?) 나의 삶의 모습과 흡사하다.

4) 노년의 '아버지'와 '어머니'의 사이는?

자녀들이 어느 정도 성장하고 청년이 되어가며 부모님에 대한 호칭도 엄마, 아빠에서 어머니, 아버지로 한 단계 업그레이드 된 존칭이 불리어진다. '아버지', '어머니'로 불리어질 때의 에너지는 어떻게 변화하는가 알아보자.

'아버지'라는 단어 역시 오행의 기운이 토극수(土剋水)로 윗사람

土 /	水 ←	金	土 /	水 /	火
아	버	지	어	머	니
4	6	4	4	5	2
↘		↙	↘		↙
	14획			11획	

(부모님), 아내 때문에 힘들다는 상극의 기운이며, 금생수(金生水)의 오행에선 아랫사람, 자식들은 부모를 잘 따르고 효도하는 상생의 기운으로 구성되어 있다. 그러나 총운 역시 '남편'이라는 단어의 에너지와 똑 같은 14 수리운 (다툼, 이별, 시비 등등)으로 되어있다. 남편, 아버지란 존재는 다 그런 건가?

'어머니'라는 단어의 오행은 위아래 모두 상극의 기운이다. 토극수(土剋水)의 오행에서는 윗사람 시부모, 시누이?, 남편 때문에 힘들다는 상극의 기운(氣運)과 수극화(水剋火)의 오행에서는 아랫사람, 자식을 힘들게 하는 상극의 기운으로 구성되어 있다. 오행의 기운은 土/水/火 위아래 모두 상극으로 시부모, 남편, 자식 등 인복은 없는 운의 구성이나, 총 수리運은 11획 중인신망의 운으로 '부모'의 수리운처럼 많은 사람들이 따르며 진취적인 기상으로 자수성가하며, 이지적인 사고와 하늘이 주는 행운을 얻어 성공과 발전이 끝이 없어 가문을 재건하며 장남 장녀의 역할을 수행하는 경우가 많고, 리더의 운이 있는 단어로 '어머니' 하면 자녀들을 잘 이끄는, '어머니는 위대하다'라는 글의 의미와 부합되는 어머니상이다.

5) 결혼 후 달라진 호칭 '아버님'과 '어머님'

청년이 된 자녀들이 결혼을 하면서 다시 한 번 어른으로 거듭나고 그들의 아버지, 어머니를 '아버님', '어머님'으로 좀 더 예의를 갖춘 호칭으로 바뀌게 되는데 '아버님, 어머님'하고 부르는 느낌에서도 근엄함과 어려운 느낌이 든다. 그럼 '아버님, 어머님'의 호칭은 어떤 성명학적 에너지로 분석이 되는지 알아보자.

土 /	水 /	火	土 /	水 /	火
아	버	님	어	머	님
4	6	5	4	5	5
↘		↙	↘		↙
	15획			14획	

'아버님'의 단어도 토극수(土/水)의 상극의 오행으로 윗사람, 아내와는 상극이며, 자식, 아랫사람의 자리는 수극화(水/火)의 오행으로 강한 부딪힘과 자식들을 힘들게 하는 상극의 형상을 나타내며, 총획순은 15획 통솔격(統率格)으로 지덕을 갖추고 입신양명하여 주변 사람들로부터 추앙을 받는 부귀. 수복이 따르는 운으로 대업을 성취하는 황제의 기운으로 한 집안의 가장으로 리더로 움직이는 기운이다. '아버님'이라고 부를 때 느껴지는 권위적인 느낌과 성명학적인 15 수리에너지의 특징이 '통솔, 황제, 리더'와 같은 분위기를 자아낸다.

'어머님'은 14획의 파멸의 에너지를 갖는다. 역시 배우자와 자식, 아랫사람을 힘들게 하는 수극화(水/火)의 오행에서 서로 상극의 기운을 가지며, 흔히 '어머님'이라는 호칭은 보통 며느리나 어르신들을 부르는 호칭으로 많이 불리는데 '며느리' 입장에서 며느리의 단어 역시 수극화(水/火)의 상극의 기운으로 윗사람으로 인해 눌리는 기운이다. 12획 박복한 운명을 가진 며느리로 매사에 신중하고자 하나, 어머님 앞에만 서면 매사에 소극적인 그녀(며느리)가 천신만고의 고통 속에서 평생을 시비, 다툼, 병고, 수술 등 풍파가 많고, 가정을 파(破)하는 고독한 말년의 운명을 가진 여인(어머님)을 모시니, 아지매들 수다 속의 시어머니는 늘 악녀이고, 며느리는 어찌 그리 박복한지. 평생 원수지간인 두 사람의 관계를 화합으로 개선시킬 새로운 호칭이 필요하지 않을까요?

남편, 아버지, 아빠, 엄마라고 하는 단어들은 누가 만들어냈고, 언제 어느 시기에 이렇게 부르기로 하자 했는지는 모르겠다. 그러나 우연 치고는 너무 신기하게도 그 단어들이 갖고 있는 관계의 형상과, 그 획순의 의미들이 흔히 알고 있는 '아버지' 하면 떠오르는 우리들의 아버지 모습 중의 하나이기도 하며, '엄마'하면 떠오르는 그 의미들이 모두 단순히 호기심 삼아 분석해본 결과와 흡사하다는 것이 놀랍다.

'지아비, 아내, 아들, 딸, 며느리, 사위, 여보, 당신, 자기'란 단어가 갖고 있는 관계의 모습과, 그 단어 고유의 기운은 어떤지 알아볼까요?

6) '지아비'와 '아내'

金 ←	土 /	水		土 ←	火
지	아	비		아	내
4	4	5		4	4
↘		↙		↘	↙
	13획			8획	

'지아비'라고 하는 단어의 오행은 토생금(土生金), 토극수(土克水)로 윗사람(부모님), 아내에게는 잘 하는 상생의 기운이다. 가족관련 단어들 중 '남편' 관련 단어 중에 제일 좋은 에너지를 가졌다. '지아비'라는 단어의 고유한 에너지(기운)도 13획의 총명격의 기운으로 두뇌가 명석하고 지혜롭고 창의적이며 천하의 대세를 판단하여 어떠한 난관도 돌파하며 입신양명하니 가문의 발전과 고귀한 영예가 있고 행복한 가정생활을 영위하며 대성한다는 운이라니 대화할 때 배우자를 가리키는 단어는 가정의 행복을 위해 앞으로 '지아비'라 지칭하는 게 좋겠네요.

'아내'라는 단어 역시 화생토(火生土)로 상생의 오행운이 남편에 잘하며, 윗사람(시부모)께도 잘하는 상생의 오행을 가지고 있다. 수리운이 8획으로 이 8수리운의 특징은 발달격(수복겸전)으로 장수와 복을 겸해 가진 외유내강의 성품을 지니며, 중국인들이 가장 좋아하는 수로 의지가 강하여 앞으로 나아가는 기백이 있고 만사를 잘 처리하고 목적을 달성하며, 매사 정확하고 정리 정돈된 계획적인 생활을 하고, 맺고 끊음이 확실한 칼 같은 성격의 때론 냉정한 모습을 보이기도 하는 아무리 힘든 고난과 역경이 닥쳐도 강인한 정신력으로 이겨 대업을 성취하는 에너지로, 이 단어의 오행과 그 성명학적 의미도 Good이다.

7) '아들'과 '며느리'

드디어 다 성장한 아들이 며느리를 맞이했다. 어미의 연인 '아들'과 시어머니의 연적 '며느리'의 이름분석에너지는 어떤가 알아보자.

'아들'이라는 단어의 오행도 화생토(土←火)로, 윗사람 부모님과 아내에게 잘하는 상생의 기운이다. 시부모의 입장에서 며느리에게 잘하는 아들의 모습이며, 아내의 입장에서 시부모님께 잘하는 효자 남편의 모습이 아닌가? 그러나 '아들'이라는 단어가 갖는 수리운의 특징은 앞서 언급한 '부인' 운과 같은 10획(만사허망)의 공허격으로 왠지 늘 외롭고 고독하며, 유약하고 맺고 끊음이 정확치 않으니 결단력이 부족한… 흔히들 아들을 다 키워 장가 보내놓고 어머님들 하시는 말씀들이 하나같이 '아들은 키워봤자 며느리 얻고 나면 허망하

土 ←	火	水 /	火 /	火
아	들	며	느	리
4	6	4	2	5
↘	↙	↘		↙
10획			12획	

다.' 고 하는데 그 '아들'의 수리운도 허망의 에너지인걸 보면 딱! 아들의 모습이네요.

'며느리'의 오행은 윗사람 시부모, 남편 때문에 힘들다는 상극의 기운으로 며느리 입장에서 '시' 자 들어가는 사람이 왜 싫은 건지? 또 그들의 아들 때문에 힘들어 하는 오행의 기운이 그들 때문에 힘들다는 상극의 기운이라 그런 건지? 수리운 역시 12획으로 '부부', '엄마'의 운과 같다. 늘 유약하고 건강도 약하며, 경제적으로도 박복한 생활을 해야 하고, 이별의 기운이 늘 있으니 그래서 미울 땐 안 살고 싶은 마음이 드는가? 며느리란 단어도 별로 권할 만한 호칭은 아니며, 며느리의 삶을 그대로 닮은 듯합니다.

8) '딸'과 '사위'

열 아들 안 부럽다는 '딸', 딸을 시집보낼 때 빼앗기는 기분이 든다는 딸을 둔 아버지의 심정이다. 과연 '딸'은 어떤 존재이기에? 그런 딸을 빼앗아간 도둑 같은 '사위'는 어떤 이름분석적 운이 있을까?

火	金 ←	土
딸	사	위
9획	9획	

'딸'은 화(火)의 기운으로 수리 운이 '사위'와 똑 같은 9획 대재무용의 기운이며, 다재다능하고 타고난 지혜로 큰 꾀를 세우고 민첩한 수완과 영준한 기질로 재능은 많으나 그 재능을 살리지 못한다는 획순으로 안타깝고 아까운 딸의 모습이다. 딸을 키우며 이것저것 잘하는 재능도 많은 딸이 제 꿈을 펼치지 못하고 결혼해 사는 모습을 보니 그 재능은 어딜 가고… 다행인건 '사위'의 오행이 토생금(土生金)으로 아내(딸)에게 잘하는 오행이라 별로 마음에 들지 않는 사위지만 그나마 딸에게 잘한다니 다행?이다. 사위의 수리운도 9획이다. 큰 재목감이나 쓸모가 없다 하니 둘 다 안타까운 에너지를 가진 존재들이다.

9) '당신'과 '여보' 그리고 '자기'

'당신'이라는 단어도 '아들'이란 단어와 같은 고독운(運)이다. 남편의 존재란 다 이런 건가? 물론 이 단어는 남편의 입장에서도 '당신'이요, 아내의 입장에서도 '당신'이니, 서로 '당신'을 부르면서도 서로

火 / 金　　　土 / 水
당　신　　　여　보
10획　　　　11획

'외로워' 라고 외치는 효과네요.

'여보'라는 단어는 오행도 '당신(火/金)'의 오행 화극금처럼 '여보'의 오행도 상대방 때문에 힘들다는 土剋水(土/水)의 상극의 기운이다. 수리운이 11획으로 '어머니' '부모'와 같은 에너지로 진취적이고, 많은 대중을 이끄는 리더의 기운이며, 인기운이고, 가문을 일으키는, 명철한 두뇌로 자수성가하며 이지적인 사고와 하늘이 주는 행운을 얻어 성공과 발전이 함께 하는 운이다. 와우, 기왕이면 당신 보단 '여보'로 부르는 게 좋겠네요.

'자기'라는 단어는 상대방을 지칭할 때 쓰는 단어인데, 부부, 연인 사이에 언제부터 부르는 호칭으로 사용되기 시작한 단어인지는 모르겠으나, 오행도 金/木 상극의 기운이니 상대방으로 인해 힘들다 하는 부딪힘이 있는 상극의 기운으로 다툼의 근원이 이 단어 탓인가? 하는 생각이 든다.

또, '자기'라는 단어가 갖는 수리운의 의미는 7획으로, 7획의 수리운의 특징은 맹호가 숲에 나타난 형상으로 호랑이가 포효를 하는 것 같은 목적한 바를 관철시켜 나가며 그 위력이 강해 다른 사람이 모두

金 / 木

자 기

5 2

7획

따르게 되며, 자기의 노력으로 모든 어려움을 극복하고 목적을 달성해 기초를 확립하게 된다. 진취적 기상으로 강성격의 기운이며, 건강한 심신과 인내심으로 분투노력하여 대업을 성취하는 운이나 너무 강하면 부러지기 쉽듯이 친화력을 잃어 내외 좌우에 불협화음을 일으킬 수 있으니 아집을 버리고 베풀면 양호한 수리이다. '자기'라고 부를 때 왠지 똑 부러지는 강단 있는 어투가 나오는 게 그 단어가 갖고 있는 기운이 그러해 그러는 걸까요?

영어 호칭과 발음(소리) 속에 담긴 기운(氣運=Energy)

그렇다면 영어로 된 호칭, 파더(Father), 마더(Mother), 허니(Honey), 달링(Darling), 허즈번드(Husband)와 와이프(Wife)라는 외국어 발음상의 소리에너지는 어떨까? 외국인들은 호칭이 다양하지 않은데 우리나라의 언어가 한 사물을 두고도 다양한 표현을 해낼 수 있는 것이 큰 특징이라 외국인들도 그러한 표현 때문에 한국어 배우기가 참 어렵다고들 한다. 예를 들면 노란색 (Yellow)를 두고 노랗다, 누렇다, 노리끼리하다, 노르스름하다. 누리끼리, 누르스름, 누런, 노란, 노랑 등등 그래서 이렇게 부부를 두고 부르는 호칭, 지칭들이 다 다른가 보다.

전 세계의 모든 언어와 소리를 글자로 표현할 수 있다는 우리 한글이 얼마나 과학적인지? 증명해 보이는 연구과정이라고 할 수 있다. 세계인들이 인정하는 '과학적인 한글'이 있었기에 한자이름보다 소리글인 한글이름이 삶에 더 많은 영향을 끼침을 밝혀냈고, 감히 중국에서 넘어온 성명학 이론을 갖고 중국인들의 이름을 분석해 낼 수 있다는 것뿐만 아니라, 외국인들의 이름도 분석해 볼 수 있다는 것에 그들도 놀라워한다는 것이다.

자! 이 '이름분석이론'을 응용해 외국어 호칭 분석에 다시 도전을 한 번 해보겠습니다. '외국어 이름의 분석결과, 완벽하게 맞습니다.' 라고 주장하기엔 부족한 임상상담과 분석자료 등 연구과정 중에 있다. 이렇게 수시로 이름이나 단어 분석에 도전을 하고 자료를 수집하는 과정에 있는데, 우연의 일치라고 치부하기엔 단어의 의미와 분석상의 결과 또는 사람들의 이름(본명)과 이름 분석상의 결과가 거의 90% 이상 일치하는 것을 알 수 있었다.

1) '파더 Father' & '마더 Mother'

영어로도 부부에 관련된 단어는 배우자와 상극의 수극화(水/火) 오행을 갖는다. 서로 남편은 아내 때문에, 아내는 남편 때문에 힘들다는 궁합은 좋지 않다. 아기들이 부르는 '파파 Papa'나 '마마 Mama,

발음		영어	발음		영어
水 /	火		水 /	火	
파	더	Father	마	더	Mother
6	4	612859	5	4	462859
↘	↙	↓	↘	↙	↓
10		31	9		34

마미 Mammy' 라는 단어들도 배우자와는 모두 때론 좋아졌다가 다투게 되는 水/水 상극의 오행을 가진 것으로 보아 우리나라 부모님과 별 차이가 없다.

발음(소리)운 역시 '파더'는 '마마'와 함께 10획 고독 허망의 이별운(運)으로 한국의 호칭 '당신'과 같은 에너지이며, '마더'는 '마미'와 같은 9획의 발음(소리)운으로 9획의 수리학적 특징은 대재무용(大才無用)의 운으로 다재다능한 재능을 갖고 있으나 쓸모가 없다는 뜻으로 예술적 재능전문가로 성공하려면 피나는 많은 노력을 하여야 하는 운으로 우리나라 '딸'과 같은 9획의 수리운과 같다. '파파'도 12획의 유약한 이별운인 '부부, 며느리'와 같은 에너지를 가진 한국어나 영어 단어의 소리 운이나 이름분석 결과 그들의 특징을 그대로 반영한 에너지로 구성되어 있는 것을 알 수 있다.

수비학(數秘學)운이며 수리운인 'Father'는 31획 자수성가의 운이다. 견실하며 의지가 곧고 바르며 통찰력이 우수하며 대인관계도 원만하다. 지략이 뛰어나고 위기관리 능력이 탁월하며, 부귀와 명성을 얻고 통솔력이 있다. 가족의 생계를 책임지는 아버지상이다. 'Father'의 수비학 운은 좋다.

'Mother' 수비학 운은 34획 재화연속의 운이다. 일시적으로 편안하며, 외교수완이 양호하여 순조롭게 전진하지만 파멸의 운이며, 큰 재화가 연속해서 일어나는 운이며, 일시적인 성공을 거두어도 곧 실패하는 수리이며, 대인관계에 재치가 있으나 불운의 수라 한번 불운이 시작되면 재난이 잇달아 일어나고 부부이별, 무자식 등 가정운도 없고 비운을 맞는 운이다.

2) '허니 Honey'와 '달링 Darling'

발음		영어	발음		영어
土 ←	火		火 /	火	
허	니	Honey	달	링	Darling
6	2	86557	7	6	4193957
↘	↙	↓	↘	↙	↓
8획		31	13획		38

'허니 Honey', '달콤한, 달달한'의 의미를 갖는 애칭으로 영어 이름은 그 단어의 의미대로 살아지는 특징들이 있다. 허니는 달링에

게 최선을 다하는 상생의 화생토(火→土)의 에너지를 갖고 있으며 '아내'와 같은 기운의 8획의 수리운을 가져 조금은 냉정하고, 외유내강의 에너지를 가졌다. 'Honey'는 수비학적인 운으로도 31 자수성가의 운으로 의지가 곧고 바르며 통찰력이 우수해 대인관계도 원만하며 지도자의 자질을 겸비, 위기관리 능력이 탁월하고, 부귀와 명성을 한 번에 누리는 운이다. '허니'의 8획 재물운과 비슷한 특징을 갖는 운이다.

'달링 Darling' 은 '허니'와는 좋았다/다퉜다를 반복하는 정열적인 화·화(火·火)의 에너지를 갖고 있어 불(火)과 불(火)이 만나 더 커지는 격이니 합이 되다가도 불(火)이 너무 커지면 화재가 되는 흉한 운이다. 오행(五行)중 수·수(水·水)와 같은 오행의 기운과 같으니 좋았다 나빴다 를 반복하는 운이다. 발음운 '달링'은 총명한 13획으로 우리나라의 '지아비=13획'와 같은 총명, 지혜의 에너지로 영어'Darling'의 수비학 운(運)은 38수리(數理)로 천재적 재능과 명철한 두뇌, 예술, 창작, 발명 등의 운으로 입신양명, 부귀공명 하는 운이며, 무에서 유를 창조하는 운으로 지아비와 똑같은 운의 특징을 갖는다.

'허니 Honey'와 '달링 Darling'의 기운(氣運)은 참 좋다. 역시 '허니'와 '달링'으로 부르며 사는 게 좋겠습니다. 사이가 안 좋은 부부들은 좋은 에너지의 기운을 가진 호칭으로 불러보면 어떨까요? 소리에너지의 파동의 효과가 분명히 있다면 자기도 모르는 새 사이가 좋아질 수도 있지 않을까요?

3) '허즈번드 Husband' & '와이프 Wife'

마지막으로 '허즈번드 Husband'와 '와이프 Wife'는 과연 어떤 에너지를 가졌을까요?

발음				영어	발음			영어
土 →	金 →	水 /	火		土 ·	土 /	水	
허	즈	번	드	Husband	와	이	프	Wife
6	4	7	3	8312154	6	3	5	5965
	↘	↙		↓				↓
20획				24	14획			25

미국의 '허즈번드'와 '와이프'의 두 부부사이도 완전 전쟁인데요. 우리나라의 '남편'과 '부인'의 사이처럼 만나는 순간부터 다툼과 이별이 존재하는 삶입니다. 우리나라 부부 사이보다는 좀 더 살벌한데요. '허즈번드'의 미국식 발음(소리)운은 20획 백사실패(百事失敗)의 운으로 20 수리운의 특징은 사업실패수, 소송, 시비, 이별, 다툼, 병고 등 모든 일이 쇠퇴하고 육친이 부덕하며 부부 자녀 간에 생사이별이 있고, 삶이 적막하고 매사가 수포로 돌아가니 좋은 자질과 재능이 있어도 빛을 발하기 어렵다. 심신이 고달프고 일생을 고독하게 살아가는 형액, 변사 등 단명에 이르는 흉운이다.

영국식 발음으로는 '허즈벤드'로 21획 우두머리 두령운(頭領運)으로 21일 수리운의 특징은 뛰어난 지모(智謀)와 덕량(德量)은 만인의 신망을 한 몸에 받아 대업을 완수하며 부귀공명 하는 대길 운으로 의지가 완고하며, 매사가 의욕적이고 진취적이며 주변 사람들을 잘 이끌어간다. 어떠한 어려움이 닥쳐도 능히 지혜롭게 헤쳐 나가는 지략이 뛰어나고 인정이 많아 만인의 존경을 받는 수이다.

영어 'Husband'의 스펠링의 수비학적 수리운은 24, 부귀재물(富貴財物)의 황제의 리더운으로 처음에는 아무것도 가진 것이 없는 맨손이지만 꾸준히 노력하여 재산을 모은다. 성공해서 이름을 널리 떨치며, 독립심이 강하고 외유내강의 부부가 백년해로 하는 운이다. 스펠링 'Husband' 24와 영국식 발음 즉 소리운 '허즈벤드' 운 21은 서로 수리는 다르나, 수리운 안에 담긴 운들의 전체적인 운의 특징은 리더, 가족화목 등으로 서로 비슷한 특징을 갖고 있다고 볼 수 있다.

'허즈번드'의 20 수리운과 '와이프'의 14 수리가 거의 같은 운의 특징을 갖는 흉운의 수리로 평생을 시비, 다툼의 운이라 두 부부는 평생 다툼이 끊이질 않는 운이다. 스펠링 'Wife'의 수비학적 수리는 25로, 25의 수리학적 운의 특징은 현모양처의 운으로 평안, 지략, 재치가 있고 여자의 경우 건강하고 똑똑한 며느리나 아내라는 말을 듣는다. 명예와 재물을 겸득하며 성실하고 노력을 아끼지 않으므로 매사가 전진적으로 발전해 큰 이득을 얻게 된다. 우수한 추진력으로 자수성가해 대업을 달성하며 모든 일이 형통하는 평안의 수이며, 현모양처, 지략가의 두뇌를 가졌으며 절대 지는 싸움은 하지 않는다는 특징이 있다. 영어 'Wife' 뜻 아내, 처 그대로 수비학 수리운도 현모양처의 에너지로 같은 특징을 갖는 것으로 보아 한국어의 발음으로는 '와이프' 보다는 '와이ㅍ' 13 총명지모의 운으로 표기하는 것이 맞는 게 아닐까? 하는 생각을 해보았네요.

가족 관련 단어들이 가지고 있는 그 관계와 의미들을, 소리글 즉 발음 속에 담긴 운 즉, 파동에너지의 효과를 밝혀 낸 '광미명성학' 이론을 응용하여 외국어 호칭까지도 분석해 보았다. 평상시 우리가 사용하는 단어들은 어떤 의미가 있을까? 라는 단순한 호기심에 시작한 연구(이름분석)이지만, 이름분석 결과를 보게 되면 단순한 재미 이상의 많은 생각을 하게 만드는 의미 있는 시간들이었다. 아무 생각 없이 써왔던 단어들과 말들이 과연 좋은 기운(=에너지)을 가진 단어들인가? 하는 심각한 고민을 하게 되었다. 소리에너지라는 것을 늘 이야기하며 소리에너지의 집합체인 '한글이름'의 중요성에 대해 이야기하는 사람으로서, 친구들과 또는 가족들에게 내가 사용하는 단어들에 대해 한 번 더 생각해보고 조심스럽게 말하게 되는 습관들이 생겼다.

블로그 운영을 기존의 다른 성명학자들과 다르게 운영하는 이유도 앞에서 풀어보았던 단어들이 가지고 있는 관계에서 뿐만 아니라, 그 단어 고유의 의미와 성명학적인 에너지가 우연의 일치라고 하기엔 너무나 유사한 특징을 보이기 때문에, 이름의 중요성을 알리는 차원을 넘어 인터넷, 블로그를 주로 많이 이용하는 젊은 층들이 이 글들을 보고 기왕이면, 좋고 예쁘고, 아름다운, 그 단어의 에너지(기氣)가 좋은 단어들을 많이 사용함으로써 서로 서로 좋은 관계를 유지하는 화목한 사회가 이루어질 수 있는 기회가 되었으면 하는 작은 희망에서이다. 더불어 이 책을 통해서도 독자들에게 일상에서 사용하는 언어들에 대해 한번쯤 생각해 볼 수 있는 계기가 되었으면 한다.

우연이라고 하기엔 너무도 흡사한 단어의 의미와 이름분석을 통해 말, 단어, 언어 속에 담긴 기운(Energy)의 중요성을 강조하고 늘 긍정적인 생각과 바른 말을 사용할 것을 주장하고 있다. 이름을 분석하는 과정은 길어야 1시간 짧게는 30분이면 끝난다. 소리글인 한글이름의 중요성을 강조하다 보면, 생활 속에서 연구된 이름분석 결과들을 소개하면서 왜? 우리가 말을 긍정적으로 바르게 하고 살아야 하는가를 이야기하는 게 주 상담목적이기도 하다. 신이 위대한지 한글을 창제한 세종대왕이 위대한지? 결론은, 한글이 대단히 과학적이기에 이와 같은 외국어 분석도 가능한 것이라고 본다. 한글은 정말 위대하다. 전 세계 모든 소리, 언어를 한글로 다 표기할 수 있기에 이와 같은 분석 시도가 가능하지 않겠는가?

이름분석 연구 II

일상의 언어 분석
두 번째 이야기

1) 유태인의 지혜가 담긴 '탈무드 Talmud'

수많은 책들 중에서 『탈무드』는 전 세계적으로 인정받는 유대교의 율법서(書)로 '탈무드의 명언'은 많은 사람들에게 귀감이 되는 글로 유명합니다. '탈무드'와 원제목 'Talmud'의 이름분석 결과는 어찌 나오는지 알아보도록 하죠. 외국어 발음운 분석 시 실제 원 발음에 가깝게 발음표기를 해야 원어분석의 운과 가장 흡사한 분석이 나온다는 걸 알 수 있는데, 정확한 분석을 위해서는 원어 'Talmud'가 〔탈무드〕로 표기. 우리나라에 많이 알려진 외국어 발음표기를 토대로 분석하였습니다.

탈 무 드 Talmud

8 3 5 213434

↓ ↓

16 17

'탈무드'의 발음 즉 소리운(運)은 16획 덕망유복의 강유겸전(剛柔兼全)한 운성으로 인망과 재록이 풍성한 격이라 대업을 성취해 부귀공명을 누리며, 자력으로 사회적인 발전과 명성을 이루고, 흉운을 피하고 길운만을 맞이하는 기회를 가지며 가정에 복록이 따르게 되니 부부가 화목하고 자손이 번성한다. 여러 사람들의 인덕으로 큰 성공을 이루게 되며 천성이 인자하므로 천복으로 가문이 번창하는 대길의 수로 사교적인 성품으로 인덕이 많고, 똑똑해서 상류사회의 반열에 올라있는 사람이 많다고 합니다.

'Talmud', 수비학 수리 총 운이 17 명망의 운으로 이름을 세계에 떨친다. 큰 뜻과 큰 계획을 품고 모든 난관을 극복 매진하여 초지일관으로 대사를 완수 존중과 존경을 한몸에 받으며, 책임감이 강하고 성실하며 모범생이 많다. 그러나 고집이 있으므로, 자기 고집을 꺾고 남의 말을 경청할 줄 알아야 다툼이 적어지고 발전을 한다. 강인한 의지와 권력추구에 대한 적극성으로 자립 성공하여 중인들의 존경을 얻는다. 관운으로 공무원, 선생님의 직업을 갖는 사람들이 많다.

탈무드에 담겨있는 내용은 유대인 전통의 정신문화 유산으로 수

많은 세계인들의 귀감이 되는 것들로 '이름분석' 결과의 수리운 16이나, 17 수리운의 특징과도 씽크로율 90% 이상의 비슷한 특징을 갖는다. 16 수리운의 큰 특징이 양심, 배려, 인내, 양보, 미덕, 선함, 덕망이 특징이라면, 17 수리운은 성실, 책임감, 모범, 규율, 규칙, 고집, 자존심, 존경, 공무원, 선생님, 유명함 등의 특징으로 탈무드가 세계에 널리 알려진 '귀감이 되는 책'임을 알 수 있다. 탈무드에 가장 많이 등장하는 훌륭한 스승을 '랍비'라고 부른다. '랍비'라 불리는 랍비(히브리어: רִבִּי ribbī 또는 רַבִּי rabbī)는 유대교의 현인을 가리키는 말이다. 그래서 예수 그리스도도, 그를 따르는 이들에게 선생이라는 뜻으로 랍비라고 불렸다.

2) '홍부와 놀부'의 형제간 관계와 그들의 이름 속에 담긴 특징?

동생 '홍부'의 인간관계 운(運)을 보면 토극수(土/水)의 오행으로 형으로 인해 힘들어하는 운이며, '홍부'로 불리는 이름의 총 운이 13획 총명지모의 운이니 늘 지혜롭고, 창의적인 처세술엔 능한 총명한 사람이다. 탁월한 지략으로 대업을 달성하고 입신양명하니 가문의 발전과 영예가 있고 행복한 가정생활을 영위한다. 점진적인 발

土 / 水			火 / 水	
홍	부		놀	부
7	6		6	6
13			12	

전이 있으니 무에서 유를 창조하는 천복이 따르는 매우 길한 수리의 운이다.

형 '놀부'는 수극화(火/水)의 오행으로 동생 때문에 힘들다. 라는 상극의 오행운을 가졌으니 형제간에 사이가 좋을리 만무다. '놀부' 이름의 운을 보면 12획 박약박복의 수리이다. 12획의 성명학적인 운의 특징은 재치와 기량은 있으나 소극적이며, 신중한 면은 있으나 현실성이 부족하니 어려운 처지에 놓일 가능성이 크며, 의지가 박약하여 실속이 없고, 파란 많은 생활을 하며 이별운이 있고, 재물 운이 약하며 박복한 삶을 사는 운이다.

'홍부는 13획 총명지모의 수리운으로 지혜롭고 처세술에 능하다는 13획 수리운의 특징 그대로 홍부의 제비 다리치료는 천복이 함께했고, 놀부는 12획 박약박복의 운으로 12 수리운의 특징처럼 신중함은 있으나 현실성이 부족한 놀부의 처지로 파란 많은 박복한 삶을

살게 되었으나, 결국 13획의 수리적 특징인 가문의 발전과 행복을 위해 흥부가 형님인 놀부를 감싸 안는 스토리의 전개가 마치 작가가 그들의 이름의 운을 알고 지은 것 같습니다.

3) 이솝우화『해와 바람』주인공들의 이름 속에 담긴 성격

해=7획, 바람=바(6획)+람(8획)=14획 수리운으로, '해'는 7획으로 이 수리운의 특징은 독립심이 강하고, 강직하며, 마음이 넓고 포용력이 있으며 용맹스럽고, 모든 일이 순조롭게 진행되어 목적한 바를 관철시키고, 자수성가하여 번영 번창을 이루게 하는 운으로 고집이 강하다. 나그네의 옷을 자연스럽게 벗게 할 수 있었던 것은 넓은 마음의 포용력과 목적한 바를 관철시키는 고집과 모든 일이 순조롭게 진행되게 만드는 運(=에너지)의 작용이었군요.

'바람'은 14획으로 이산파멸의 수리운을 갖는다. 역시 악역답게 파멸의 기운을 가진 친구네요. 14획의 수리적 특징은 의협심이 강하며 풍류적 기질도 있고 일생을 관재, 구설, 시비, 다툼, 파멸, 이별, 고독, 번민, 병약, 불구 등의 흉 운으로 천신만고 고통 속에 말년이 고독한 운이다. '바람'이 먼저 '나그네의 옷을 누가 벗길 수 있는가?' 내기를 걸었던 것으로 생각난다. '바람'의 성격이 원래 그렇군요. 그래서 가정에 어느 한 사람이 '바람'이 나면 시비, 다툼이 일어나고 이별하는 일이 발생하나 봅니다.

물론 옷을 벗고 안 벗고의 의지는 당연히 경쟁 목표인 '나그네'의 의지와 결정에 따라 결론이 나는 것도 맞지요. 그러나 '나그네'의 결정에는 환경이라는 것이 크게 작용하기도 한다. 어떤 환경을 가지느냐에 따라 '나그네'의 행동과 결정이 바뀌지요. '해'와 '바람'의 경쟁을 불러일으킨 대상 '나그네'라 불리는 이름의 수리 에너지는 나(3획)+그(2획)+네(4획)=9획 다재다능한 운으로 음악, 미술, 문학적, 다양한 방면의 탤런트적인 기질이 있는 운이기에 재능으로 전문가가 되려면 18 수리 운을 가진 사람보다는 더 많은 노력을 해야만 하는 운이다. 이 수리를 가진 사람들은 대체적으로 머리도 좋고, 재물운은 없지만 타고난 재능으로 전문가의 길을 가는 사람들도 있다. 이 9획의 수리운은 지금까지 전해 내려오는 전통성명학의 수리운의 특징과 현대의 수리운의 해석을 달리 해야 하는 수리 중 하나이다.

4) '신데렐라'와 '다이애나' 그녀들의 운명은?

얼마 전 퇴근길에 우연히 '신데렐라 성형외과' 간판이 눈에 크게 띄어 상호가 참 유치하다. 는 생각을 하며 혼자 웃다가 문득 신데렐라는 성명학적으로 어떤 운이지? 궁금했다. 한국에서는 신데렐라(Cinderella)로, 영국식이나 미국식 발음으로는 들리는 소리를 거의 정확하게 표기하자면【신드렐라, 신드뤨라, 신더렐라】로 들린다. 외국어 발음은 우리나라처럼 똑 떨어지는 발음이 많지 않다.

아직은 연구하는 과정 중에 있고 영국식 발음과 미국식 발음이 들리는 두 개의 발음의 운을 모두 그 사람의 운으로 보고자 하였으며, 이런 과정 중에 그리스 신화속의 달의 여신 Diana가 지금은 고인이 된 영국 황태자비 다이애나와 같은 이름이라는 것을 알게 되었다. '다이애나' 영국식 발음과 '다이애나' 미국식 발음의 두 개 발음의 운을 분석하면서 놀라운 결과를 알게 되면서 그녀의 운명은 그리될 수밖에 없나 하는 생각을 하게 된다. 수많은 언어분석을 통해 첨엔 '우연의 일치'라고 보아 넘길 수 있었으나 매번의 분석에서 성명학적 운의 특성이 같음이 반복되면서 이제는 '우연의 일치'라고만 이야기할 수 없는, 분명 숨은 고유의 기운(에너지)이 있음을 인정할 수밖에 없게 되었다.

'신데렐라 Cinderella'

金/火 火 火			
신 데 렐 라	신 드 렐 라	신 드 렐 라	신 더 렐 라
4 5 9 5	4 3 9 5	4 3 11 5	4 4 9 5
23획	21획	23획	22획

'신데렐라'의 오행의 에너지는 火의 에너지가 많은 윗사람과는 상극으로 부모복이 없는 운이다. '재투성이 아가씨'라는 별명답게 늘 화로를 청소하는 그 모습을 오행의 火火火 기운이 보여준다. '신데렐라'의 운명은 23획 일홍중천의 운과 21획 우두머리 리더운, 22획

중도좌절의 운이 있네요. 신데렐라의 해피엔딩의 결말을 보면 한국어 '신데렐라'이야기와 거의 흡사하다. '신드렐라'로 들리는 발음과 같은 운으로 23획 수리운의 성명학적인 특징은 빈손에서 회장으로까지 출세하는 개천에서 용나는 에너지가 있다.

미천한 가운데 출발하여도 일약출세하여 만인의 존경을 받게 되는 운으로 인기와 명망이 높으며, 인내심과 성실성의 발현이 뛰어나며 넓은 도량과 이해심으로 주변사람들을 이끌어가며, 부귀와 명예를 누리게 되는 운이다. '신드렐라' 21획 두령운 역시 의지가 완고하며, 어려움이 닥쳐도 능히 지혜롭게 헤쳐 나가는 지략이 뛰어나고 인정이 만하 만인의 존경을 받게 되는 운이니 외국인의 이름의 경우 한국이나 일본, 중국처럼 초년, 청장년, 중년, 말년의 똑 떨어지는 운의 분석은 어렵다. 물론 주역괘 운의 적용도 힘들다 할 수 있다. 다만 전체적으로 불리는 이름의 운을 볼 수 있고 대인관계는 알 수 있다.

'신더렐라' 22획 중도좌절의 운도 신데렐라의 운명이라고 할 수 있는데, 어머니를 일찍 여의고, 외모가 준수하고 재능과 지혜가 우수하지만 운세가 박약하여 가족과의 인연이 부족하고, 역경, 이별, 고독, 불행한 환경 속에 중도하차하게 되는 운으로 신데렐라가 왕자를 만나기 전까지의 환경을 뜻하는 운이다. 그러나 이 운(運)은 결론적으로 우리가 흔히 알고 있는 해피엔딩과는 맞지는 않는군요.

영문이름 'Cinderella'의 운은?

C i n d e r e l l a

3 9 5 4 5 9 5 3 3 1

↓

47획

와우! 영문이름 'Cinderella'의 운명은 47획 일확천금의 운을 가졌네요. 47획의 수리학적 운의 특징은 준걸한 영웅이 때를 만나 재명(才名)과 권세를 사해에 떨치는 길운으로써 모든 일이 순조롭게 발전하여 재산이 풍부하고 자손만대 번창하고, 의지가 굳세고 독립심이 강해 곧은 성품과 더불어 온유한 심성을 겸비했으므로 주변 사람들로부터 신망을 얻으며 군계일학의 타고난 지도자적 재능을 발휘한다. 맡은바 책임을 완수하고 매사에 성실하고 정직하게 충성을 다하므로 순조로운 발전과 함께 권세와 명예를 함께 얻게 되는 매우 길한 수리이다. 뜻밖의 행운의 재물운으로 횡재수이다. 하늘에서 돕는 운이 있다. Cinderella의 운명은 이미 하늘에서 돕기로 정해져 있었다.

한글 발음운 '신데렐라'의 23획 일홍중천運인 빈손에서 회장까지 출세하는 일약 도약운과 비슷한 특징을 갖는다. '신데렐라 Ciderella'의 운명은 빈천한 가운데 출세하는 운이며, 스토리상 요정이 돕는 장면처럼 하늘에서 돕는 운이 있었던 운명을 가진 주인공임이 틀림없음이 증명된다.

'다이애나' 불리는 이름 속에 담겨진 기운 '그녀의 인생'

그리스신화 속의 '달의 여신 : 아르테미스'의 로마어 '디아나 Diana'가 영국의 비극의 황태자비 '다이아나'와 똑같은 이름임을 발견하고 세계의 언론을 검색해보니 주로 언론이나 지면상으로 이름 'Diana'로만 불리우는 특징을 발견하고, 세계적으로 'Diana'는 영국발음 '다이아나', 미국발음 '다이애나' 두 개의 발음으로 불린다는 것을 알게 되었다.

성명학 이론은 다양하게 적용 연구하는 과정이라 외국인이름은 가장 많이 자주 불리는 이 두 개의 발음의 운이 작용할 것이라는 가정 하에 연구를 해보았고, 이 과정을 통해 과연 두 개의 운이 모두 그 사람의 생애와 가장 많이 닮아 있음을 발견하게 되었다. 자, 다이아나, 다이애나 두 개의 발음으로 불릴 때 비련의 황태자비의 삶과 닮아있는지 같이 생각해보기로 하죠.

火 → 土 · 土 ← 火

다	이	아	나	다	이	애	나
4	3	4	3	4	3	5	3
14획				15획			

'다이아나'로 불리는 이름의 에너지는 파멸의 기운이 있네요. 화토토화(火→土土←火)의 화생토(火生土) 상생의 오행운(運=에너지)을 갖고 있어 윗사람, 아랫사람 모두가 도와주는 상생의 에너지로 인복은 많다. 수리운이 14획으로 이 수리운의 성명학적인 의미는 이산파멸의 기운으로 일시적인 성공은 이루겠으나 매사가 분리되는 흉한 수리로 지혜가 출중하고 능력은 갖추고 있으나 그 진가를 발휘하기 어렵고, 노력에 비해 대가가 적고 공이 없으니 매사가 뜻대로 이루어지기 힘들다. 가정파탄이 생기고 부부와 자녀의 생리사별이 있는 불길한 수로 타향에서 천신만고하여 고독. 번민. 실패. 곤고. 병약 등의 흉운을 면하기 어려우며, 불의의 사고가 있는 수이다.

'다이아나'라는 이름은 그리스신화 속 아르테미스의 성격에서 사냥의 여신으로서의 모습과, 사랑하는 사람(오리온)을 화살로 쏘아 죽이는 파멸, 불의의 사고, 이별의 삶으로 수리운(數理運) 14획의 운과도 같네요. '다이애나'로 불리는 이름의 성명학적 수리(數理)에너지는 15획 군계일학의 運(=에너지)으로 귀티, 매력, 지혜와 덕망을 갖춘 지도자, 리더의 에너지로 선도자(先導者)의 길을 가는 운으로 주변 사람들로부터 추앙을 받는 운이다. 한번 맡은 일은 반드시 성공으로 이루어 내고 어디를 가든 명성이 끊이지 않는 운으로 대체로 미인이며 황제의 기운을 가진 운이다. 부덕을 겸비한 현모양처로 고인이 된 영국 다이애나 황태자비의 운명과 어쩜 이 두 개의 운이 그리 꼭 닮았는지.

다이아나의 영문이름 'Diana Spencer'의 에너지?

Diana	Spencer
4 9 1 5 1	1 7 5 5 3 5 9
↓	↓
20획	35획

안타깝네요. 한글이름 다이아나의 14획 이산파멸의 단명 운과 같은 영문이름 'Diana' 운명은 20획 백사실패의 수리운으로 일시적인 성공은 있으나 매사가 수포로 돌아가는 운으로 좋은 두뇌와 자질이 있으나 빛을 못 보며, 부모덕이 없고, 일생을 형액, 불의의 사고, 이별, 부부·자녀와 생사이별, 구설, 다툼, 오해 속에 '아니 땐 굴뚝에 연기 나는 운'으로 억울한 누명을 쓰거나 감옥에 갇히게 되는 관재수가 있는 불운의 수이다. 그녀의 운명은 그렇게 타고 났다.

스펜서 'Spencer'는 성으로 Spencer 집안의 타고난 유전적 형질을 뜻한다. 한글 스펜서는 스(3획)+펜(8획)+서(4획)=15획 군계일학의 영국식 발음이름 '다이애나'와 같은 귀인, 매력, 미인, 황제의 지도자의 운이다. 영문 Spencer는 35획으로 35 수리운의 특징은 온유화순의 운으로 온유하고, 순하며, 대인관계가 원만하고, 지모와 지략이 뛰어나며, 행복, 부귀, 학술, 예능계에서 성공하는 운이다. 스펜서 집안의 혈통의 특징이다.

영어이름의 획순은 서양에서 전해 내려오는 수비학(數秘學)을 기준으로 나온 수리운(數理運)을 기준으로 분석했다. 수비학은 수를 사용해 사물의 본성을 특히 인물의 성격 · 운명이나 미래의 일을 해명 · 예견하는 서양 고대의 점술로 숫자의 의미를 연구하는 학문이다. 영어로 numerology. 수는 만물의 원리이며, 그리스 철학자인 피타고라스가 수비학(數秘學)의 창시자로 알려져 있지만 수비학의 기원을 고대 수메르 시대로 보는 견해도 있다. 수비학자들은 본명(성)에 그 사람의 운명과 성격, 욕망 등 상당한 정보가 담겨 있다고 본다.

5) '샤넬 No.5'와 '가브리엘 샤넬 Gabrielle Chanel'

세계적으로 유명한 프랑스 향수 샤넬 No.5와 관련된 에피소드를 우연히 알게 되면서 성명학적으로는 어떤 운이기에 그러한가? 호기심을 갖게 되었다. '샤넬 No.5' 왜 향수의 이름을 No.5로 지었을까? 샤넬 No.5로 이름이 붙여지게 된 이유를 알아보니, 1921년 디자이너의 이름을 딴 인류 최초의 향수인 '샤넬 N°5(No. 5)'. 이 향수는 디자이너 향수로는 최초로 자연성분과 합성성분을 조합해 탄생한 것으로도 유명하다. 83가지가 넘는 재료를 이용해 만들어졌고 이는 당시의 향수 업계에서 혁신적인 일이었다고 하네요.

당시 샤넬이 그녀의 향수 이름에 왜 번호를 부여했는지에 대해서는 다양한 추측이 있었고, 혹자는 샤넬 N°5가 샤넬에게 보내진 향수 샘플 중 다섯 번째였기 때문에 채택된 이름이라고도 하고, 혹자는 '5'가 샤넬의 행운의 숫자였기 때문에 주어진 이름이라고 주장하기도 한다. 이와 관련하여 믿거나 말거나 한 에피소드는 샤넬이 개발한 새로운 향수의 이름을 한 점술가에게 부탁했는데, 그 점술가는 '5' 라는 숫자가 그녀에게 행운을 주는 숫자라고 하였고, 샤넬이 그 향수에 'No. 5'라는 숫자를 붙인 이후, 그 향수 하나로 당시 2백억 원에 이르는 수익을 올렸다고 하는 일화도 있다. 암튼 당시 사회풍조의 영향인지 샤넬은 자신의 향수에 번호를 부여함으로써 기존 제품들과의 차별성을 나타내고자 하였고, 샤넬 N°5란 이름은 오늘날까지 거의 100년이 다 되어가는 동안 지속적인 인기를 누리고 있다는 사실이다.

'샤넬No. 5'의 탄생 이유야 어떻든 간에 그 향이 묘한 매력이 있음은 사실이지요. 그러나 아무리 그렇다고 해도 해마다 새로운 향이 개발되고 있음에도 거의 100년 가까운 기간 동안 사랑을 받는다는 것은, 거의 마약 중독 같은 아름다운 향임에는 인정할 수밖에 없는 사실이고, 그 외에 다른 이유가 이름 속에 있지 않을까? 하여 그 이름을 분석해 보았다.

지금 여러분은 이 분석 과정을 통해 서양의 전통 수비학과 중국의 전통 수리학의 만남을, 대한민국의 소리글 한글의 중매로 그 연애의 결과를 세계 최초로 보는 영광을 갖게 된 겁니다.

발음		제품명	브랜드명(원어)
金 /	火		
샤	넬	No.5	C H A N E L
5	7		3 8 1 5 5 3
↘	↙		↓
12			25

'샤넬 Chanel' 브랜드 名이며, 디자이너인 샤넬의 이름을 딴 브랜드 네임으로 '샤넬'의 발음에너지는 12획 박약박복의 운이다. 12수리 운의 특징은 사색적이고 감성은 풍부하지만 현실성은 떨어져 일의 진행이 미흡하며 재치와 기량은 있으나 결정적인 순간에 매듭을 엮어내지 못해 좌절하거나 뜻하는 바를 이루기 어려운 파란 많은 생활을 겪고 주변 사람들에게 피해의식을 느끼는 등 고독한 삶을 사는 박복의 운을 가진 사람이다.

'CHANEL' 프랑스어로 스펠링 원어에 담긴 기운(=에너지)을 살펴보자. 수비학적 수리운을 살펴보니 CHANEL은 25로 이 25는 서양의 수비학을 기본으로 나온 수리운이며, 25라는 수리운에 대한 설명은 동양의 81 수리학으로만 설명이 가능하다. 25라는 숫자에 담긴 수리운의 특징은? 평안의 수로 현모양처, 평화주의자, 안락, 평온한 성품으로 우수한 추진력과 능란한 수완으로 자수성가해 대업을 달성하며, 모든 일이 형통하다. 명예와 재물을 겸득하는 행복의 대길수로 안정적인 생활을 이끌어 갈 수 있다. 지략가의 에너지로 일생을 평탄하게 살게 되며, 매사 점진적인 발전으로 큰 이득을 얻으며 재치 있고, 건강하며 개성이 뚜렷한 성격이 특징이다.

원래 제품명이 'No. 5'로 'No. 5'의 수리학적 運은 숫자 그대로의 운이다. 5라는 숫자에 담긴 수리운의 특징은 부귀봉록의 입신양명, 온후한 성품에 지와 덕을 겸비 어디를 가든 중심에 서게 되고 지도자의 역할을 할 수 있는 강한 탁월한 지도력을 가졌으며 여성의 경우 귀부인으로 명예와 부귀를 갖는 만인의 장이 되는 운이며, 용이 승천하고 여의주를 입에 문 형상으로 자손이 잘되고, 재록, 권세가 겸비된 행운이 창조되는 운이다.

이 제품의 이름은 'No. 5'이지만 세계적으로 명성을 날리면서 이 제품을 찾을 때 대부분 사람들은 '샤넬 No. 5'로 찾을 것이고, 제품을 찾을 때 가장 많이 불리는 소리 즉, 샤넬No. 5 이 '불리는 소리의 기운'은 샤넬 12와 숫자5가 합쳐진 17의 수리운의 특징을 갖게 된다. 17의 수리학적 운의 특징은 명망사해(名望四海)의 운으로, 유명한 삶과 초지일관 자립대성 하니 만인의 존중과 존경을 한 몸에 받고, 관록(官祿)이 좋고 명예와 부귀를 겸비, 성실, 책임, 해외 운이 좋아 외국에서 명예, 부를 얻는 경우가 많고 자존심이 강하다,라는 운의 특성을 갖는다. 샤넬의 명성이 100년 가까이 이어지는 이유가 그 제품 이름에 그대로 있네요.

내친 김에 샤넬이란 여성의 운명과 성격을 알아보고 싶네요. 우연히 프랑스인과 사시는 여성 고객의 가족 이름분석 상담을 하면서 알게 되었는데, 프랑스인들은 태어나면, 출생신고를 하면서 우리나라로 말하자면 호적같은 서류에 3개의 이름과 성을 등록하게 되어 있답니다. 그 3개의 이름은 주로 세례명과 같은 성인의 이름들 중에 남녀를 구분하여 등록을 한답니다. 3개의 이름을 모두 사용하지는 않지만 성장하는 동안 3개의 이름들 중 이것저것 불리다가 어느 순간 하나로 정해 부르게 되는 것이 통상적이라네요. 그 3개의 이름들을 분석해 보니 그 사람의 특징적인 성격이나 재능들을 더 자세히 알아볼 수 있었고, 그러나 이름이 다 불리어지는 것이 아니니 외국인 이름분석과정을 통해 알게 된 것은 사람들에게 가장 많이 불리는 이름의 운이 그 시기에 불러준 이름의 운대로의 에너지의 특징이 있으며, 하나로 정해진 뒤에는 그 이름이 그 사람의 대표적인 기운(=에너지)이 됨을 알 수 있었어요.

샤넬에 대한 정보가 많지 않고 대표적으로 불리는 이름인 가브리엘 샤넬에 대한 분석만 해보았다. 먼저, 샤넬에 대해 간단히 조사를 해보았는데, 이것은 그녀의 이름속의 삶과 대중에 많이 알려진 그녀의 삶이 같은지 여러분들도 비교해 보실 수 있게 약간의 정보를 알려주기 위함입니다.

본명은 가브리엘 샤넬로 1883년에 프랑스 소뮈르(Saumur)의 가난한 집안에서 태어났고, 장돌뱅이였던 아버지는 그녀가 태어난 것에 관심조차 없었고 어머니는 병에 걸려 그녀가 어릴 때 사망했으며, 가브리엘 샤넬은 오바진 수녀원(Abbey of Aubazine)으로 보내져 7년여 간 머무르며 바느질을 배웠다고 하네요. 성인이 된 가브리엘 샤넬은 수도원을 나와 봉제회사를 다니며 저녁에는 카페에서 가수로 일했으며, 당시 그녀가 부른 노래 때문에 'CoCo 코코'라는 애칭을 얻게 되었다고. 가브리엘 샤넬은 한 후원자의 후원을 받아 모자 가게를 오픈, 처음엔 외면을 당했다고 하네요. 그 후 1921년 향수 'No. 5'를 개발한 후 명성과 부를 크게 얻는 계기가 되었다고 합니다.

샤넬의 발음(=소리)에 담긴 에너지는 12로 이 수리운의 특징은 앞에서 말한 박약박복(薄弱薄福)운 그대로 어린 시절 부모로부터 버림받은 박복한 삶이지만 Chanel의 수비학 에너지 25의 수리운의 에너지도 같이 있는 삶이니, 박복한 가운데, 평화, 평온함을 추구하는 성

木←水

가 브 리 엘	샤 넬	Gabrielle	Chanel
3 5 4 8	5 7	712995335	381553
20	12	44	25
32		69	

격 그대로 재치와 기량으로 힘든 시기를 극복하였을 것이고, 가브리엘의 발음운의 에너지 20 수리운은 백사실패의 운으로 고집과 영민함 그리고 이별, 구설, 시비, 등등의 불운의 삶이다.

그런데 공교롭게도 Gabrielle이라는 수비학 에너지(44)도 발음운 '가브리엘(20)'처럼 공통적인 특징의 흉운의 특징을 갖는다. 44의 수리학운의 특징은 백전백패의 파멸운으로 파란이 있고, 신경이 예민하고, 창의력은 있으나 정신적인 문제로 힘들게 되는 운이다. 어린 시절 부모로부터 고아원에 맡겨지는 운명과 예술가인 디자이너로서 그녀의 삶이 그리 평탄치는 않았을 것이고, 샤넬 No.5라는 향수 이후 더 많은 명성과 부를 이루었다고 하는데, New성명학에서 늘 주장하는 것처럼, 불리어지는 소리운의 영향을 더 많이 받는다는 것을 그대로 증명하듯, '가브리엘 샤넬'의 발음운의 합친 전체 기운(氣運)이 32로 이 32 수리운의 특징은 의외 득재 행운의 재물운으로 귀인의 후원으로 인생의 큰 전환점을 이루게 되는, 재물과 명예를 얻어 크게 성공하는 운이다. 왕성한 활동력과 외유내강한 처세로 삶이 순풍에 돛을 단 듯 존경받는 인물이 되는 운인 것이다.

위의 분석결과에서 보듯 너무나 신기하게, 일반에 알려진 그녀의 삶과 이름분석 결과로 나온 삶이 너무도 닮아 있다. 성명학 이론을 접하고 현재 네임애널리스트(Name Anlyst : 이름분석가)의 길을 8년여 가고 있음에도 여전히 이름분석이라는 분야는 무궁무진 호기심을 자극하고 그 결과는 신비롭기 그지없다.

전혀 모르는 낯선 사람 그것도 이국(異國)의 외국인 이름을 분석해 보면 그들의 성격과 재능 또 그들의 삶이 상세히 분석되어진다. 이런 맥락에서 샤넬이 'CoCo 코코'라는 애칭으로 불릴 때의 운도 그녀의 삶에 큰 영향을 주었을 것이다. 코코 CoCo의 운에는 어떤 에너지가 있었는지도 간단히 알아보고 싶다.

CoCo는 수비학적인 운이 18이고, 발음 소리운 '코코'는 8의 수리운을 갖는다.

코코의 발음오행운은 木木으로 木은 인재, 교육의 운의 특징이 있고, 목이 2개가 모이면 林 수풀 림이 되니 숲을 이루는 형상이다. 주변에 사람들이 많이 모이는 운이니 인맥이 많은 시기이다. CoCo의 수비학운은 18로 이 수리운의 특징은 부귀영달의 재물운으로 의학, 문학, 예체능의 다방면의 팔방미인의 재능을 갖는 수로 이 시기 가수와 댄서로도 활동했다고 하니, 그녀의 탤런트적인 기질이 CoCo로 불릴 때 더 두드러진 이유를 알 수 있다. 진취적인 기상을 갖고 탁월한 실력을 발휘하게 되는 운이며, 발음(소리)운 '코코'는 8로 이 8수리운의 특징은 중국인들이 가장 좋아하는 수로 장수와 재물을 겸해서 갖는 에너지의 특징이 있다. 고집이 있고, 냉정하며, 계획적이고 의지가 강하고 부귀와 명예를 함께 얻는 운이다. 'CoCo 코코'로 활동하면서 귀인을 만나 후원을 얻어 모자샵을 열었다는 것이 과연 우연히 일어난 행운인가? 하는 것을 생각해 볼 수 있는 대목이다.

샤넬 No.5 향수 제품에 대한 분석을 하다가 결국 제품을 창조한 사람이면서 CHANEL 샤넬이라는 브랜드를 갖고 경영을 했던 사업가였기에 경영주의 운 또한 제품의 운명 못지않게, 크게는 브랜드인 상호의 운명 또한 크게 작용되는 운이기에 자세한 분석을 하여 보았다.

상호를 작명할 때의 작명기준이 따로 있기도 하지만, 나의 경우 경영주의 운을 우선으로 보기 때문에 경영주의 기운이 사업실패수가 있는 경우 상호 의뢰를 하게 되면 사업주의 이름을 같이 개명하지 않고서는 아무리 비싼 상호를 지어준다 한들 그 상호운의 작용이 크게 미치지 못한다는 것을 알기 때문에 상호의 주인인 경영주의 운을 분석하고 상호 작명여부를 결정하고 있다.

샤넬의 경우처럼 상품마다 이름이 다르고 그 상품이 어떤 운을 가졌느냐에 따라 희비가 엇갈리며, 운의 상승도 하강도 겪을 수도 있겠지만, 한 가지 제품과 업종으로 사업을 하는 사람들의 경우는 경영주의 에너지 또한 무시할 수 없는 중요한 요소이기 때문에 가끔 자신의 이름은 상관하지 말고 상호나 지어달라고 요청해 오는 분들이 있는데, 이런 경우는 경영주의 운을 무시한 상호작명은 의뢰 자체를 거부하고 있다.

추억2 '막걸리'

그녀는 막걸리를 좋아한다. 언제부터 막걸리를 좋아하게 됐는지는 모르지만, 언제부터 막걸리를 먹게 됐는지는 안다. 아버지께 들은 이야기다. 그녀의 막걸리 음주의 시작은 아직 아기였을 때부터라고. 내 밑에 연년생의 여동생이 있었고, 엄마 혼자 두 아이를 건사하기는 힘든 상황이었다. 물론 내 위로 나보다 5살, 7살 많은 언니 둘이 있었으니, 고만고만한 아이 넷을 엄마 혼자 감당하기는 힘들었을 것이다.

해서, 나는 아버지 차지였다고 한다. 내가 태어나자마자 동생이 생기면서(부모님 금슬도 좋았나보다.) 모유 수유도 힘들었다니… 임신으로 힘든 엄마를 대신해 그때부터 아버지가 나를 거의 안고, 데리고 일상생활을 하다시피 하셨다. 물론, 아버지는 동네 친구 분들과의 만남의 장소에도, 특별한 상황이 아닌 이상 엄마의 성화에 못 이겨 나를 품에 안고 다니셨다고.

시골… 당시 만남의 장소에 막걸리가 빠졌을 리 만무, 이런 저런 이야기 주거니 받거니 한잔하다보면 시간은 길어졌을 거고, 품에 안긴 아이는 배고프다고 쨍알거렸을 테고, 가끔 안주거리를 아이의 입에 넣어 주면 얌전해졌을 거고,(그래서 내가 안주음식을 좋아하나?) 가끔 막걸리도 맛보게 해 주셨다고.(요즘 같으면 어린아이에게 술을 권하다니. 그 시절이었으니 가능한 이야기다.) 그녀의 막걸리 음주 시작은 그렇게 시작되었다.

일찍부터 막걸리의 달짝지근함을 맛본 그녀는, 어느 날, 아마도 초등 3,4학년 때인 듯, 집에 아버지 친구분들이 오셨고, 막걸리 심부름을 하게 된다. 주전자를 들고 양조장에 가서 막걸리 두 되를 받아오라는…(당시 시골서 이런 술 심부름은 별것 아니었음) 집에서 가까운 거리에 있는 양조장. 사람보다 아니 어른보다 더 큰, 커다란 항아리가 땅속에 몇 개나 묻혀 있었고, 그 항아리 속에는 막걸리가 그득

그득, 술집 총각은 바가지가 달린 긴 막대기를 그 술독에 넣어 휘~이 휘 저어 바가지로 떠서는 주전자에 부어 주었다.

두 되, 막걸리 두 되. 막걸리 주전자를 들고 낑낑 걸어 집으로, 집으로 가던 그 계집아이는 목이 말랐다. 시원한 막걸리 한 모금이면 목이 시원해 질 것 같은… '한 모금은 표도 안 난다.' 마셨다. 한 모금 꼴깍! 시원했다. 또 다시 한 모금만? 그래, 표도 안날 텐데 뭐. 또 한 모금… 집으로 가는 길, 멀지도 않은 가까운 심부름 길을. 집에 도착하니 아버지는 무슨 막걸리를 그리 늦게 받아 오느냐고. 휴우.

지인들과 막걸리를 다 드시고 난 아버지 말씀 曰, "막걸리 두 되가 왠지 양이 작다."시며, 어린애를 심부름 보냈다고 양조장집 총각이 양을 속인 것 같으시단다. 다음에 그 총각 만나면 이야기해야겠다고, 아뿔사!!! 계집아이의 가슴은 콩닥콩닥, 심장이 두근두근. '내가 그렇게 많이 마셨나?' 아주 조금, 몇 모금 꼴깍 했을 뿐인데, 휴~우 다행이도 그날은 무사히… 아버지는 딸애가 먹은 걸 눈치 채지 못하셨다.

며칠이 지났을까? 그 계집아이는 길을 가다가 우연히, 자전거를 타고 가던 양조장집 총각 아저씨를 만난다. 인사를 했고, 눈이 마주쳤는데, 그 총각아저씨 의미심장한 미소를 짓고 간다. 마치, '난 니가 한 일을 다 알고 있다.'는 그 표정으로. 그녀는 막걸리를 좋아한다. 언제부터인지 모르지만, 막걸리를 먹기 시작한 그때부터인 것 같다.

水 → 木 → 火

막 걸 리

6 6 4

↘ ↓ ↙

16획

막걸리의 이름분석 결과 : 막(6획)+걸(6획)+리(4획)=16획, 16 수리에너지의 특징은 덕망유복(德望有福)의 에너지로 사교술이 좋고 품성이 인자하여, 남을 잘 도와주고 정직하여 윗사람의 신망이 두터워 실무가로서 크게 성공할 길운이다. 인덕과 재물이 풍부하며 부귀공명을 떨치고, 많은 사람들로부터 존경 받으며 재물도 따른다. 섬세하고 의지도 강해 자수성가하여 크게 발전하고, 재복도 많아 안락태평 하는 운이며, 여자는 총명하고 인덕이 있어 크게 발전하는 길수라고 보았다. 호쾌하고 치밀한 성격으로 큰 어려움 없이 승승장구하는 사람들에게서 많이 보게 된다. 사교적인 성품으로 인덕이 많고, 똑똑해서 상류사회의 반열에 올라있는 사람이 많다. 자력으로 사회적인 발전과 명성을 이루고, 부부화목, 자손 번성, 천성이 인자하다. 16은 착하고, 인내, 양보, 배려하는 특징이 있는 에너지로 '막걸리' 하면 김치전에 막걸리 한 사발이 어울리는 '서민들의 술'로 정겨운 선한 이미지가 떠오른다.

드라마의 성공여부,
이름으로 분석하다

드라마 제목과 주인공들의 이름분석을 통해 드라마의 전개 과정과 등장인물의 성격분석을 할 수 있다. 드라마 작가들이 성명학적인 작명을 통해 캐릭터들의 이름을 만들지는 않았을 것인데, 묘하게도 그 이름과 드라마에서의 성격, 직업, 결혼 생활 등이 한글이름만으로도 충분히 분석이 가능하다는 것이다.

이 책을 2015년부터 준비하는 과정에서 당시 재밌게 보았던 화제작을 상세히 분석해 그 내용을 쓰면 독자들에게 충분히 흥미로운 읽을거리가 되지 않을까하여 드라마 '풍문으로 들었소'를 분석하기로 했다. '드라마 제목' 분석과 드라마 전개과정의 결과가 같은지? 또, 등장하는 각 캐릭터들의 이름분석 결과와 그 인물의 성격적 특징이 같은지? 그 분석과정을 여기에 직접 보여주면 드라마를 본 시청자들은 훨씬 더 잘 비교해낼 것이다.

1) '풍문으로 들었소' 제목과 캐릭터 분석

풍 문 으 로 들 었 소

8 6 3 5 6 8 4

↘ ↓ ↙

40획

이 드라마는 작년에 막 방송중일 때 책을 준비하면서 분석을 하여 보았다. '풍문으로 들었소'라는 드라마 제목의 수리운은 40으로, 이 수리운의 특징은 변화공허의 에너지로, 두뇌회전이 빨라 임기응변에 능하고, 매사에 이론적이나 운세가 변화무쌍하여 불안정하고, 인덕이 부족하고 부부이별, 불구, 단명, 횡액이 있고, 지모와 담력은 비범하지만 오만과 괴벽으로 실덕(失德)하고 비방을 받는, 모험심과 투기심이 강하며, 일시적인 성공을 하지만 재앙을 초래, 패가망신의 수이다. 현재까지 드라마의 진행상 나온 여러 이야기들에서 40획 수리운(運)이 갖고 있는 특징들이 다 나타났다. 결국 상류층의 속물의식을 통렬하게 풍자한 블랙코미디라는 특징과 부합되며 드라마 총운이 패가망신이니, 며느리와 시아버지의 대결구도 자체가 패가망신하는 집안의 모습이 아닐까?

그럼, 등장인물들 중 주인공 한인상과 서봄, 그리고 한인상 부모의 이름을 간단하게 분석해보기로 하자. 이 책을 읽는 독자들은 당시 드라마의 전개 과정상 보여준 캐릭터의 특징과 작가가 임의로 만들었을 이름의 에너지와 같은지 비교해 보세요.

土 → 金 ← 土
한 정 호
7 7 6
14 13 13 20
수풍정 수풍정 수택절

金 ← 土 · 土
최 연 희
7 6 6
13 12 13 19
풍뢰익 손위풍 풍천소축

'한정호'와 '최연희'의 오행상의 부부사이는 서로 좋다. 한정호는 토생금(土→金)의 오행에너지를 가졌으니, 배우자복, 부모복(福)이 있으며, 아랫사람, 자녀들도 잘 따르는 운이며, 아내 '최연희'는 오행이 남편과 윗사람을 향하는 토생금의 오행으로 남편과 부모님께 최선을 다하는 상생의 오행을 가졌다. 그러면서 아랫사람과는 편안한 관계를 유지하는 느긋함의 土·土의 오행을 가졌으며, 한정

호, 최연희는 상당히 총명한 두뇌를 가진 사람이다. 13획의 총명한 운이 2개나 있으니 능히 3개의 고시도 패스한다 하는 에너지로 변호사를 하려면 두뇌가 저 정도는 되어야 하지 않을까? 아내 최연희 역시 머리가 상당히 좋은 지혜로운 여인이다.

'한정호'는 초년과 중년에 '수풍정'의 운으로 대부대귀 행운의 재물운이 있는 것으로 보아 유복한 가정환경에서 자랐다는 것이 드라마 속 대화에서도 나왔는데, 성명학적으로도 똑 같군요. 수택절의 절도 있는 절제된 생활을 한다는 모범생의 에너지를 갖고 있어 드라마에서 보여주는 캐릭터 그대로입니다. 14획과 20획 수리운의 특징은 관재(송사, 사기, 재판 등), 구설, 시비, 다툼, 불의의 사고, 수술, 병고 등의 에너지로 검찰, 경찰, 법조인 또는 의사의 운명을 가진 수리운인데, 총운인 20획(백사실패)의 에너지가 법조계(관재)의 운이 강해 실제로 이 운은 개명을 권하는 흉운이지만, 한정호처럼 부모의 조력과 경제적 여건이 충족되는 경우 법조계 직업을 가진 사람들이 많이 있다.

아내 최연희의 '풍천소축'의 주역괘 흉운도, 14, 20 수리운과 같은 에너지의 특징을 가져 본인들의 삶에 구설, 다툼, 관재, 이별 등을 겪기도 하지만, 그러한 환경 속에 놓인다는 특징이 있다. 최연희는 '풍뢰익'이라는 주역괘운을 가져 어려운 사람들을 보면 그냥 못 넘어가고 도와주는 봉사의 삶, 오지랖이 있다. 중년의 시기 '손위풍'의 행운의 재물운이 있으니 중년인 현재의 삶이 풍족한 이유이다. 19획의 고독비참 수리운을 말년운이자 평생운으로 가졌으니, 혼자 되는 노후를 맞는다는 운이다. 드라마가 노후까지 전개는 되지 않을 것으로 보아 노년의 결론을 알 수는 없으나 혼자 살 운명이라 이별수가 존재함을 알 수 있다. 강한 이별, 다툼의 운을 부부 모두 갖고 있어서 당연히 다툼이 벌어지고, 풍천소축은 '이빨 깨무는 고통을 겪는다'는 운으로 명예와 부를 풍족하게 가졌으나 자식의 혼전 임신문제로 정신적 고통을 겪는 일과 남편의 바람으로 겪는 이빨 깨무는 고통의 삶은 피해갈 수 없는 현실이다.

金 → 水　　　　土 · 土 → 金

서 봄　　　　한 인 상

4　9　13　13　　11　10　13　17

수천수　수풍정　수천수　화택규　화풍정　화풍정

'서봄'은 윗사람들이 많이 도와주는 金生水의 오행 운으로 부모님과 배우자 복이 있다. 평생 운이며 대표에너지가 총명(13획)하니 그 지혜는 나무랄 데가 없다. 평생을 공부해야 하는 운으로, 그러나 고2부터 영향을 받는 청·장년기 운에 4획 재사불성의 꺾이는 흉운이 있어서, 학업을 중단하게 되는 상황이 있다. '한인상' 역시 초년에 화택규의 흉운으로 원하는 계획과 방향으로 한 번에 못가는 불운이다. 그런데 초년과 총운인 평생운에 서봄은 수천수의 운이 있어 귀인의 도움을 받거나 하늘에서 도와주는 행운이 있었으니, 재복 있는 집에 시집을 갔고, '한인상'은 평생운에 '화풍정'이라는 주역괘 운이 있으니 하늘에서 돕는 운이 있다. 이 화풍정의 운은 무속인을 찾아가 점을 볼 때 흔히 조상이 돕는 운이 있다고 말하는 운이다.

서봄의 4획 수리 에너지나, 한인상의 화택규의 흉운의 특징은 영재성을 띠는 큰 특징으로, 이 운은 어떤 사람에겐 자폐적 특징을 보이기도 하는 극과 극의 특징을 보여주는 運이다. 수리운 중 13획이 문과적 특징이라면 4획, 14획, 20획과 주역괘 운 화택규, 풍천소축, 천수송 등의 흉운들은 이과적인 경향이 강한 특성을 갖는다. 이러한 흉운들은 그 삶이 불치병, 희귀질환, 불의의 사고, 단명에까지 이르게 하는 등 삶에 끼치는 영향이 너무도 힘들어 개명을 권하는 에너지들이다.

'서봄'이 고등학교를 중도하차 하고 고시공부를 하는 운은 이름 속에 4획 재사불성의 흉운으로 인한 것으로, 81 수리학에서 이 운의 특징은 가족과 생리사별, 용두사미, 색난을 암시, 이성 관계에 유의해야 하는 운이며, 메마른 대지에 초목이 시들어 죽는 형상으로 뜻하지 않은 재앙을 겪는 운이다. 다만 서봄에게 닥친 임신과 이별, 부모님과의 이별 등의 운으로 그 힘든 시기를 보내는 4획의 흉운만 있는 게 아니라, 같은 초년 주역괘 운에 수천수의 하늘에서 돕는 운이 강하게 작용하여 단명에 가까운 흉운임에도 새로운 생명의 잉태와 출산이라는 운의 전화위복이 되는 운명이다. 수천수의 '하늘이 돕는 행운이 없었다면 불가능했을 일들이다.' 한정호와 최연희 커플의 만남이나 서봄과 한인상의 만남에서 보듯 인연이란 같은 시기에 같은 고통을 겪는 운이 서로 맞물려 동시에 겪는 운명으로, 같은 에너지는 같은 에너지를 끌어당긴다는 '유유상종=끼리끼리 모인다'의 특징을 여실히 보여주는 것이라 하겠다.

드라마를 보신 분들은 여기에 분석된 드라마 제목 분석 결과의 전개과정과 각 캐릭터들의 성격과 이름에 담긴 운의 특징이 맞는지 떠올려 보세요.

책은 하루아침에 뚝딱 출판되는 것이 아님을 깨닫는다. 출판사 세 번 바뀜, 수차례 책 내용 수정과 편집, 첨부 등을 거치면서 시간은 다시 1년이라는 세월을 보내면서 '풍문으로 들었소'는 식상한 분석이 될 것이고, 2016년 초 화제작 '응답하라 1988'의 드라마 제목과 등장 캐릭터 분석 내용을 더 첨부하였다.

2) '응답하라 1988'의 드라마 성공 여부와 캐릭터 분석

'응답하라'는 시리즈로 구성된 드라마로, '응답하라'라는 주제목과, 1997, 1994, 1988이라는 각 연도별로 엮은 드라마다. 1988이라는 시대적 특징을 나타내려고 붙여진 숫자인 듯… 드라마 제목을 줄여서 말하는 것이 유행인데 '응8(응팔)'이라 부를 때의 운(運)은 어떠한지 알아보자.

土 ← 火 → 土 ← 火
응　답　하　라 - 1988
5　8　6　5
↘　↓　↓　↙
24획

'응답하라' 주제목의 기운(氣運)은 24 수리운으로 24 수리운의 특징은 '부귀재물'의 황제 기운으로 두뇌가 뛰어나고, 인화력이 출중해 주변의 신망을 한 몸에 얻는 길 격의 수이다. 지모와 재략이 출중하고 불굴의 노력으로 점진적인 성공을 이루어 대업을 완수하고 그 공명이 천하에 알려지는 대길수로서, 특히 무일물(無一物)로부터 점차 축재해 부귀영달 하는 재성(財星)대길 운이다. 독립심이 강하고

외유내강한 성품으로 실속을 추구하여 원하는 목표를 달성해 나가고 부부가 백년해로 하니 자녀 또한 가문을 빛내게 되는 운의 특징을 갖는다. '응답하라'의 제목을 달고 드라마가 승승장구하는 이유와 등장하는 주인공들이 각 분야의 스타로 떠오르는 이유가 여기 있었네요. 출연진 모두가 황제와 같은 위치로 부귀영달, 공명이 천하에 등등.

숫자 1988은 1988년도를 말하며, 성명학에서 숫자는 '일구팔팔' 또는 '일천구백팔십팔'이라 읽는다고 해서 발음소리운을 해석하지 않는다. 숫자 그대로의 수리운 그대로를 해석한다. 1988이라는 부제목의 운(運)을 보면 26 수리운의 특징을 갖는데… 26은 의리의 수로 영웅풍파격의 야당, 운동권의 기질이다. 불의를 보면 참지 않고 나서는 기운으로 영특하고 의협심이 있으며 영웅의 기상을 지녔다. 위인, 열사의 기질이 있으며, 뛰어난 지모와 용맹이 있어 대정치가, 지사, 열사, 효부 등으로 이름을 떨칠 운이다. 의리를 중시하고 호기심과 탐구심이 많아 자기가 하는 일에 깊게 파고들어 큰 업적을 이루며, 집념과 승부욕이 강한 특징이 있는 수리운으로 이 운을 가진 사람들의 이름을 분석해 보면 운동권, 야당의 기질이 있다.

'응답하라 1988'의 88년도의 시대배경으로 전개되는 의협심 강한 운동권 학생 '성보라'와 호기심 충만한 도룡뇽 '류동룡', 뛰어난 지모 '최 택' 과 각 주인공들 간의 끈끈한 의리의 모습 등 각 캐릭터들의 특징으로도 충분히 이 운의 특징을 보여줬다고 할 수 있다. 묘하게도 1988년도 나라 전반에 걸친 현상들이 1988이라는 수리 운명 26의 특징이 있으니, 과연 1988년도는 국민의 정서가 26 수리운대로 살아진 것이 아닌가? 묘하게 맞아떨어지는 듯하다. 이 문제는 더 깊이 연구해 볼 부분이다.

'응팔'이라 줄여 불릴 때의 에너지는 어떻게 바뀌는가? '응팔'이라는 단어는 원래 '응8'의 발음을 소리 나는 대로 적은 것으로, 수리학에서 숫자는 아라비아 숫자 1~9와 한자의 숫자 一, 二……九로 표기되나 서체의 획순과 상관없이 각 숫자 독자적으로 그 고유의 수리를 인정한다. 따라서, 발음상 [응팔]이지만 정확한 분석적 표기는 '응8'이 맞는 표기이다. 응=5획, 숫자 8은 그대로 8이니, 응(5획)+8=13획의 수리운을 갖는다. 13획의 수리운은 총명지모의 에너지로 창의, 창조, 지혜로움, 처세술에 능함, 입신양명, 지략, 가문의 영예, 행복한 가정생활을 영위하는 에너지를 가진 수로 줄임말 〈응8〉은 '응답하라 1988' 드라마 전체 내용에 내포된 특징과 그 수리운 13의 특징이 같음을 알 수 있다.

하하하, 이름의 에너지 구성을 보는 순간! 정말 재밌게 본 '응답하라'의 각 캐릭터들의 특징이 이름에 그대로 나타나 있다니, 어찌 안 웃을 수가 있겠는가? 이름분석가이니 당연히 직업적인 본능으로 벌써 분석해 봤겠지 하는 분들이 있지만, 드라마를 볼 때마다 매번 일부러 분석해 보지는 않는다. 다만 가끔 미스터리한 내용의 전개가 있는 드라마나 캐릭터들의 경우 뒷내용이 궁금해서 분석해 보는 경

金 → 水	/ 火				金 /	火 /	金	
성	보	라			성	덕	선	
6	6	5			6	5	5	
12	11	11	17		11	10	11	16
뇌화풍	뇌화풍	뇌풍항			화택규	이위화	화뢰서합	

우가 가끔 있기는 하다. '응답하라'는 저의 세대 이야기로, 나오는 시대배경과 유행하는 음악, 옷, 소품, 내용들이 이름분석을 해볼 겨를도 없이 드라마 속에 쏙 빠져들게 만들었다. 많은 캐릭터들의 등장으로 자세한 풀이는 생략하고 드라마의 성격적 특징과 이름 속에 담긴 각 캐릭터의 특징적인 운들만 간단히 분석해 보겠다.

'성보라'와 '성덕선'이 왜 그렇게 원수처럼 싸웠는지? 두 사람의 이름을 보면 성보라의 오행의 에너지가 수극화(水/火) 아랫사람인 불을 물로 끄는 형국의 상극의 에너지로, 늘 아랫사람이 힘들어하는 부딪힘이 있다. 그런데 동생 성덕선도 화극금(金/火/金)의 오행을 갖고 있으니 불이 금을 녹이는 형국이니 부모님, 언니를 힘들게 하는 상극의 기운이요, 동생과도 소통되지 않는 다툼의 기운이요 인복이 없음이다.

'성보라'가 연하남 '성선우'와 맺어지는 이유가 뭔지? 자존심(17획의 특징이 자존심, 이름을 떨치다.)이 강한 성보라가 어떻게 동생의 친구 성선우와 연애를 하게 되는 건지? 성보라의 이름 속에 뇌풍항의 주역괘운의 작용 때문인데요, 이 뇌풍항 운의 특징이 대부대귀의 행운의 재물운이면서 내연녀, 내연남이 있다고 하는 바람의 운으로, 실제로 이름 속에 이 운을 가졌으나 바람으로 이어지지 않고 부부가 해로하는 궁합은 여자가 뇌풍항을 갖는 경우 연하남을 만나 결혼하거나, 남자가 뇌풍항을 갖고 있는 경우는 연상녀를 만나 결혼하는 경우 초혼임에도 찰떡궁합으로 잘 살 수 있고, 그 외에는 보편적이지 않은 이성과의 만남의 특징을 갖는 운이다.

'성덕선'이 공부를 못하는 이유와 재수를 할 수 밖에 없는 운이라는 것은 성덕선의 초년운인 (덕+선=10획)의 10 수리운과 '화택규'라는 주역괘 운이 있어서 그렇다. 드라마에 나타난 '덕선'의 특징을 가장 잘 보여주는 운으로, 초년에 유약한 10획의 수리운을 갖게 되면, 중2때부터 집중력 저하로 성적이 점점 떨어지는 현상이 있으며, 이 운은 넘치는 감수성과 시작은 있으나 끝을 못 맺는 운이다. 같은 초년의 시기에 '화택규'라는 주역괘운이 있다. 이 화택규라는 주역괘 운은 개명을 권하는 흉운으로 불의의 사고 운이며, 시비, 다툼의 운이고, 관재(사기, 돈 떼임, 송사에 휘말리는 운) 등등의 특징을 보이는 운으로 입시운에서 대입 합격의 당락을 좌우하는 불운으로 재수를 할 수 밖에 없는 운이다. 덕선이 중간에 다리를 다쳐 깁스를 한 장면이 떠오른다. 작가가 그러한 상황을 일부러 넣으려 성덕선이라는 이름을 작명하였을까?

金 / 火 → 土

성 노 을

6 3 6

9 9 12 15

건위천 천뢰무망 천화동인

'성노을'은 많은 비중을 차지하지 않은 인물로, 전국노래자랑 예비심사에서 숨겨진 재능을 보여줘 많은 사람들을 깜짝 놀라게 한 장면과 어린 나이에 비해 겉늙어 보이는 모습이 노을의 가장 큰 특징인데, 어떤 사람들은 '노을'이라는 이름처럼 해질 무렵, 하루의 끝자락이라서 겉늙었나? 라는 생각을 했을 수도 있겠다. 틀린 생각은 아니다. 순한글 이름은 그 한글 자체의 의미대로 삶을 산다는 것이 성명학자 대다수의 견해이다.

영어이름의 경우에서도 영어단어의 의미와 비슷한 성격적 특징을 갖고 있다고 보아, 미국의 이름 짓기 관련 권위자이며 칼럼리스트인 린다 로젠크랜츠와 패멀라 레드먼드 새트런이 수년간의 영어이름을 연구한 결과를 '이름 짓는 책'으로 발표하기도 하였다. 물론 이들의 연구는 영어이름의 스펠링을 낱낱이 분석해보는 방식은 아니다. 다만 통계적인 수치였음에도 그 단어의 의미와 비슷한 성격적 특징과, 비슷한 직업들을 갖더라는 발표를 했다는 것이다.

'성노을'은 그 단어의 의미의 영향도 있겠지만, 성명학적인 이름분석 결과, 초년부터 9획의 수리가 청·장년기까지 연달아 반복되면 이 수리운의 구성을 가진 사람은 다재다능한 팔방미인의 재능을 갖고 있으며, 고2부터 재능의 기운(氣運=에너지)이 강하게 나타난다. 또 같은 시기에 건위천의 주역괘 운을 가졌으니 이 운을 초년에 가진 어린이들은 애어른 같다는 소리를 많이 듣는다. 드라마에서는 겉늙어 보이는 캐릭터로 표현된 것 같다. 게다가 대사 중에 "지금은 늙어 보이는 얼굴이지만 나이 들면 동안처럼 보일 얼굴이야"라는 말도 맞고, 총운이며 말년운에 15획 수리운을 가졌으니, 이 15 수리운의 특징이 선생님, 지도자, 황제, 미남/미녀이고, 귀티 나고 매력적인 외모를 가진 사람들이 많다. 노년까지 나오는 드라마의 전개가 아니지만 대사에서 나온 말처럼 실제로 그 운의 특징이 그렇기 때문에 노년엔 남들보다는 젊어 보이는? 귀티 나는 매력남으로 살아갈 것이라는 말은 맞는다고 봐도 된다.

'이일화', '성동일'님의 이름은 매번 실제 본인들의 이름을 사용하고 있는데, 자세한 풀이는 연예인으로서의 개인적인 프라이버시가 있으니 드라마에서 나오는 성격적 특징만 본인들의 이름 속에 나오는 운들과 비교하여 설명하기로 한다.

‘이일화’님은 총운이 천풍구의 주역괘 운을 가졌고 드라마에서 매번 요리를 내놓으면 큰손의 특징을 보여주는데, 그 특징 그대로 천풍구는 많은 사람들을 먹여 살리는 운이다. ‘응답하라 1994’에서 하숙집 주인으로 나올 때도 산처럼 쌓은 푸짐한 요리를 내놓는 장면에서 한참 웃었던 기억이 난다. ‘응답하라 1997’은 시청하지 못해 딸아이에게 물으니 거기서도 ‘이일화’님은 여전히 푸짐한 음식으로, 거둬 먹이는 캐릭터였다는군요. 실제 성격도 크게 다르지 않을 것 같네요.

‘성동일’님은 중년까지 늘 박복한 에너지를 갖는 이름이며 해결사의 에너지인 뇌수해라는 주역괘 운이 있는데, 이름 그대로 늘 박복한 환경에 놓이는 캐릭터로 오지랖이 넘치는 해결사의 삶을 사는 주인공이다. 그래도 총운이 18획 부귀영달의 재물운이며, 의학, 문학, 예체능의 재능이 있으며, 진취적인 기상의 에너지이니 재물은 늘 있으나 59세까지는 박복하여 늘 재물이 어디론가 새는 운이다. 다재다능 팔방미인의 재능을 가진 사람이니 탤런트로서 가진 재능을 다 연기로 표현하며 사는 삶을 선택한 것은 최고의 선택이네요.

이 부분에서 정말 ‘응답하라’의 작가가 여럿 작가인지? 한 명의 작가인지? 만나보고 싶다는 생각이 확 밀려온다. 도대체 각 캐릭터의 이름을 어떤 방식으로 작명하였는지 그 비결 또는 비하인드 스토리를 직접 듣고 싶다. 와! 정말 놀랍다.

	金 / 火			金 → 水 ← 金			
	최 택			최 무 성			
7	7	14	14	12	11	13	18

간위산 산수몽 산택손 뇌화풍 뇌풍항 뇌수해

'최택'은 화극금(金/火)의 오행과 총운에 14획 수리운을 갖고 있다. 윗사람, 경쟁자를 쳐내는 상극의 오행에너지와 중년과 말년운에 14획의 '이산파멸'의 수리운이 두 개나 되니 다툼과 생사이별의 기운(氣運)이 늘 있는 삶이다.

최택이 어린 나이에 엄마를 일찍 여읜 이유다. 총운 14 수리운과 성덕선의 화택규(火澤睽) 운은 개명을 권하는 이유가 이런 운이 어느 시기에 들어 있든 평생을 겪게 되는 흉운이기 때문이다.

'최택'의 이름에서 보여주듯 중년운과 말년운에 14 수리가 있음에도 어린 나이에 엄마를 잃는 생사이별의 경험을 하고, 흔히 심리학적으론 어미를 일찍 잃어 그 후 성격이 활달하지 않다고 말하나, 엄마를 일찍 여의었다고 모두가 다 어두운 성격을 갖고 있지는 않다. 결국 타고난 성격이 어떠한가에 따라 똑 같은 상황에서도 서로 다르게 나타난다는 것인데, 이름분석이론으로 설명하면 초년에 있는 간위산(艮爲山)이라는 주역괘 운의 특징이 '산이 두 개다'라는 의미로 산 넘어 산, 첩첩산중을 뜻하니 답답하다, 갇혀있다 즉, 어두울 수밖에 없는 상황을 뜻한다. 간위산이라는 운의 특징이 바둑이라는 게임의 특성과도 닮지 않았나? 하는 생각이 든다. 어떻게 적극적이지 않은 성격을 가졌음에도 바둑으로 큰 대회를 매번 나갈까? 시합에 나간다 함은 적극적인 자세의 특징인데? 그 이유는 바로 7획의 수리운이 갖는 특징을 알면 답을 풀 수 있다.

숫자 7획의 수리운의 특징은 '맹호출림'의 운으로, 호랑이가 숲을 뛰쳐나가는 형상이니 진취적인 기상이다. 이 수리운이 초년부터 청·장년기에 걸쳐 두 개가 반복되면서 뛰쳐나가고자 하는 에너지와, 그러나 '산을 넘으니 또 산이로다.' 라는 간위산의 주역괘 운과 맞물려 나타나는 이중적인 모습은 이 운들의 특징에서 나타나는 것이다. 게다가 가끔 엉뚱한 면으로 사차원의 모습을 보여주는데 그런 모습은 산수몽(山水蒙)이라는 주역괘 운의 특징 때문이다.

'최무성' 최택의 아버지는 청·장년기(19~39세) 12획 박약박복의 이별수가 있던 시기에 이별을 겪었는데… 이 12 수리운의 특징은 이별수도 있고, 건강도 약하고, 재물운도 약한 운이지만, 사별(死別)수는 아니다. 그러나 이 에너지의 특징은 유약한 운으로 같이 사는 가족의 운의 영향을 받는 특징이 있다. 최택의 강한 사별운인 14 수리로 인해 영향을 받게 되는 운으로, 드라마에서 갑자기 쓰러져 죽을 고비를 넘기게 되는 내용도 결국 본인의 운에는 없는 최택의 14 수리운의 특징인 불의의 사고, 병고, 수술, 이별 등의 운의 영향을 받았기 때문이다. 또 뇌졸중으로 병고를 겪는 상황도 아들 최택의 화극금(金/火)의 부모를 극하는 상극의 오행과 14 수리운의 영향을 받아 일어난 일이다.

금은방을 운영하는 캐릭터에서 알 수 있듯, 돈 많은 부자인 이유가 중년에 있는 '뇌풍항'이라는 주역괘운 때문에 대부대귀 행운의 재물운을 갖게 되며, 본인의 노력보다는 누군가에 의해 뜻밖의 부를 이루는 이 뇌풍항의 행운의 재물운이 있으니, 아들 최택의 바둑 승리로 인한 부의 축적 시기와 맞물려 행운의 재물이 쌓이는 운을 누리고 있다. 나머지 다른 캐릭터들도 분석하고 싶지만 생략하기로 하죠. 두 가족들의 이름만 분석해 보아도 그 드라마의 전개상에 나오는 캐릭터의 성향과 삶을 그대로 보여준다는 증명의 반복일 뿐이다.

시간은 2016년에도 나의 작품을 세상에 내보이지 말란다. 2017년 2월 현재 '응답하라 1988'은 언제 적 드라마인고? 드라마 내용이나 주인공들을 다 기억하실라나? 기억하십니까? 기억해 보십시오.

3) 드라마 '도깨비'와 '태양의 후예'

원고 수정, 편집, 첨부 등을 반복하며 다시 1년이라는 시간을 보냈고, 아직 책은 세상을 볼 준비가 미흡하다네요. 책 출간 본격 준비 후 3년이라는 기간이 걸릴지 꿈에도 몰랐는데. 가장 최근에 본 드라마를 분석해 드려야 가장 빨리 가장 흥미롭게 읽어보지 않을까 하여, 몇 주 전 인기리에 끝난 드라마 '쓸쓸하고 찬란하神 도깨비'와 흥행 실패 징크스를 깨고 성공한 드라마 '태양의 후예'의 드라마제목만 간단히 분석하기로 해 보죠.

그런데 이 두 작품 뒤에는 홍행제조기 김은숙이라는 작가가 있다고 하네요. 그녀의 이름 속에는 어떤 재능이 있는지 간단히 살펴보죠. 자세한 분석은 한문이름도 꼭 있어야 하지만 한글이름만 갖고도 그녀의 60%가 분석되고 외부에 노출된 그녀의 모든 것이 드러내짐이니 간단하게 설명하기로 하자. 당사자의 허락을 받고 분석하는 것이 아니니 자세한 분석은 그녀의 사생활이 자칫 노출되는지라 말이죠. 작가 '김은숙'님의 한글 이름의 에너지 구성표를 살펴보면 아래와 같습니다.

金 ← 土 → 金

김 은 숙

5 4 5

9 9 10 14

건위천 천택리 천택리

그녀의 두뇌와 재능은 탁월한데 꺾이는 삶이 있었네요. 그럼에도 강직한 자아를 갖고 있어서 거듭되는 장벽에도 흔들리지 않고 이겨내는 삶이다. 타고난 능력은 천부적인데 늘 부침 있는 삶이 안타깝네요. '9'라는 수리운의 특징은 다재다능(多才多能) 팔방미인의 에너지로 큰 재목감이나 전문가가 되기 위해 더 많은 노력을 해야 한다는 에너지이다.

이 9획 대재무용의 수리는 한문이름 중심 성명학 81 수리의 해석과 현대의 9획 수리운의 특징이 재해석 되어야 하는 운들 중 하나이다. 실제로 한국인 즉 한글이름의 70~80% 이상이 이 9획의 수리운을 갖고 있다. 그런데 임상에서 수많은 사람들의 이름분석을 해보면 한글 한문 모든 운(수리와 주역괘에 흉운이 없는 경우)들이 완벽하고, 한글이름에 '9획'의 수리를 가진 경우 또는 한문이름에 '9획' 수리를 가진 경우 81 수리학의 전통적 해석인 궁박, 화란, 풍파 등의 에너지의 특징이 없음이 밝혀졌다.

'김은숙'님은 多才多能 팔방미인의 재능을 타고났으며, 예술인에게 없어서는 안 될 영감(영적감각)을 갖고 있다. 초년에 있는 '건위천' 주역괘 에너지의 특징은 주로 카리스마, 지존, 1인자, 영적인 기운으로, 가장 큰 특징은 '흉운으로의 작용'과 '길운으로의 작용' 등 그 사람의 직업과 타고난 그릇의 크기에 따라 그 운의 작용이 각기 다르게 적용된다는 특징이 있다.

건위천은 대체적으로 예술계, 의학, 종교 등의 직업을 갖게 될 경우 지존, 1인자, 카리스마 등의 특징이 강하게 나타나며, 김은숙님은 예술가의 길을 선택함으로써 건위천이라는 에너지에다 드라마작가로서의 예술적 영감(영적인 감각)으로 타고난 재능을 발휘하고 있다. 작가로서 겉보기엔 화려한 성공의 삶인 듯 보이지만, 그녀는 자신의 삶이 늘 호락호락하지 않았다는 것을 알죠. 지존이니 많은 사람들을 품어내야 하는 큰 그릇의 삶과 오행처럼(金←土→金) 물심양면 위, 아래 사람 모두를 도와주고 챙기지만 늘 배신과 오해의 삶이라, 사람으로 인한 상처로 힘들어 하는 삶이다.

그녀 작품들의 특징이 상류계층이냐 하층민이냐, 귀족과 서민, 성공과 실패, 사건 사고, 카리스마, 영적인, 신비주의 등 그녀의 이름에 갖고 있는 에너지의 특징과 공통적인 요소들이 드라마에 그대로 반영되는 경향이 있다. 과학에서 에너지의 법칙 중 '유유상종의 법칙'은, 에너지는 같은 것끼리 서로 끌어당긴다는 원리로, 상류층은 상류층끼리, 서민들은 서민들끼리, 독신녀들의 모임, 각 동호인들의 모임, 부부의 만남 즉 인연은 서로 운명의 수레바퀴처럼 맞물려 돌아가는 패턴을 가진 에너지들의 집합이다. 이것이 바로 '유유상종의 법칙'인 끼리끼리 모인다는 것이다.

인기리에 끝난 '도깨비' 라는 드라마의 특징도 주로 귀신, 영혼, 도깨비, 죽음, 전생, 윤회, 삼신할매, 사고 등 작가가 갖고 있는 건위천의 영적인 기운(에너지)이 그대로 반영되었음을 알 수 있다. '태양의 후예'라는 드라마 역시 그녀의 총운 14 수리운의 특징인 싸움, 배신, 이별, 불의의 사고, 병고, 수술, 의학 등이 나오는데, 두 드라마 모두 김은숙 작가의 이름에 있는 에너지가 그대로 반영되었다는 것을 확인할 수 있다. 작가가 일부러 자신의 삶을 반영하지는 않았을 텐데요.

쓸 쓸 하 고　찬 란 하 신(神)　도 깨 비　　태 양 의　후 예

8 8 6 3　7 6 6 4 (10)　4 5 5　　6 7 4　6 6

↘ ↘ ↘ ↘　↓ ↓ ↓ ↓ ↓　↙ ↙ ↙　　↘ ↘ ↓　↙ ↙

62 (68)　　29

도깨비의 원제 '쓸쓸하고 찬란하神 도깨비'는 주로 시청자들에게 '도깨비'라는 별칭으로 불리었습니다. 원제 '쓸쓸하고 찬란하神 도깨비' 불리는 발음의 한글 운은 총62획이다. 62획의 수리운의 특징은 일생신고(一生辛苦)의 운으로 패가망신하고 하는 일마다 실패를 거듭하며, 심신이 고달프고, 예기치 못한 재앙으로 사면초가에 몰리며, 일생이 답답하고 파란만장한 비운의 삶을 살게 된다.

생리사별, 재난, 병고, 단명의 흉운으로 늘 근심 불안이 늘 끊이지 않으니 드라마 속에 전개되는 모든 사건들의 특징이기도 하다.

자, 그럼 원제 '쓸쓸하고 찬란하神 도깨비'의 수리에너지 68획의 수리운의 특징을 알아볼까요? 68획의 수리운의 특징은 무(無)에서 유(有)를 창조하는 운으로 주관이 뚜렷하며, 성실하고 근면한 노력으로 하는 일마다 거듭 성공을 이루며 부귀영화가 따르고 가정이 안정되니 천하에 부러울 것이 없다. 만인의 신망을 얻고 공명이 하늘에 올라가니 대외적으로 출세하고 자손마저 귀(貴)히 되는 수이다. 드라마 전개상 김 신(도깨비)의 무에서 유를 창조하는 능력과 도깨비를 모시는 집안의 손자 덕화 가문의 부귀영화, 가문번창 그리고 전체적으로 드라마 내용이 신의를 바탕으로 풍요로운 삶의 모습들을

보여줬는데 맞네요.

'태양의 후예'는 총 수리운이 29획이다. 이 29획의 수리운의 특징은 왕성한 활동력과 투지로써 대업을 달성해 부귀. 장수. 안락 등을 누리며 사회적으로 상당한 지위를 획득하게 되는 명망이 있는 수이다. 재주가 뛰어나고 지혜가 출중하니 처세술에 능해 재산과 권력을 함께 얻을 수 있다. 중도에 좌절되는 법이 없고 초지일관해 전진, 발전을 이루어 부귀영달과 명성을 누리니 자손 대까지 번영하게 되는 길한 수리이다. 재주가 뛰어나고, 지혜가 풍부하며, 처세술에 능하고 재물과 권력을 한 번에 거머쥘 수 있는 대길운이다. 성격이 급한 특징이 있고, 이 29 수리운을 가진 남자들은 정치에 꿈을 갖고 있는 사람들이 제법 많다는 것도 특징이다.

이렇듯 누군가에 의해 붙여진 사람의 이름이든, 사물의 이름이든, 제품, 상호 또는 노래나 드라마 제목, 책의 제목만 보아도 그 사람이, 그 물건이, 그 상품이, 그 사업이, 그 영화가, 그 노래가, 그 책이 좋은 운을 갖고 있는지? 또 잘 성장하고, 잘 팔리고, 유명해질지? 등의 여부를 그 이름 속에 담긴 기운에 그대로 내포되어 있음을 다양한 이름분석으로 알 수 있다.

4) 'Harry Potter 해리포터' 영화와 주인공의 성격, 그리고 작가 J. K. 롤링의 이름분석과 그녀의 삶과 분석

세계적으로 큰 선풍을 일으켰던 영화 '해리포터'와 그 작가인 '조앤 K. 롤링'에 대해 이름분석을 해보자. 해리포터 책과 영화로 작가 등단 5년 만에 무일푼에서 영국 2위의 갑부가 되었다는 그녀는 어떤 이름의 운을 갖고 있는지… 또 책의 제목이면서 주인공 캐릭터의 이름이기도 한, 게다가 영화로 만들어진 'Harry Potter'라는 이름에는 어떤 운들이 숨어 있는지 그 비밀을 파헤쳐 보자.

土 ← 火		水 / 火			
해	리	포	터	Harry	Potter
7	4	6	5	81997	762259
↓		↓		↓	↓
11		11		34	31

해리의 오행의 에너지를 보면, 화생토(土←火)의 운으로 윗사람에게 최선을 다하는 성품을 지닌 사람으로 매몰찬 삼촌과 숙모에게도 잘 하려 애쓰는 모습이 괜히 나온 건 아닌가 봅니다. 물론 덤블도어나 해그리드에게도 잘 따르는 모습이 연상된다. 이 화생토(土←火) 오행의 에너지를 영화라는 제품과 고객인 관람객의 입장에서 보면, 이 영화는 에너지의 방향이 고객을 위해 최선을 다하는 기운(氣運)으로 되어있다.

해리라는 이름이 흔한가 보다. 영화 '해리가 샐리를 만났을 때'라는 제목의 주인공도 Harry. 영국의 왕자도 Harry. 해리 포터 영화의 주인공도 Harry다. '해리'의 발음소리운은 11획이다. 11 수리운의 특징은 인기운이며 리더운으로, 이 수리운을 가진 아이들은 노력형으로 공부를 잘하는 에너지라고 앞에서 설명한 바 있다.

11획의 운의 특징을 다시 자세히 설명하면, 스스로 노력하고 개척하는 일마다 좋은 결과를 맺게 되며, 깊은 사고력, 강한 자립심, 성실하며 한번 목적한 바는 끝까지 이루고야 마는 진취적인 기상으로 가문을 세우고 번창케 하며, 하는 일마다 순조로워 두터운 신망과 사회적 기반을 닦는 대성의 운이다. '해리 포터' 영화 속의 주인공의 성격과 똑 같은 에너지의 특징을 가졌다. 포터 가문의 해리, '포터'도 '해리'와 똑 같은 11의 수리운이다. 신망이 두텁고, 인기도 많은 진취적인 기상의 에너지를 가진 번창하는 가문입니다. 영국의 왕자 해리가 신망과 인기를 한 몸에 받는 이유가 이름에 있었네요.

'Harry Potter'의 총운은 22 수리운을 갖는다. 22 수리운의 특징은 중도하차의 운으로 매사에 중도하차 하게 되며, 실패·형액·조난·역경에 처하며 가족과 상별하거나 심지어 질병에 시달리거나 단명하게 되는 운으로 특히 학업운에서 중도에 포기하게 만드는 운이다.

해리가 부모님과 이별하고 영화의 전체적인 특징인 조난, 역경에 처하는 상황들이, 전체적인 총운 22(중도좌절) 수리운의 에너지에서 오는 특징이다.

'Harry'의 수비학 운은 34로, 34 수리운의 특징은 재화가 연속해서 일어나는 파멸의 흉운이다. '해리포터'의 소리운 총운 22(중도하차)의 운처럼 가족과 상별하게 되거나 형액, 파괴와 파멸의 파란만장한 인생을 살게 되고, 원하지 않는 재난이 속출해 되는 일이 없다. 타고난 천성은 밝고 명랑하며 주변의 도움을 받게 되지만, 성공 후 실패가 따르는 길운과 흉운이 늘 반복되는 삶이다.

주인공 Harry의 삶과도 닮아 있고, 현존하는 영국 왕자가 엄마와의 이별과 사별 운을 겪게 되는 일이 영어이름 Harry에 들어 있기 때문인가 보다.

'Potter'의 수비학 운은 31이다. 이 수리운의 특징은 자수성가 재물운이며, 사업가의 운이다. 자립심이 강하고 의지가 곧고 바르며 통찰력이 뛰어나고 대인관계도 원만하며, 지도자적인 자질을 겸비, 만인을 통솔하고 다스리기에 부족함이 없으며, 지략이 뛰어나 위기 대처 능력이 탁월하며, 부귀와 명성을 누리고 신뢰와 존경을 받는 지도자가 되는 에너지이다. Potter 가문의 특징이라고도 할 수 있습니다. 어때요? Harry Potter의 캐릭터의 삶과 성격과 똑 같나요? 역시 Harry와 Potter를 더한 수비학 운인 65. 이 수리운은 인생 총운이니 전체적인 삶의 모습은, 모든 일이 형통하여 금과 옥이 가득하고, 사회적으로 상당한 지위에서 만인을 지휘하며, 가문이 번창하는 대길운으로 성품이 온화하고, 마음이 너그러우며 신의와 성실로 재물과 명예가 있고, 사회의 중심이 되는 운이다.

'Harry Potter 해리포터'가 시리즈로 나오면서 세계적인 선풍을 일으키고 어린이부터 어른들까지 그 매력에 빠져들게 만들었으니, 사회의 중심이 되는 운의 특징 그대로이며, 'Harry Potter 해리포터' 총운이 명예와 재물을 거머쥐는 운이라니 작가 조앤 K. 롤링이 일약 자수성가로 돈방석에 앉게 될 수밖에 없다. 자, 그럼 작가 조앤 K. 롤링의 이름 속에 들어 있는 그녀의 삶을 간단히 살펴볼까요? 그녀의 full 네임은 Joanne Kathleen Rowling 이고 서명네임은 J. K. Rowling을 사용한다고 하네요. 영문이름의 운만 분석해 보기로 하자.

풀네임 수비학은 Joanne=23, Kathleen=31, Rowling=44의 수리운을 갖는다.

Joanne의 23 수리운의 특징은 일홍중천의 운으로 연예계, 화류계운의 특징이 있으며, 빈손에서 회장까지 출세하는 운으로 그녀가 5년 만에 영국 2위의 갑부로 등극하게 되는 이유와 영화로 성공한 이유가 바로 연예계의 에너지가 있음이니 이 23 수리는 방송과 관련된 에너지이다.

31은 Potter=31의 수리운과 같은 자수성가 재물운으로 역시 그녀가 자수성가 한 것임에는 틀림없는 사실이며, Rowling=44 수리운은 흉운으로 백전백패의 흉운이다. 어머님의 질병과 아버지 때문에 불우한 유년시절을 보냈다는 것, 옥스퍼드대 불합격, 어머니의 사망, 결혼과 이혼, 이혼소송 경제적인 어려움의 순간들이 44 수리운의 특징이다. 병고, 가족이별, 파멸, 신경이 예민하며 창의력은 있으나, 기초가 불안하여 예기치 못한 돌발사고로 늘 힘든 삶을 살게 되는 운의 특징이 있다. 풀(full)네임 총운이 98로 81이 넘는 수는 98-81=17, 이 17의 수리운으로 분석, 이 17 수리운의 특징에는 이름을 세계에 떨치는 유명인의 삶이 있다. 관운이며, 발탁 승진의 운이다. 삶속에 44 수리 흉운이 있어 그녀의 삶에 고통이 있기는 하나 전체적으로 모두 좋은 운의 수리를 가졌다.

서명 J. K. Rowling를 주로 사용하고 있어 아무래도 이 운의 특징이 강하게 영향을 끼친다 할 수 있다. 역시 여전히 Rowling을 가장 널리 사용하니 그녀 삶이 평탄치 못함은 자명하고, 다만 세계의 모든 언론에 J. K. Rowling으로 주로 불리어지니 이 영어 수비학 전체운이 47이다. 47의 수리운의 특징은 일확천금의 운이다. 그녀가 하루아침에 돈방석에 앉는 이유는 그녀의 이름 곳곳에 있다. 그러나 뭐니 뭐니 해도 가장 많이, 늘 사용하는 서명네임의 운이 47 일확천금의 기운 덕분이다. 그녀는 이 서명네임 J. K. Rowling의 에너지로 자신의 삶이 하루아침에 바뀔 줄 알고 있었을까? 47은 하늘에서 돕는 운이며 행운이 끊이질 않고, 늘 귀인이 있으며, 힘든 상황에서도 뜻하지 않은 행운으로 위기에서 벗어나며 권세와 명예를 함께 얻게 되는 매우 좋은 운을 가졌다. 어떤 이름을 사용하느냐에 따라 운명이 달라진다는 증명을 해 주는 것 같죠?

이번에 준비한 책의 제목을 Name Analyst『황시현의 이름이야기 Ⅱ』라는 이름으로 독자들에게 선보일 예정인데, 왜 책 제목을『황시현의 이름이야기Ⅱ』로 정했는지? 첫 번째 책이기도 하지만, 이름 분석 전문가이면서 작명 전문가인 황시현은 이 책을 통해 어떤 운을 기대하고 있기에 숫자2를 붙였는가? 궁금하시면 부록에 있는 한글 수리 획순 표를 참고하여 분석해 보세요. 과연 이 책의 진행 방향은 어떨는지? 처음 내는 책인데도 왜?『황시현의 이름이야기Ⅱ』로 정했는지. 한 사람의 이름도 참 중요하지만, 우연한 기회에 호기심으로 시작한 다양한 이름분석 연구과정을 통해 소리에너지의 작용이 하나의 물체나 물건을 규정짓는 이름 또는 제목의 분석을 통해 관련이 있음을 알았으니, 당연히 세상에 알려질 나의 책 제목은 더욱더 신중을 기할 수밖에 없다.

이름분석 연구 Ⅲ

지명地名분석과 풍수의 특징

1) 종로구 평창(平倉)과 강원도 평창(平昌)의 지명에 담긴 에너지

2018년 강원도 평창에서 동계올림픽이 열린다고 하죠? 동계 올림픽 유치를 위해 두 차례 고배를 마시고 3차 유치경쟁에서 드디어 2018년 동계올림픽 개최지로 선정되었다. 이 수년간의 홍보 과정에서 강원도 평창군이 전 세계적으로 알려지는 계기가 되었다. 심지어 한국인들조차 제가 살고 있는 종로구 평창동을 이야기 하면 평창은 강원도에 있는 거 아니냐고 할 정도로 강원도 평창군이 더 유명해졌다.

서울 종로구에 위치한 평창동은 조선시대 선혜청(宣惠廳)의 평창(平倉)에서 유래된 지명이다. 곡물을 저장하던 창고와 군대의 훈련소가 있었던 산촌이었다고 한다. 흔히 풍수지리학적으로 종로구 평창동의 기운은 연예인, 예술인들이 좋은 기운을 받는 곳으로 알려져 있다. 평범한 기운을 가진 일반인들은 평창동에 들어와 지기(地氣)와 맞지 않으면 적응하기 힘든 곳이라 할 수 있다. 이곳에 14년간 살면서 성명학에 대한 이해가 전혀 없었던 평범한 주부시절에도, 이곳에 오랜 동안 터를 잡고 사시는 분들이 자녀들의 보금자리를 마련해줄 때 지관(地官)을 따로 불러 그 터의 기운을 보고 얻어주었다는 소리를 가끔 듣곤 했다.

평창동이 자리한 북한산에는 기도원과 암자가 많은데. 1970년대에는 기도원과 암자가 150여 곳이 있었다고 합니다. 북한산은 기(氣)가 센 곳으로 많이 알려져 있고, 용의 음기(陰氣)가 흐르기 때문이라고 하는 이야기도 전해지며, 그래서 예부터 종교인들이 북한산 기슭에 터 잡길 좋아했다고 합니다. 북한산의 '영적인 기운'은 정치인과 사업가들이 들어오면 좋지 않게 된다는 속설(俗說)이 있고, 현재 이곳에는 각종 문학관과, 화랑, 미술관 외에도 소규모 작은 갤러리들도 많지요. 이곳이 예술인들에게 좋다는 것이 많이 알려지면서 연예인들도 이곳에 들어와 자리를 잡은 사람들이 많다.

서울 평창洞과 강원도 평창郡. 동, 군은 대명사로 동, 군은 분석하지 않는다. 독도의 경우 島도 같은 원리인데 전 세계적으로 '독도

Dokdo'로 알려지면서 '독'보다는 '독도'의 기운이 더 강하게 작용되는 운이라 달리 분석하였다. 그럼, 평창의 한글이름 분석은 어떤지 한번 살펴보자. 그리고 '강남'이라고 하는 지역명이 어떻기에 화려한 유흥업소와 많은 사람들이 모여드는 기운인지? 강남의 랜드마크라 하는 곳 도곡동의 '도곡'의 성명학적 기운(에너지)은? 뜨는 듯 별 발전이 없는 '용산'의 기운은 어떤 기운을 가져 그런 것인가? 간단히 분석해 보겠다.

水 ← 金		종로구 평창			강원도 평창	
평	창	平	倉	-	平	昌
9	8	5	10		5	8
17획		15획			13획	

한글 '평창'의 공통적인 수리 운은 17획 (명망사해)의 에너지로, 이름을 사해(四海)에 떨치는 유명인의 삶으로 강직한 의지로 난관을 돌파하며 초지일관하니 마음먹은 것은 꼭 이루고야 마는 성격, 성실함과 책임감이 투철하며 수리운 상의 관운(官運)으로 명예와 부를 얻는 경우가 많고, 보수적인 성향이 있고, 자존심이 강하다. 관운은 흔히 공무원의 운이나 발탁, 승진 운으로 관직에 나가는 운이라 하니 성공 운이라 이야기 할 수 있다. 성명학적으로 이름을 사해에 떨치는 운이라니 종로구 평창동에는 유명인들이 많다는 풍수적 특징과도 같다.

종로구 '平倉'의 한문의 수리운은 15획 군계일학의 에너지로 하늘에서 복을 받는다는 수로 재복과 명성이 따르며 맡은 분야에 두각을 나타내 대외적으로 출세하는 운이다. 남성에겐 문무를 겸비한 관운에 서광이 있으며 여성에겐 부덕을 겸비한 현모양처의 운으로 지도자, 교수, 선도자의 삶이며, 귀인, 미인, 미남, 매력의 운으로 많은 사람들로부터 추앙을 받는다.

제2의 고향이라 할 만큼 정서적으로 안정된 자연환경을 갖고 있어서 이곳에서 12년여 살다가 강남에 4년 살았고 다시 귀환, 평창동에는 16년째 살고 있는데… 이곳에 사는 분들의 특징을 보면, 요즘 보기 드믄 거의 대부분의 여인들이 현모양처의 성격을 가진 사람들이 많다. 보수적인 성향이 강하며, 교수 직업을 가진 사람들이 많이 살며, 대체적으로 유복한 환경에 예술적인 분야에 종사하는 직업을 가진 사람들이 많은데 지기(地氣)가 그러해서 평창(平倉)이라는 이름을 갖게 된 건지? 평창(平倉)이라는 이름의 기운 때문에 그런 성향의 사람들이 모여 살게 된 건지?

강원도 '平昌'은 성명학적인 수리 운이 13획 총명지모의 운(運)으로 입신양명의 운이 있고, 처세술에 능하며, 재주가 뛰어나 주변의 부러움을 한몸에 받는 운이며, 가문의 발전과 영예가 있고, 점진적 발전과 무無에서 유有를 창조하는 운이고, 선견지명의 개척정신의 에너지로 부흥의 운이다. 강원도 평창의 역사와 기질이 비슷한가요? 그간 동계올림픽 유치활동 과정들을 보면 성명학적인 수리운의 특징대로인 것 같은데 여러분들은 어떻게 생각하시나요?

2) 강남(江南)의 지리적 특징과 이름분석 결과

木 → 火				
강	남		江	南
5	6		7	9
11획			16획	

'강남'의 오행 운의 구성이 목생화(木生火)로 木은 인재, 교육, 의학의 에너지이며 火의 에너지는 정열, 화려함, 연예, 예능의 기운(氣運)을 갖고 있습니다. 강남하면 교육열과 유명학원, 연예인 기획사, 나이트클럽, 각종 호텔, 모텔? 등이 우선 연상되는데, 거의 강남에 많이 위치하고 있다. 유행의 선두주자 압구정이 떠오르고 화려함, 최근 온갖 다양한 병원들이 많기로 유명하다. 수리운 11획은 중인신망(衆人信望)의 에너지로 많은 사람들이 모여들어 따른다는 운으로 인기, 리더, 번창, 번영의 수, 빈손으로 큰일을 성취하며, 사교적이고 자립심이 강해 봄에 만물이 꽃이 피는 형상, 창성, 부귀안락의 數이다.

한문 '江南'은 16획의 수리운을 갖는다. 16획의 수리운의 특징은 인망(人望)과 재록(財祿)이 풍성한 격이라 대업을 성취해 부귀공명을 누리며, 자력으로 사회적인 발전과 명성을 이루고, 사교술이 좋고 품성이 인자하여 남을 잘 도와주고 정직하여 윗사람의 신망이 두터워 실무가로서 크게 성공할 길운이다. 인덕과 재물이 풍부하며 부귀공명을 떨치고, 많은 사람들로부터 존경 받으며 재물도 따른다. 섬세하고 의지도 강해 자수성가하여 크게 발전하고, 재복도 많아 안락태평 하는 운이며, 여자는 총명하고 인덕이 있어 크게 발전하는 길수라고 보았다. 호쾌하고 치밀한 성격으로 큰 어려움 없이 승승장구하는 사람들에게서 많이 보게 된다. 사교적인 성품으로 인덕이 많고, 똑똑해서 상류사회의 반열에 올라있는 사람이 많다.

3) 도곡(道谷)동 이름 속에 담긴 지역의 특징?

火 ← 木			
도	곡	道	谷
4	4	16	7
8획		23획	

'도곡' 도곡의 오행은 강남과 같은 목생화(木生火)의 기운을 갖고 있네요. 타워팰리스가 있는 도곡동은 강남의 랜드마크라고 할 정도로 강남에서도 가장 부유한 동네로 알려져 있습니다. 수리 운(運) 8획이 수복겸전의 에너지로 장수와 재물 복을 겸해서 가진 운입니다. 차갑고 냉정하고 강직한 성품, 초지일관하는 부귀공명의 운이며, 부

귀와 장수를 겸해 누리는 길수. 강한 의지와 끈질긴 인내력으로 자기 자신에게 강하며, 어려운 난관을 극복하여 부귀복록을 누리고 대업도 성취한다. 남성적인 면과 여성적인 면을 동시에 가진 수이다.

한문'道谷'성명학적인 수리운 23획의 특징이 지인용(智仁勇)의 삼덕을 갖춘 대길 수로, 권위와 세력이 왕성하고 비록 미천한 데서 출발하였다 할지라도 나중에는 큰 뜻을 이루어 만인의 존경을 누린다. 아침에 떠오르는 태양과 같이 큰 뜻으로 대업을 이룩하여 부귀영화를 누리고, 특히 선천적인 지도력이 있어 대중의 인기. 명망이 높으며, 지위, 명예, 재산이 태산처럼 높게 된다. 현명하고 인덕이 많고 재물운이 좋아 입신양명하게 되는 길수이다. 성취욕이 강하고, 슬기롭고 용감한 데다 어질고 너그러워서 주위로부터 존경을 받는 사람들에게서 많이 볼 수 있다.

4) 용산(龍山)의 지명과 지리적 특징

'용산'은 土의 대지의 기운으로 농공, 생산의 에너지이며, 金의 오행의 기운은 전기전자, 금속, 군경, 금융의 에너지의 특징을 갖네요… 현재 용산의 특징과 비슷한 오행의 기운은 金의 기운의 특징만 있는 것 같은데 용산이 예로부터 군사요충지라네요. 한강을 끼고 있

土 → 金

용	산	龍	山
7	5	16	3
12획		19획	

어 농공, 생산의 에너지라 예전에는 맞는데 현대 용산의 기운은 농공, 생산의 활동이 없으니 현재 기운과는 맞지 않는 특징이다. 용산의 수리운 12획이 박약박복의 유약하고 파란 많은 생활, 심신이 연약, 일의 진행이 미흡, 재치와 기량은 있으나 결정적인 순간에 매듭을 엮어내지 못해 좌절하는 운이며, 주변사람들에게 피해의식을 느끼는 이별, 재물운이 약한 수리이며 실속이 없고 하천(下賤)하게 사는 운으로 매사가 막힘이 많고, 고독하게 사는 운이다.

한문 '龍山'의 수리운은 19획 고독비참의 운으로 두뇌가 명석하고 활동력이 뛰어나지만 의외의 장애로 수포로 돌아가는 운이며, 고독, 불구, 조난, 형액 등의 재해가 속출하고 때를 만나지 못한 영웅호걸의 운으로 중도 좌절, 실패, 이별 등 매사에 마무리가 힘든 운이다. 용산(龍山)의 수리학적 운은 한글, 한문 둘 다 좋지 않군요. 저도 서울 생활 29년째인데 용산이 많은 변화를 추구하고 부동산 쪽으로도 많이 언론 상에 오르내리기는 했어도, 진행되는 일들이 유야무야 미진했던 것으로 알고 있다. 수리운이 안 좋아 그런 건지 예로부터의 그 역사 지리적 특징과는 맞는 것 같다.

용산의 역사지리적인 상황과 풍수적인 기운이 맞는다면, 그 지기(地氣)의 특징을 살린 생산, 농경(현대로 와서는 농수축산물 시장이라든가?), 용산전자상가의 활성화와 군사요충지답게 군경 시설들이 있어서, 12획 이별의 에너지 특징대로 많은 사람과 물자들이 드나들고, 만나고 헤어지며 살아가는 것도 좋지 않을까? 개인적인 생각을 해본다.

사주의 중요성을 이야기하는 분들은, 자신이 타고난 운의 재능분야를 추구하며 살아갈 때, 똑 같은 고통의 기간이라도 자신이 가야하는 길에서의 고통과 가지 말아야 할 길에서의 고통의 받아들임이 다르기에, 자기 운명 속에 있는 가야할 길을 가는 것이 좋습니다. 라고 이야기한다. 저도 이름분석을 통해 나온 결과를 갖고, 자신이 가진 재능과 운명을 받아들이며 살 때 훨씬 삶을 살아가기가 좋다고 늘 이야기합니다. 그러하기에 타고난 재능과 운명에 걸맞도록, 꺾이는 운의 방향을 이름으로 수정하여 주어진 재능을 추구하는 삶을 살도록 돕고 있다. 풍수학적으로 地氣의 기운의 특징이 그러하기에 그 기운(氣運)에 걸맞게 살아야 하는 게 자연의 이치에 맞는 삶이라면, 도시개발을 할 때 이러한 것을 감안한 개발을 하면 어떨까?

간단한 이름분석만으로 풍수적인 특징을 이야기한다는 건 풍수를 전문으로 하는 분들에 비해 빈약한 설명이기는 하나, 이름분석가(Name Analyst)로서 늘 연구하는 자세로 임해야 하고, 이름분석을 통한 다양한 시도를 해본 결과, 불리어지는 소리에너지의 특징대로라면 그렇게 불리어지는 지명의 氣運에도 영향을 끼치지 않겠느냐? 는 가정 하에 이름분석을 해 보고 있는 것이다. 지금까지 여러 차례에 걸친 地名과 성명학적 이름분석의 결과 거의 대부분의 지명(地名)들이 성명학적인 수리운의 특징과 역사지리적인 환경과도 비슷하더라는 것을 알 수 있다.

땅이 생기고 사람들에 의해 지명이 생겼을 진데 어찌 그 운명적 특징이 같을까요? 각 분야의 다양한 이름분석을 통해 내리는 또 하나의 조심스런 결론은, 인간의 타고난 운이 얼마나 좋으냐에 따라 무엇을 하든, 어느 곳으로 이사를 해 정착을 하든 주체적으로 움직이는 사람의 기운이 가장 중심이라는 결론입니다. 그 사람의 운이 안좋은 시기에 들면, 풍수를 보고 방위를 보고 움직여도, 남들은 다 부자가 되었다는 터에서 망해서 나가게 되는 운이 되어 풍수적으로 설명이 미흡해지는데, 결국 삶의 주체자인 사람의 운이 어떠한가? 가 영향을 주더라는 설명이 가능해진다. 이러한 설명에는 풍수전문가도 집, 즉 택(宅)이라고 하는 것은 곧 사람이 머물러야 할 자리, 사람이 누워야 할 자리가 중요하다고 이야기하는 것과 일맥상통하는 것이다.

사람의 기운이 중심이냐? 풍택(風澤)의 지기(地氣)가 중심이냐?

에서 그 중심은 역시 사람이다. 라는 결론과, 사람의 타고난 기운을 늘 중요하게 이야기 해 왔던 사주전문가들도 '타고난 운은 50%로 나머지는 그 사람의 노력여하에 따라 운은 충분히 좋아질 수 있노라.' 라고 이야기들 한다. 이 부분 역시 선천운(先天運)보다는 후천운(後天運)의 중요성을 이야기하는 부분이라고 할 수 있다.

이름이라고 하는 것은 모든 물질들이 생성되고 나서야 주어진 붙여진 이름입니다. 즉 후천운에 대한 학문으로 이름을 개명함으로써 그 사람의 기운(氣運)이 즉 에너지의 형태가 변형되었다는 그간의 증명들은, 저의 작명 고객들 수천여명의 달라진 삶으로도 충분히 입증되어지지만, 이 이름분석 이론으로 시도한 각 언어의 이름분석과, 단어의 이름분석, 심지어 지명(地名)에 대해서까지 그 역사지리적인 특징들이 이름 수리운의 특징과 같이 분석되어진다는 것은 바로 소리에너지의 파동의 효과를 증명하는 것과 같다.

발음오행의 소리에너지는 이름속의 오행의 에너지에 대한 일부분만을 강조한 것으로 미흡한 설명이라는 것이며, 소리에너지, 음파에너지, 파동에너지의 중요성을 이야기한다 함은 한글이름의 발음오행뿐만이 아닌, 한글 수리운, 한글 주역괘운, 한문 수리운, 한문 주역괘 운까지 즉 '이름' 전체에 담긴 기운(에너지) 전부 다를 포함한 것의 소리의 파동을 주장해야 한다는 것이다.

고구려, 백제, 신라
국호國號 속에 담긴 운명

어느 날 서점에서 역사 관련 책을 또 여러 권 사들고 오던 딸아이가 뜬금없이 "엄마? 고구려(高句麗)를 이름분석 하면 어떤 운(運)이에요?" 질문을 해 "글쎄?" 나도 갑자기 궁금증이… 분석하는 김에 '세종대왕이 한글을 만들기 전의 왕들의 이름과 역사 속 위인들의 삶과 성격은 어땠을까?' 또, 국호(國號) 이름을 분석을 해보면 과연 나라의 특징과 국운(國運)이 나타날지, 어떠할지 궁금했다.

'고구려, 백제, 신라' 국호(國號) 이름분석결과와 국운(國運)의 특징을 알아보자.

고조선(古朝鮮)은 원래 조선(朝鮮)이었답니다. 그런데 태조 이성계가 국호를 '조선'이라 정하면서 옛 '조선'과 구분을 짓기 위해 '옛 고(古)'자를 붙여 '고조선(古朝鮮)'이라 했고, 그래서 오늘날 몇몇 역사학자들은 고조선의 역사도 조선역사 만큼이나 500여년 이상 되었을 것이라는 주장을 하기도 한답니다. 안타깝게도 고조선의 유물들과 유적 등 증명할 자료나 유물들이 중국에 위치하고 있고 동북공정의 이유로 역사학자들의 접근을 막고 있어 거의 증명을 못하고 있다네요.

1) 고구려(高句麗)

오행	木	木 →	火			
국호	고	구	려	高	句	麗
획순	3	3	6	10	5	19
	↘	↓	↙	↘	↓	↙
수리운		12획			34획	

고구려(高句麗)의 이름을 분석하면 오행의 기운은 목목화(木木→火)로 상생의 에너지로 되어있다. 목목(木+木)은 숲(林)의 형상으로 木은 사람, 인재를 뜻하는 오행으로 木+木은 숲을 이루는 기운이며, 산지가 많은 고구려의 자연환경을 닮은 오행의 기운이네요. 목·목→화로 상생의 기운이니 木·木의 숲을 이루듯 부여족, 말갈족, 여진족, 소수의 한족 등등을 다스린 영토 확장과 여러 민족을 다스렸으

므로, 그 무렵 대외외교 활동이 활발하였으며, 목생화(木生火)의 오행의 상생으로 아랫사람을 위해 최선을 다하는 형상이니 백성들을 위한 '빈민구휼' 제도와 '진대법' 실시로 민생 안정책을 썼다는, 백성들을 위해 최선을 다하는 에너지 목생화(木生火)의 형상과 닮았다.

한글 '고구려'의 수리에너지는 12획으로 박약박복의 기운이다. 수리학적 12획 수리운의 특징은 사색적이고 신중한 면은 있으나 실천할 힘이 부족하고 무기력하여 뜻을 이루지 못하고 숱한 고생과 고통으로 끝나버린다. 비록 부모의 덕으로 한때는 성공한다 해도 중도에 실패하여 공허한 일로 동분서주 바쁠 뿐이다. 심신이 허약해 병고에 몸만 시달리거나 자식도 없어 고독한 생활을 한다. 현실성이 떨어지고 파란 많은 생활과 허영심이 강하고 불성실하니 신용을 잃어 실패를 재촉한다.

한문 '高句麗'의 수리운(運)은 34 수리운으로 34 수리운의 특징은 재화연속의 에너지로 대인관계에 재치가 있고 치밀한 계획성과 뛰어난 외교수완으로 한때 성공하는 수도 있으나, 본래 파멸할 불운의 수라 한번 불운이 시작되면 재난이 잇달아 닥쳐 패가망신한다. 생사이별, 무자식 등 가정운도 없고 심하면 불구자, 단명의 비운을 맞게 되는 운이라고.

'고구려' 한글의 획순을 고려하지 않음은 '한글이름이 중요하다는 광미이론'이 나온 지 얼마 안 되었으니 이해될 일인데, 高句麗의 획순이 안 좋은 걸 보면 성명학을 고려한 작명은 아님을 추측할 수 있다. 한문의 유입시기도 고조선 때 이미 '8조금법'이 기록된 것으로 보아 그 이전에 전래된 것으로 보이지만 우리나라 역사시대가 '고조선'이 시작이라는 한계 때문에 한자의 유입은 고조선 때부터라고 사학자들은 추측하고 있으며, 실제로 성명학이론이 만들어진 시기는 중국의 송나라 때로 연대가 960년~1279년이니, 고구려는 그 연대가 송나라 훨씬 이전인 BC 37~668년까지로, 채구봉 선생의 성명학 81수원도(八十一數元圖)는 고구려보다 훨씬 뒤에 만들어졌음을 확인할 수 있다.

따라서 '高句麗'라는 국호를 정하는데 성명학을 전혀 고려하지 않았음을 추측할 수 있다. 고구려의 운명이 성명학풀이와 같은 길을 갔는지는 정확하게 모르겠다. 그저 호기심의 차원에서 현재의 성명학이론으로 대입해 풀어볼 뿐. 그러나 묘하게 그 오행운이나 수리운의 특징을 갖고 있기는 하네요.

2) 백제(百濟)

백제(百濟)의 이름분석 결과는? 오행의 에너지는 금생수(水←金)의 상생의 오행으로 아랫사람이 윗사람을 따르는 형상으로 백성들이 왕을 잘 따르는 상생의 기운이다. 수(水)의 기운과 금(金)의 기운의 구성으로 백제는 500년 간 한강 유역의 평야지대를 중심으로 형

오행	水 ← 金			
국호	백	제	百	濟
획순	8	6	6	18
	↘	↙	↘	↙
수리운	14획		24획	

성되어 청동기, 철기문화의 기반으로 농업이 발달한 나라다. 강과 바다를 다룰 줄 아는 제련기술의 발달로 풍요로운 삶으로 온화하고 세련된 문화의 특징을 갖는다.

한글 '백제'라는 국호에 담긴 수리에너지는 14획으로 이산파멸의 운(運)이다. 천성이 온유하며 침착하고 꼼꼼하여 일시적인 성공은 거두게 되나 이는 잠시일 뿐 일생을 통해 관재, 구설, 풍파를 겪게 되며 특히 가정적으로 크게 불운하여 부부끼리 헤어져 살거나 자녀와도 이별하게 된다. 고독과 실패 속에 보내며 말년이 더욱 고독하고 흉한 운수이다. 큰 뜻을 품지만 계획이 무산되고 불의의 사고로 사망하거나 의문의 죽음을 당하는 운명이다. 영웅적인 기질을 발휘하지만 패가망신한다. 지혜는 있으나 소극적이다.

한문 '百濟'의 수리에너지는 24획으로 부귀재물의 황제의 에너지이다. 이지와 온화함을 갖춘 사람으로 처음에는 열악하고 어려운 환경에서 시작할지라도 자수성가하여 대업을 성취할 수이다. 관직으로 나가게 되면 최고위직까지 오르게 되며, 특히 재복이 크게 따라 자신뿐만 아니라 자손에게까지 많은 재물을 상속한다. 여성은 매우 온화하며 남편운이 있어 가정적으로 원만함을 이루니 길한 수리이다. 백제는 오행도 상생의 에너지로 백성들과의 궁합이 좋으며, 한글'백제'의 기운은 약하나 한문 '百濟'의 기운은 부귀재물의 에너지로 좋다. 고구려보다는 부유한 삶을 살지 않았을까?

3) 화려한 문화를 상징하는 신라(新羅)

오행	金 / 火			
국호	신	라	新	羅
획순	4	5	13	20
	↘	↙	↘	↙
수리운	9획		33획	

신라(新羅)의 이름풀이를 해 보자. 오행운(五行運)은 화극금(金/火)의 상극의 기운으로 백성들이 나라, 왕을 힘들게 하는 상극의 기운이며, 대외적으로 경쟁자를 물리치는 기운이기도 하다. 한글 '신라'의 수리운(數理運)은 9획으로 9 수리운의 특징은 재능이 탁월하고 수완가로서 많은 일을 성취하지만 시련을 거쳐야 성공의 길로 나간다. 다재다능한 재능의 운으로 문화. 예술방면에서 성공할 수도 있다. 18수리의 재능운보다는 절반의 수로 큰 재목감이지만 부족한 운으로 18수리의 전문적인 재능을 가진 사람들보다는 더 많은 노력을 해야 성공하

는 운이다.

한문 '新羅'의 수리운은 33으로 이 33 수리운의 특징은 권위충천의 에너지로 재능이 출중하고 진취적인 기상으로 바다에 있던 용이 하늘로 오르는 형상처럼 대성을 이루게 된다. 타고난 머리가 좋고 호탕한 기풍에 날로 번창하는 대길운이며, 재물을 모으고 명성을 천하에 떨칠 수 있다. 신라시대 하면 나라차원에서 화랑도를 만들어 용맹스런 젊은이들을 뽑아 무사 양성을 꾀했던 것으로 유명한데 33 수리의 장군의 기상과도 같은 기운임을 알 수 있다.

신라 '新羅'의 오행은 화극금(火剋金)의 상극의 에너지로 황제의 입장에서 보면 백성들이 나라를 힘들게 하는 상극의 기운이나, 국외적인 측면에서는 경쟁자를 물리치는 기운이다. 역사를 통해 흔히 알고 있는 신라가 문화. 예술 방면으로 부흥기였다는 것이, '신라'와 '新羅'의 이름분석의 특징이 제일 많은 화려한 문화유산을 남긴 나라의 운명과 국호 속에 담긴 운(運)의 특징과 비슷하다는 것이 재미있다.

이름분석 연구 Ⅳ

독도(獨島)의 지리적 특징과 이름분석의 기운

역사 왜곡과 독도(獨島) 관련, 위안부 관련 망발을 일삼는 일본총리 아베 신조(あべしんぞう, 安倍晋三)의 이름의 운은 도대체 무슨 기운이 있기에 무례할까요? 그의 성격, 성향 이름 속에 담긴 에너지?

먼저 독도(獨島)라는 이름에 담긴 성명학적인 에너지는 어떤 운명인지 알아보고, 외국어이름 표기는 전 세계적으로 언론상에 불리는 이름으로 그 발음에 최대한 가까운 표기를 기본으로 분석하기로 한다. 과연 성명학적인 분석과 그동안 언론에 노출된 그의 성향과 삶이 흡사한지 알아보고, '독도'라는 지명이 성명학적 기운과 같은지? 또, 독도의 수면 아래 잠재된 에너지자원이 실제 성명학적인 분석 내용과 같은지? 독도 관련 상식과 성명학적인 이름분석 내용이 같게 나올지 한 번 분석해 보자.

독도의 명칭은 여러 번 바뀌었는데, 아마도 명칭이 바뀌면서 그때마다 섬의 기운이 달라졌을 것으로 보여진다. 먼저, 처음엔 우산도(于山島,512), 삼봉도(三峰島,1471), 가지도(可支島,1794), 석도(石島,1900), 현재의 독도(獨島,1906)는 '돌'의 남해안사투리 '독'으로 불리면서 돌섬, 석도가 '독섬' 독도가 되었다고 한다.

1) '독도'의 이름분석 결과와 풍수지리적 특징

火 / 火			
독	도	獨	島
5	4	17	10
9획		27획	

'독도'의 오행의 에너지(氣運)는 불(火)의 기운이 많은 곳으로, 부딪힘이 많은 다툼의 에너지를 갖고 있다. 때론 좋았다, 때론 다퉜다 변덕이 심한 기운이며 화산섬이라는 독도의 기운의 특징을 오행 火火으로 보여준다.

독도의 한글 수리운은 9수리로 이 수리운의 특징은 대재무용(大材無用)의 에너지로 다재다능한 에너지를 가졌으나 재능으로 성공할 수 없는 안타까운 수로 '큰 재목감이나 안타깝다.'라는 기운이다.

전통성명학적으로는 이 9획의 수리는 궁박, 불행의 흉운으로 분류한다. 그러나 한문이름 분석을 기준으로 나온 통계자료로 한글이름의 즉 발음운에 대한 정확한 분석이 가능해진 현재 NEW 이론의 분석결과, 9획을 가진 사람들이 실제적으로 한글, 한문이름 모든 수리운과 주역괘 운이 다 좋은 운으로 구성된 조건일 때, 실제의 삶은 궁박하거나 불행하거나 흉운을 겪지 않고 무탈하게 살아간다는 통계가 나왔다.

이 책을 준비하던 2014년 말까지 10만 여명 이상의 이름분석 결과 9 수리운의 특징상 임상에서 분석상담 통계를 보면 무탈하게 살아가며, 다재다능한 팔방미인의 재능을 가졌으나 2% 부족한 에너지로 노력이 있으면 재능의 전문가로 성공한 삶을 살게 되는 것으로 증명되고 있다.

서양이나 동양이나 1~10까지의 수에 대한 의미와 특징이 거의 비슷한 해석을 갖는데, '9'라는 수는 동양의 해석보다는 서양의 해석이 나의 임상통계 결과와도 일치한다. 동양에서는 9는 '곤궁과 성취'라는 두 개의 시각이 있고, 서양에서는 9를 3이라는 천수의 양수로 1과 2를 합친 완성, 합일, 성취의 삼위일체의 수로 '조화롭게 완성시킨다.'라는 수라고 본다. 3x3, 3의 3배의 수 9이기에 완성, 성취, 달성의 수로 보아야한다는 함부르크 대학교수 오토 베츠(Otto Betz)의 견해와 같은 분석이 있다. 저도 그간의 이름분석 결과를 토대로 9 수리운의 특징은 오토 베츠의 견해와 같이 분석하고 있습니다.

'獨島'의 한문 수리운은 27로, 이 수리운의 특징은 대인격(大人格)의 도인의 삶을 사는 영적인 기운이 있는 에너지에 다재다능한 팔방미인의 기운으로, 사회, 정치, 경제, 환경, 과학, 의학 등 다방면에 관심이 있고 세상을 보는 눈이 넓고 철학적, 종교적 특징이 많다. 보통 이름에 이 운을 총운 말년운으로 가진 사람들은 사주상으로도 도인팔자, 종교인 팔자로 분석하며 기도하는 삶을 살아야 하는 사람들이 많다.

이 운을 이름에 가진 사람은 자기 자신의 삶을 위해서 뿐만이 아닌 대의(大義)를 위해 많은 사람들을 위해 기도하는 삶을 살아야 하는 운명으로 이름의 시기(초년, 청장년, 중노년의 시기)에 들어 있게 되면 그저 명석한 두뇌와 강한 자신감, 다재다능함으로 분석되나, 말년 총운으로 가진 사람들은 종교지도자(목사, 스님, 신부님 등), 철학자, 심리학자, 사주철학자, 아티스트 등의 삶을 사는 사람들이 많다. 이 수리운뿐만이 아니라 이름의 영적인 기운이 있는 운들은 거의 비슷한 특징을 가지며 친환경, 자연주의를 추구하는 사람들이 많음을 알 수 있다.

전통성명학적인 27 수리운의 정의는 너무 뛰어난 재능과 명석함이 있으나 몇은 성공하고 나머지는 중도좌절, 단명 등의 운으로 설명한다. 이 운 역시 9획의 수리운처럼 한문이름만 갖고 통계를 낸 결과의 자료인 바, 한글이름의 운과 주역괘 운 등 모든 것이 원만하고 그 어디에도 단명수의 기운이 강한 흉운(수리운 : 14, 20등, 주역괘 운 : 화택규, 풍천소축, 천수송 등)이 없으면 27수리를 갖고도 평탄하게 다방면에 재능을 발휘하며 사는 사람들이 많은 것으로 밝혀지고 있다.

이렇게 전통성명학의 수리운들 중 9획과 27획 이 외에 여자가 가지면 남자의 氣를 눌러 팔자가 세서 안 되고, 남자가 가지면 좋다는 남존여비가 존재하던 1천여 년 전 중국의 그 시대적 환경요인이 많이 작용된 통계자료이기에, 전통성명학의 일부 수리운 15획, 21획, 23획, 33획, 39획 등의 수리운에 대한 재해석이 필요하다는 것이 뜻있는 몇몇 성명학자들의 견해이다. 특히 '광미명성학' 이론이 등장하면서 한글이름까지 분석이 가능해지면서, 한문이름을 기준으로 한 통계자료에 기초한 편협한 운의 해석이 있었으며, 시대적인 환경요인의 작용으로 당시 여성은 살림만 하는 환경에서 남편이 병들거나 사망하게 되면 먹고 살아야 하는 문제에 당면하는데, 여성들의 살고자 한 노력이 성공한 모습으로 보여지면 남편의 기를 누르고, 또는 남편을 단명시키고 성공하는 운으로 해석한 수리운들이 많다.

수년간의 임상자료 결과를 갖고, 사주보다 더 자세하게 한 사람의 삶, 성격, 재능을 분석해 본 결과, 사주와 한문이름이 좋다는데 안 풀리는 막힘의 요인이 밝혀졌으니. 수리운에 대한 재해석은 당연한 것이라 할 수 있다. 이렇게 모든 운들이 완벽할 때 전통성명학에서 말하는 흉한 운의 특징은 없는 것이 밝혀지고 증명되어졌으니 21세기 현대 사회에 맞는 해석으로 재평가되어야 한다. 사회와 산업의 발달로 최첨단의 시대를 살아가는 현 시대상황에 맞게, 남녀의 구분이 없는 직업 환경에서는 33획이나 39획 장군의 기상을 가진 여성들의 운의 해석을 여군, 또는 경찰, 남성적 성향으로 남자들의 직업에 도전을 하는 삶을 가지면 된다는 해석을 해줌으로써, 팔자가 세다는 기존의 해석은 분명 시대에 맞지 않으며 반드시 수정되어야 한다는 것이다.

자, 이렇게 '독도, 獨島'라는 운의 특징은 비록 사람이 기거할 수 없는 작은 돌섬으로 보이지만, 일본에서 탐을 내는 이유 중 하나인 '다양한 천연의 자원이 내장되어 있다.'는 그 이유와 부합되는 다재다능 팔방미인의 에너지 9획 수리운과 27획 수리운에서 보여진 특징과 너무도 닮아있으며, 화산섬이라는 특징답게 불(火火)의 기운으로 되어 있다.

현재 독도는 다양하고 풍성한 황금어장을 갖고 있으며, 고체 천연가스 '하이드레이트' 등 상당량과 다양한 광물자원이 매장되어 있으며, 함량이 30%나 되고 우라늄광보다 30배나 많은 우라늄(120ppm)과 바나듐(17~300ppm)을 얻을 수 있어 경제적 가치가 충분하다. 다양한 품종의 조류와, 식물, 수중 생태계도 다양하고 풍부하다. 해

조류 160여종, 풍부한 어종과 회유성 어종도 많아 어족 자원이 풍부하고, 총 157종의 무척추동물 종이 존재하는 등 그야말로 다재다능한 에너지를 가진 섬이다. 이제 일본이 '독도'를 탐내는 이유를 충분히 알 수 있겠죠?

아베 신조あべしんぞう
한문이름 安倍晋三의 이름분석

망언을 밥 먹듯 하고 무례한 '아베 신조(あべしんぞう, 安倍晋三)'의 이름은 어떤 에너지로 구성되어 있는지 자세히 분석해 보자. あべしんぞう의 원 발음표기는 '아베 신조우'이나, 세계 각국의 모든 언론 상에 표기되는 'Abe Shinzo'아베 신조 발음을 표기 분석해 보고, '아베 신조우'로 불리 우는 운을 그의 경력과 비교해 살펴보기로 하자.

일본인의 이름은 성이 두 글자로 아베(安培)를 합친 수로 한글은 9획, 한문은 16획이 성씨에 해당하는 수리이다. 중국이나 일본 이름

土/水		金/金							
아	베	신	조	あべしんぞう		安	倍	晋	三
4	7	4	5			6	10	10	3
15	9	16	20			26	13	19	29

산천대축　산지박　산택손　　택풍대과　택화혁　택풍대과

은 우리 한국인처럼 상세한 풀이가 가능하다.

오행의 에너지가 토극수(土/水)로 배우자와 윗사람과의 관계가 상극의 부딪힘의 기운으로, 일본의 대표지도자인 총리로서 이웃국가들과 부딪힘이 있고, 국민을 힘들게 하는 금/금(金/金)의 오행으로 깐깐하고 예민한 성격을 가진 사람으로 일본 국민들과도 늘 부딪힘이 많은 상극의 오행에너지를 갖고 있다.

자식자리가 금/금(金/金)의 상극이라 자식운이 없는데 아내인 '아베 아키에' 역시 이름이 아(土)/키(木)/에(土)의 오행운으로 자식자리가 목극토(木剋土)의 상극의 오행이라 부부 둘 중에 하나가 자식운이 상생이면 자식이 생길 확률은 높아지는데 안타깝네요. 그들에게 자식이 없었던 이유를 이번 기회에 이름을 분석해보고 나서야 알게 되었다.

'아베 신조' 발음운(運)에 20획 수리에너지의 특징은 백사실패의 운으로 영악스러운 비상한 두뇌를 가져 타협을 하지 않는 고집스러움을 갖고 있는 사람들이 많다. 머리가 좋으니 자신의 계획이 항상 성공할 것이라는 확신을 갖지만 이운은 흉운으로 그야말로 '운없음'이다. 한마디로 다된 밥에 코 빠뜨리는 운이라고 보면 된다. 다툼, 시비, 관재, 구설, 음해 등의 흉한 에너지와, 중년에 산지박의 주역괘운이 있어 이운은 부도직전의 위기, 벼랑 끝에 몰리는 상황을 겪게 되는 운이며 가까운 사람의 배신, 배반을 겪는 운으로 이별, 병고의 특징이 있다. 같은 시기 본인의 의지와 상관없이 불가피한 이유로 새로운 변화를 모색하게 되는 개혁의 운인 '택화혁'이 있어서 이 운을 가진 사람의 특징은 누군가의 지시를 받는 것을 싫어하며 어떠한 문제가 생기면 스스로 알아서 계획을 세우고 그 계획대로 모든 사람들이 따라줘야 직성이 풀리는 개혁적인 성향으로 이 시기 변동이 많고, 변덕스런 성격이다. 머리는 좋네요. 13획 총명한 에너지가 있는데도 흉운 20수리운의 작용이 워낙 강하다 보니 지혜의 에너지를 지혜롭게 사용치 못하고 있다.

아베 신조는 다재다능한 재능을 가진 사람이다. 9획의 다재다능한 재능의 에너지를 갖고 있고, 26수리는 영웅격의 수리운으로 의리를 중시하는 나름 일본 국민을 위해서라면 영웅적인 기질이 발동 '야스쿠니 참배를 강행'하여 주변국들의 원성을 사고 풍파를 일으키는 망언을 일삼는 행위도 서슴치 않았나 보다. 중년운인 2007년 53세 되던 해에 20획의 불운과 19획 고독비참 등 가까운 사람으로부터의 배신배반을 겪게 되는 운의 영향으로 건강을 핑계로 내각 총리 대신을 사임하나, 59세부터 말년운의 영향을 받아 29획 권력과 재물을 거머쥔 황제의 위치로 등극, 다시 총리로 복귀하게 되는 운을 가졌다.

게다가 한문이름에 택풍대과의 관운을 초년과 말년에 두 개를 갖고 있어서 이 택풍대과의 운은 발탁, 승진, 왕의 옆에 선다는 비서, 장관직의 관운으로 그가 28세의 어린 나이로 당시 외무대신인 아버지 아베 신타로의 비서로 발탁 후계자 수업을 받았다고 하는 이력이 맞는군요. 이 운은 말년에 52세에 다시 들면서 2006년 9월 자민당의 21대 총재로 선출되는데 다음해 2007년 강한 흉운(20획,산택손)의 영향으로 5년을 자의인지, 타의인지 정권에서 내려오는 삶을 살게 됩니다. 원 발음인 '아베 신조우'로 분석을 해도 운의 차이는 없습니다. 이름 구성표를 한번 보실까요?

소리오행	土 /	水	金 /	金 ←	土
일본이름	あ	べ	しん	ぞ	う
발음이름	아	베	신	조	우
한글획순	4	7	4	5	4
수리 운	15	13	20	24	
주역괘 운	산풍고	산뢰이	산수몽		

오행의 에너지는 晋(신)과 三(조우)가 가운데 글자와 끝 글자로 자식 운이 금/금(金/金)으로 상극의 운에는 변화가 없다. '아베 신조'의 말년 운에 20획 백사실패의 흉운이 있었고, '아베 신조우'엔 중년 운에 똑같은 20획 백사실패의 관재, 구설, 시비, 다툼 등의 흉운이 들어있으니 중년에 한번 고비를 맞게 되는 건 어쩔 수 없는 운명인가 보다.

두뇌인 총명함도 그대로이고, 다만 여기는 15획 군계일학의 지도자, 리더의 황제의 기운과, 총운이 24부귀재물의 황제의 기운으로 리더십이 더 강조된 운이 특징으로 '아베 신조'의 청, 장년기, 말년 운이 좋다는 것에는 별 차이가 없다. 다만 수리가 달라지면서 주역 괘 운이 달라졌는데 초년의 산풍고는 인생의 3가지 고통을 겪고 나서야 좋아지는 33세까지의 운으로 돈, 사람, 병고를 겪고 나면 좋아진다는 운이다.

28세 나이에 아버지 덕분에 정치에 입문했으니 본인이 직접 겪지 않아도 산풍고의 환경적인 요인에 놓일 가능성이 높았을 거고, 중년 '산뢰이'라는 주역괘운은 입, 소리와 관련된 운으로 소리는 요란하나 실속은 없다. 말을 잘한다, 노래를 잘한다는 에너지로 정치인의 기본인 입심은 타고 났네요. 말년의 산수몽은 이상은 높으나 현실은 따라주지 않는, 꿈과 목표가 현실성이 좀 떨어지는 운이며, 엉뚱함 사차원과 같은 에너지이기도 하며, 영적인 에너지로 종교생활 또는 조상이 돕는 운으로 되어 있는데, 그래서 자신들 선조의 묘지인 야스쿠니에 '신사참배'를 강행하게 된 걸까요?

지금까지 어떻게 보셨는지. '아베 신조'의 발음 운이나 '아베 신조우'의 발음運에 결정적인 흉운인 20획 수리가 있으니 운의 차이는 거의 없다. 대인관계 운인 오행의 에너지가 (土/水 金/金)이니 배우자복과 자녀 운이 없는 건 맞는다.

'독도'와 '아베 신조'를 분석해 보니 '독도, 獨島' 성명학적인 운과 지리적인 특성, 일본어임에도 한글 발음표기로 된 운의 특징이 '아베 신조'의 삶과 성명학적인 운의 특징들이 거의 비슷하게 분석되어짐을 알 수 있다.

다음엔 성명학이 중국에서 넘어와 일본과 함께 약 1000여 년 동안 사용되어오다 이제 한글 발음표기가 가능해짐으로써 중국인들의 이름을 있는 그대로 분석함이 가능해졌으니, 사주를 알 수 없으나 이름만으로 중국인들의 이름을 분석해 보며 성명학 이론의 역수출을 기대해 보는 것도 보람이라 하겠다.

『료마가 간다』의 주인공 사카모토 료마

사카모토 료마의 일생과 이름분석으로 본 그의 일생 비교

사카모토 료마에 대하여 간단하게 알아보자. 33세(1835.1.3~1867.11.15)의 나이로 막부의 한 순찰대의 습격을 받아 교토에서 암살됨. 료마는 도사번 향사의 아들, 14살 때 에도의 한 도장에서 검술을 익히며 왕정복고와 서양문물을 거부하는 존왕양이(尊王攘夷)주의자들과 만나기 시작하면서 세상에 눈을 뜨기 시작. 검술을 익히고 고향으로 돌아간 료마는 존왕양이 실천을 위해 결성한 도사근왕당에 가담, 친서양파인 '가쓰 가이슈'를 죽이기 위해 다시 에도로 간다. 그러나 "일본은 외국의 발달한 지식과 기술을 배워야 한다"는 가이슈의 설득에 크게 감동해 그의 제자가 됨.

그의 영향으로 무역의 필요성을 느껴 고베에 해운무역회사를 설립, 후에 이 해운회사는 해군지원대로 바뀌어 운영됨. 1866년에는 대립관계에 있던 '사쓰마번'과 '죠슈번'의 동맹을 이끌어내고, 그 이듬해 막부(중앙)와 번(지방)을 통일시켜 천황에게 국가 통치권을 돌려준 역사적 사건 '대정봉환'을 성사시키고, 이 사건으로 일본은 약 675년 간의 봉건시대에 막을 내리고 메이지 유신을 통해 중앙집권적 근대국가로 진입한다. 그는 일본 역사상 가장 존경 받는 인물로, 현대 일본 경영자들이 입을 모아 찬탄하는 신화와 같은 존재다. 혼란한 사회를 개혁하려 했던 탁월한 협상력과 타고난 돌파력, 기회를 창출하고 추구하는 천재적인 발상력 등 사마모토 료마는 '근대 일본의 길을 연' 국민적 영웅으로 평가 받는다.

28세 때 탈번을 하고 33세 때 죽기 전까지 불과 5년에 불과한 짧은 기간 동안 다른 사람들이 평생을 바쳐도 이루지 못할 일들을 해내었다. 하급무사로 태어나 그 어떤 기반도 갖고 있지 못하던 그가 자신의 열정과 노력만으로 당시 일본의 거물들의 마음을 움직이며 시대를 이끌어 갔던 것이다.

사카모토 료마(さかもと りょうま)의 이름분석 결과

초년運 : 한문 초년의 26획 수리운의 특징은 영웅적 기상, 투사, 지사 같은 파란만장한 삶. 뛰어난 지모와 용맹이 있어 대정치가, 열사의 운으로 이름을 떨칠 運, 가정적으로 불행한 경우가 많다. 같은 시

金/木 水 火　火/水

사 카 모 토　료 마　　　坂 本 龍 馬

4 4 5 5　6 5　　　7 5 16 10

↘ ↘ ↓ ↓　↙ ↙　　　↘ ↘ ↙ ↙

24　11　23　29　　　28　26　22　38

지화명이　지산겸　지풍승　　뇌택귀매　뇌수해　뇌택귀매

기 소리운 한글 11획 수리운은 많은 사람들이 좋아하며 따르고, 천성이 근면하고 인정도 많아 대인관계가 좋으며, 두뇌 명석, 강한 자립심, 성실함 등과 함께 한 번 목적한 바는 끝까지 이루고야 마는 진취적인 기상이 있으니 가문을 일으켜 번창하게 되는 대길 수로 한문, 소리운 한글의 초년의 획순으로 전체적으로 설명된다.

사카모토 료마의 초년기 삶은 이름분석 상 영웅의 기상, 투사와 같은 파란만장한 삶을 살았고, 두뇌가 명석하며, 천성이 근면하고 인정도 많으며, 가정적으론 불행했고, 많은 사람들이 그를 좋아했고 또 많이 따르는… (그래서 현재도 그를 좋아하는 이들이 많은 건가요?)

청장년運 : 한문 수리운 28획의 수리적 의미는 파란풍파의 운으로 좋은 기회를 타고 일약 천하에 이름을 떨치는 호걸이지만 풍운아 격이므로 인생의 파란곡절이 심하다. 자신에게 영화가 있으면 가정에는 재앙이 있고, 가정이 평안하면 자신에게 괴로움과 고통이 따르는 불길한 수다. 그러나 다른 격과 조화를 이루면 영웅호걸의 길운이 계속되므로 천하에 이름을 떨칠 수도 있다. 불의의 사고, 불구, 단명의 불운으로 끝나는 수이며, 한글 소리운 24획의 수리의 특징은 적수공권(赤手空拳)이라 처음에는 아무것도 가진 것이 없는 맨손이지만 꾸준히 노력하여 재산을 모은다. 성공해서 이름을 널리 떨칠 대길 운이다.

두뇌가 뛰어나고 인화력이 출중해 주변의 신망을 한 몸에 얻는 길격이다. 지모와 재략이 출중하고 불굴의 노력으로 점진적인 성공을 이루어 대업을 완수하고 그 공명이 천하에 알려지는 대길수로서, 특히 무일물(無一物)로부터 점차 축재해 부귀영달 하는 재성(財星)대길 운이다. 독립심이 강하고 외유내강 한 성품으로 실속을 추구하여 원하는 목표를 달성해 나가고 부부가 백년해로하니 자녀 또한 가문을 빛내게 된다. 빠른 시간에 황제에 등극하는 운이다. 중·노년運과 말년運은 획순의 자세한 풀이를 생략한다.

주역괘 운을 살펴보면, 초년의 한문이름에는 뇌택귀매의 관직운이 있어 이 운은 나보다 높은 권력 있는 존재가 나를 불러 중요한 일을 맡긴다는 운으로 승진, 발탁의 운이다. 소리이름 한글에는 천화동인은 누군가와 동업으로 움직이는 기운으로 여러 사람들과 함께 일을 도모하는 운이다. 사카모토 료마의 초년의 움직임과 삶의 모습을 수리운(數理運)에서 뿐만 아니라 주역괘 운에서도 알 수가 있다.

중년에 들어있는 한문이름의 뇌수해는 그 의미가 '얼음이 녹듯 술술 풀린다'는 뜻으로 이 괘가 있는 사람은 주로 해결사 역할을 하고 다닌다. 한마디로 오지랖이 넓은 사람이다. 발음 소리운 초년의 '지화명이'라는 주역괘 운의 특징은 '산과 산 사이에 걸쳐진 해'의 모습으로 아침의 떠오르는 태양인 일출의 특징과, 저녁 지는 해의 모습인 일몰의 특징으로 상황에 따라 길운과 흉운으로 두 개의 기운이 작용되는 운이다.

길한 운의 시기 높은 자리에 오른다는 명예운이 되나, 청장년기운에 24 수리와 28 파란풍파의 수리운이 지화명이와 겹쳐들었으니 24 수리운과 지화명이 기운이 동시에 작용되는 33세까지는 빠른 시간 내에 리더로서 높은 자리에 등극하지만, '지화명이'운이 서서히 빠져나가는 29세 이후부터는 중년의 주역괘 운 '지산겸'과 겹쳐드는 시기로 이 운은 때를 기다려라 겸손하다 겸손해야 더 좋아진다는 운의 특징이 있다. 29세 이후 지산겸이 28 파란풍파의 단명운과 다시 겹쳐지면서 급격히 그 기운이 쇄하게 되는데, 지화명이운의 흉운의 작용으로 명예가 실추되는 일몰의 기운이 강하게 들어오기 때문이다.

이 시기를 잘 넘겨서 33세에 생을 마감하지 않았더라도 곧 다가오는 중노년(39~59세)의 시기에 22획 중도하차의 단명, 불의의 사고운, 중도좌절 운이 있으니 그의 삶은 중노년의 시기에도 위험한 고비를 겪어야 하는 삶이다. 사카모토 료마가 청·장년기를 잘 넘겼다해도 불의의 사고는 중·노년의 시기(한문이름 板本龍馬 22획)에 또

들어있는 것으로 보아 역시 단명의 운이다.

인생의 총운이면서 말년운은 뇌택귀매로, 사카모토 료마의 전체적인 삶의 모습이며 평생운이 윗사람의 부름을 받는 관운으로 중책을 맡아 움직이는 운이다. 같은 시기 소리운 한글에 지풍승의 주역 괘 운으로 높은 자리에 고속으로 올라가는 승진운이 수리운 29획의 권력재물의 황제의 운과 함께하니, 사카모토 료마가 중년의 고비를 잘 넘기고 말년을 맞이했다면 말년 총운 29 수리운의 특징처럼 왕성한 활동력과 투지로써 대업을 달성해 부귀·장수·안락 등을 누리며 사회적으로 상당한 지위를 획득하게 되는 명망이 있는 수이다. 재주가 뛰어나고 지혜가 출중하니 처세술에 능해 재산과 권력을 함께 얻을 수 있다. 중도에 좌절되는 법이 없고 초지일관해 전진, 발전을 이루어 부귀영달과 명성을 누리니 자손 대까지 번영하게 되는 길한 수리이다. 수리운인 중노년과 말년운은 획순의 자세한 풀이를 생략하였다. 죽음 이후의 삶을 풀어서 무엇 하랴.

그러나 사카모토 료마의 전체적인 이름분석 결과를 보면, 사카모토 료마는 진취적이고 뛰어난 두뇌를 가진 사람으로 한문이름 坂本龍馬의 말년운인 인생총운이 38획으로 38획의 의미는 천재적 재능과 명철한 두뇌를 갖고 문학. 예술, 창작, 발명 등 다방면에 대단한 발달을 초래하며, 선진적 인물로서 입신양명 하고 부귀공명 하는 수이며, 무에서 유를 창조하는 능력이 우수, 목적의식이 뚜렷하여 매사가 전진적인 발전을 이루나, 때론 이상주의적인 발상과 현실을 무시한 독단적인 사고로 인해 고생을 스스로 자처하는 경우도 있다. 대부분은 평탄한 인생을 살며, 사회적으로 두터운 신망을 얻는 운이다.

일본인의 이름풀이를 해보았다. 성명학 이론을 기본으로, 전 세계인들이 보편적으로 부르는 이름의 발음을 기본으로 하여 연구해 보았다. 남편의 서가에 꽂힌『료마가 간다 坂本龍馬』라는 책을 발견, 그리스로마신화 신들의 이름풀이가 가능하다면, 일본인의 이름풀이쯤이야 충분 가능하지 않을까? 싶었던 것이다.

일본 ≪아사히신문≫이 뽑은 일본 천년의 리더 1위, 일본 역사상 가장 존경 받는 인물, '사카모토 료마'의 이름분석을 한다는 것, 이름분석가(Name Analyst)로서 아직도 많은 연구를 계속해 나가야 하는 연장선상에서 해본 것으로 정확한 이름분석인지 여부는 적어도 수백 명의 일본인의 이름분석결과를 통계내 보아야 정확한 결론이 가능하겠지만, 현 일본 수상 아베 신조와 사카모토 료마의 이름과 몇몇 주변 일본인들, 중국인들의 이름분석을 해보면 실제 삶과 거의 다르지 않음을 알 수 있었다.

외국인뿐만 아니라 이름이라 붙여진 모든 것, 단어, 지명 등의 분석이 가능한 건 '한글은 세계가 인정하는 과학적 언어다'라는 증명과정이 아닐까?

차이나 3.0 샤오미

1) '샤오미' 상호 분석과 경영주 '레이 준' 이름분석

요즘 젊은이들 사이에 '대륙의 실수 샤오미 배터리'하면 모르는 사람이 없을 정도로 가격은 너무나 저렴한데 기능은 뛰어난, 중국의 떠오르는 스마트폰업계 샤오미의 개발품 스마트폰 충전기에 대한 이야기가 회자되고 있다.

지난해 『차이나 3.0』 관련 책에 대한 기사를 접하고 3.0시대를 이끄는 지도자 시진핑의 타고난 성향과 정치적인 리더십은 기존 1.0, 2.0시대를 이끈 마오쩌둥, 덩샤오핑, 후진타오 등의 정치적 성향과 어떤 다른 리더십을 펼칠 것인지 궁금했다. '3.0시대'에 들어선 중국의 성장과 향후 행보에 어떻게 대처할 것인지 대응 전략을 모색하기 위해 수행된 프로젝트의 하나로 유럽외교관계협의회가 내놓은 책의 내용처럼, 각 시대를 이끈 지도자들의 이름을 분석하고 현재 3.0 시대를 이끌 시진핑이 이끄는 중국은 어떤 방향으로 진행될 것인지, 그들의 이름과 정치성향을 알고 싶었다.

더불어 최근에 KBS의 '명견만리'라는 프로그램을 통해 중국의 3.0 시대를 이끌 주링허우(九零后 : 1990년 이후 출생세대)세대들의 신화 같은 존재이며, 샤오미 열풍을 일으키며 세계적인 주목을 받고 있는 샤오미의 CEO 레이 쥔(雷軍)에 대해서도 도대체 어떤 운을 가졌기에 짧은 시간에 젊은 나이에 세계적인 위치로 올라갔는가? 그 회사명 '샤오미'의 이름분석과 창업주 레이쥔(雷軍)의 이름을 분석해 봐야겠다는 호기심이 발동하였다.

'명견만리'라는 프로그램이 주는 시사내용이 신선한 충격으로 다가오면서 저런 좋은 교양프로는 오래갔으면 하는 마음에 살짝 '명견만리'를 풀어보니 23획의 일홍중천의 운으로 지덕과 문무를 겸비한 아침에 떠오르는 태양과 같이 큰 뜻을 품고 대업을 이루는 선천적인 지도력이 있어 대중의 인기. 명망이 높고, 미천한 곳에서 출발했을지라도 최고의 자리로 올라 만인의 존경을 누리는 운으로 되어있네요. '명견만리' 프로그램에서 각 나라 각계각층의 성공 사례들을 보여주는 내용이 마치 23 수리운의 특징처럼 진행이 된다는 게 재미있다.

가격대비 너무나 성능이 좋은 충전용 보조 배터리를 개발해 '대륙의 실수'라고 일컫는 그 제품을 생산한 '샤오미 小米'의 회사명 분석을 통해 왜 그토록 많은 주링허우 세대들의 인기를 한 몸에 받는 회사로 거듭났는가를 알아보기로 하겠다. 그리고 레이 쥔(雷軍) 이름 속에 담긴 그의 타고난 재능과 앞으로의 삶의 모습도 살짝 엿보기로 하죠.

金 ←	土 /	水		
샤	오	미	小	米
5	4	4	3	6
	13획		9획	

'샤오미'의 오행의 에너지는 전체적인 기운이 金의 기운으로 전기, 전자, 금속의 사업에 잘 맞는 기운으로 수리운이 13획 총명지모의 운으로 창조, 창의, 무(無)에서 유(有)를 창조하는 명석한 두뇌와 뛰어난 재주로 입신양명하는 총명의 운이다. 탁월한 지략으로 대업을 이루고, 천복이 따르는 운으로 부귀, 행복, 가정, 부부운도 좋아 태평성대를 이루는 운이다. 우리나라 세계최고의 기업 '삼성'과 같은 수리운을 가졌으며, 오행도 金의 기운으로 똑 같다. 삼성이란 기업이 왜 전기, 전자, 반도체 산업으로 끊임없이 새로운 제품들을 창조해 내는가를 알 수 있다. 샤오미란 이름은 회사를 세우기로 한 날에 동료들과 함께 먹었던 좁쌀죽에서 따왔다고 한다.

샤오미의 한문 '小米'는 수리운 9획으로 다재다능한 팔방미인의 에너지로 재능과 두뇌가 총명한 사람들이 많다. 18수리의 전문가적인 재능운보다는 2% 부족하니 많은 노력을 해야만 18획의 운을 뛰어넘을 수 있다.

샤오미의 창업자 레이 쥔(lei, jun)은 외국계 언론 상으로 '레이 준'으로 부르고 그의 한문이름 또한 간자체 雷军으로 사용하고 있어서 현재 세계적인 언론에서 공통으로 발음되는 이름으로 분석을 해 보도록 하자. '독도 Dokdo'와 마찬가지로 가장 많이 불리어지고 쓰이는 이름의 발음을 중시하여 분석하였다.

火 → 土 → 金							
레	이	준		雷	军		
9	6	15	15	13	7	20	20
천수송	천산둔	천화동인		풍산점	풍뢰익	풍택중부	

레이 준은 화생토(火生土)의 오행으로 윗사람들의 도움을 받는 운으로 대인관계운은 좋군요. 토생금(土生金)의 오행의 기운이니 아랫사람들을 위해서라면 있는 거 없는 거 다 퍼주는 자상한 사람이

다. 한문이름 중년에 풍뢰익(風雷益)의 기운(氣運=에너지)이 있어서 현재 그의 나이 47세의 중년에 해당되는 현재운이 '홍익인간의 삶을 살아라'라고 하는 오지랖 봉사의 마음이 넘치는 시기이다. 비록 한문의 수리운이 현재운과 말년운이 20획(백사실패)의 흉운에 놓여 있으나, 흉운이 있는 삶속에서도 남을 위한 나눔, 배려의 삶을 살 때 그 흉운을 보완하며 사는 것을 볼 수 있다,

샤오미를 이끌며 스마트폰 업계에서 '짝퉁 애플'이라 비아냥거림을 받고 있는 이유도 바로 이 20획 수리운의 영향 때문이며, 이 20획 수리운은 비록 흉운(관재, 송사, 시비, 구설, 불의의 사고, 병고, 수술, 이별, 단명 등의 흉한 기운)이지만 비상한 두뇌를 가진 사람들이 많아 영재 소리를 듣는 사람들이 많다. 게다가 한글수리운에 9획 다재다능한 팔방미인의 재능과 한문이름 말년운이며 총운에 '풍택중부'라는 예술적, 다재다능의 팔방미인 재능을 평생운으로 가져 머리도 비상하며 재능도 많은 사람이다.

한글 총운과 중년의 운이 15획(군계일학)의 에너지를 가졌으니 지도자로서 한 분야의 선구자로서 지혜와 덕망을 가진 황제의 기운이다. 상하의 신뢰와 존경을 받으며 자립대성(自立大成)하는 운이며, 통솔력과 지배력이 뛰어나고 문무(文武)를 겸비하고 관운(官運)이 있으니 9획 수리와 풍택중부의 다재다능한 팔방미인의 재능도 풍부한데 15 수리운의 특징이 문무를 겸비한 선도자적 지도자의 자질을 가진 황제로 살아가는 운이다. 현재 많은 구설과 시비에 오르내리고

는 있으나, 짝퉁으로 시작한 샤오미이지만 중국 스마트폰 시장 1위와 세계시장 5위에 오르는 업적을 이끌어 냈으니, 그 가는 길이 험해도-한글이름의 천수송과 20획 수리운의 영향으로- 정말 자신의 이름의 에너지다운 삶을 살고 있는 모습이다.

15획은 81 수리운 중 황제의 에너지를 가진 수들이 3개가 있는데, 그 수는 29획, 24획, 15획으로 15획을 가진 사람들은 대체적으로 매력, 귀인, 지도자(선도자)의 특징이 강해 선도자(先導者)적인 기질로 남들과는 다른 독특함을 추구하고자 하는 성향이 강하다. 비록 애플사와 세계 최고의 기업들의 여러가지를 모방하며, 그가 가장 존경한다는 스티브잡스를 흉내 내고 있는 듯한 모습이지만 스티브잡스를 능가하는 무언가를 만들어낼 가능성과 이름분석상 타고난 성향이나, 지금은 비록 '중국의 스티브잡스'로 불리지만 그 안에 잠재된 능력은 뛰어난 사람임에는 틀림없다.

주위의 많은 동료들과 함께 동업의 삶을 사는 운인 한글 말년 주역괘 운의 천화동인(天火同人)특징처럼 샤오미의 직원들은 직원들 간의 직급의 호칭이 없는 직장으로도 유명하며, 중국에서는 주링 허우 세대들의 선망의 기업으로 인기가 최고라고 한다. 아직 '레이 쥔' 그의 나이 47세. 현재의 약간의 성공의 모습이 그의 평생 삶의 전부가 아니니 앞으로 진행될 그의 미래가 어떻게 펼쳐질지 더 궁금하다.

그는 이름 속에 있는 천수송의 흉운과 현재와 말년 운에 20획(백사실패)의 수리운으로 인해 건강의 문제 또는 구설, 관재(소송에 휘말림)운이라고 하는 것이 끊임없는 그의 삶의 일부로 있지 않을까? 같은 시기 15획(群鷄一鶴)의 군자의 기질을 갖고 있으니 한 마리 학으로서 덕망을 가지고 살아가는 삶이며, 어려운 이웃을 도울 줄 아는(풍뢰익)의 성품을 지녔으니, 아마도 흉운은 그가 가진 성품과 재능을 시기하는 사람들의 구설과 억울하게 엮여지는 삶일 것이다.

그는 성장기의 에너지도 6획, 7획의 운을 가져 자수성가, 노력형의 아주 진취적인 기질을 갖고 있는 사람이다. 저러한 성장기의 오기와 타고난 다재다능함을 갖추고, 홍익인간의 삶을 살고자하는 고고한 군자의 삶을 추구하니 성명학자로서 오늘 처음 그의 이름을 풀어보며 참으로 멋진 사람이구나! 하는 생각이 든다. 게다가 저처럼 69년 닭띠생이라 하고 저 역시도 원래 타고난 운에 갖고 있던 15획의 선도자적인 기질도 있고 그의 전체적인 성향과 거의 비슷한 특징을 갖고 있다고 생각하니 '레이 준'이라는 친구가 더 매력적으로 다가온다. 물론 안타깝지만? 저도 본명 이름에 흉운이 하나도 없고, 현재 개명한 이름에도 흉운이 하나도 없으니 '레이 준'과 같은 억울한 누명과 고생은 없는 삶이다.

그가 추구하는 목표가 무엇인지는 모르겠으나 그가 어떤 성품을 지닌 사람이라는 것은 알았고, 저렇게 훌륭한 사람이 중국의 미래를 이끄는 지도자로서 세계의 주목을 받는 이유는 충분하며, 다만 아직은 반세기도 살지 않은 앞날이 창창한 삶인데, 그의 건강과 불의의 사고 부분이 걱정이 된다. 오래 오래 건강하게 더 멋진 세계적인 제품을 생산하여 중국인뿐만 아니라 세계인 모두에게 도움이 될 수 있는 제품들을 많이 창조해내면 좋겠다. '레이 준' 파이팅!

2) 차이나 3.0 '마오쩌둥, 덩샤오핑, 시진핑' 그들 삶과 운명?

'차이나 3.0' 대륙을 이끄는 지도자 시진핑(習近平=习近平)과 1.0세대 지도자 마오쩌둥(毛泽东), 2.0세대 지도자 덩샤오핑(邓小平)의 이름을 분석하여 그들의 정치적 성향과 리더십의 특징을 알아보자.

책『차이나 3.0』은, 중국 최고 석학 15인과 유럽 최고 석학 3인이 내다본 중국과 세계의 미래를 얘기한다. 중국인들은 역사 흐름을 30년 단위로 파악하는 전통이 있다고 한다. 1949년 이후 마오쩌둥(毛泽东) 집권기를 '차이나 1.0 시대'로, 1979년 덩샤오핑(邓小平)의 집권부터 세계 금융위기까지를 '차이나 2.0시대'로, 2012년 시진핑(习近平) 체제의 출범을 '차이나 3.0 시대'의 시작으로 명명.

중국은 지금 마오쩌둥의 공산주의 혁명과 덩샤오핑의 시장 혁명이 일어나기 직전과 같은 심각한 변화에 직면해 있다는 분석이 지배적인데, 시진핑이 이끄는 새로운 중국은 이전 시대와 무엇이 다르고 어떻게 발전할 것인가? 패러다임의 전환이 예고되는 중국의 성장과 향후 행보에 어떻게 대처할 것인지 대응 전략을 모색하기 위해 중국 지식인 사회 내부의 갈등과 이데올로기 논쟁에 주목, 유럽의 효과적인 대중국 전략 수립을 위해 '차이나 프로그램'을 수행 중이다. 이 프로그램은 중국 관련 정보를 유럽 각국에 제공하고 중국-유럽 간 힘의 불균형 요인 분석 및 유럽연합의 대중국 정책 연구 등을 수행하고 있다고 한다.

'차이나 3.0'이라는 책을 계기로 우리가 일반적으로 알고 있는 과거 중국 지도자들 '마오쩌둥, 덩샤오핑'의 이름을 간략하게 분석해 보면서 그들의 정치적 성향과 이름 속에 담겨진 그들의 삶과 성향이 정치적인 향방에 영향을 주었는가를 살짝 알아보고, 세계가 주목하는 차이나 3.0시대를 이끌 대륙의 지도자 시진핑(习近平)의 이름을 분석해 그의 타고난 성격, 리더적 기질은 중국을 어떤 방향으로 변화를 시킬지 알아보자.

* 이들의 이름은 모두 간체자를 기준으로 분석하였다. 그 이유는 마오쩌둥 집권 이후 한자의 간화를 추구하는 정책으로 그 후 현재까지 간체자로 널리 통용되어 왔다는 점과, 이름분석을 통해 증명해 낸 것 중 하나가 이름은 그 사람의 타고난 운명(=사주)과 같은 기운의 이름을 갖게 되어있다는 것으로 예명을 지어도 원래 자신의 운과 크게 다름이 없는 이름을 갖게 된다는 것이다. 실제로 번체자로 이름을 분석해 보니 간체자로 분석한 결과와 크게 차이가 없는 운이었다. 해서 세계적으로 일반대중에 많이 알려진 간체자로 이름분석을 하였음을 참고하시기 바랍니다.

마오쩌둥(毛泽东)의 삶과 이름분석의 운명

오행	발음소리 운(運)				한문이름의 運			
이름	水 / 土 → 金 / 火							
획순	마	오	쩌	둥	毛	泽	东	
	5	4	8	6	4	9	6	
수리운	17	14	15	23	13	15	10	19
주역괘운	천수송	천산둔	천풍구		풍산점	풍택중부	풍천소축	

'마오쩌둥' 그의 대인관계 運은 늘 부딪힘의 연속이네요, 인복(人福)이 없으니 자수성가해야 하는 운명이고, 부모형제, 아내와 자식복도 없는 토극수(水/土), 화극금(金/火)오행의 에너지를 갖고 있다. 그의 초년은 주역괘 운(* 이름분석상의 주역괘는 '주역'의 주역괘의 이름과는 동일하나 성명학적인 이름분석운의 특징과 '주역의 괘'의 특징과는 비슷한 특징을 갖는 것도 있고, 성명학적인 해석과 다릅니다.) 천수송(天水訟 : 소송, 시비, 다툼, 불의의 사고, 단명, 이별 등의 불운)의 운과 14수리 이산파멸(離散破滅)의 불운으로 인해 그의 초년은 총명한 두뇌(13획 총명지모: 창의, 총명, 지혜, 입신양명의 운)를 가졌음에도 원하는 방향대로의 삶을 추구하기란 힘든 상황의 연속이다.

마오쩌둥 관련 글을 찾아보니 어린 시절 아버지의 반대로 16세까지 학교를 못가고 농사일을 도왔다네요. 그러다 그의 나이 18세 되던 해 신해혁명에 혁명군으로 활동하였고, 27세 때 부모님과 스승을 한꺼번에 잃는 아픔을 겪으면서도 공산당을 창당하는데 '마오쩌둥'이라는 발음소리운에 천수송(天水訟)의 기운과 14수리 에너지의 소용돌이를 제대로 겪게 되는 초년의 운이다.

자존심이 무척 강하고 성실하며 책임감이 있고 계획적인 사람(17수리의 특징)이다. 13획 총명지모의 에너지를 갖고 있으니 두뇌가 워낙 총명한데다 15획 군자의 에너지를 갖고 있어 자신의 품위를 유지하고자 하는 노력을 꾸준히 하는 성품이다. 뒤늦은 나이에 학업을 시작하는 운입니다.

청·장년기에 학업운(13획)이 들어있어 아마도 학업은 이 시기부터 본격적으로 하게 되는 운인데, 샤오미 창업자 '레이 쥔'처럼 15획 황제의 기운을 가진 지도자로 선도적인 삶을 추구하는 리더이다. 한문 중년에 삶의 대표 에너지가 풍택중부(風澤中孚 : 문, 무, 음악, 미술 등 예술적인 재능, 팔방미인)로 다재다능한 재능을 가진 팔방미인이며 사회, 정치, 경제, 문화, 환경 등 장르를 막론한 폭넓은 견해와 덕망까지 갖춘 군자의 삶을 추구하는 사람이다.

중년의 시기는 군계일학의 황제운(15획)으로 지도자, 선구자의 운이 있으니 자기만의 독자적인 길을 추구하는 경향이 강한 사람이다. 같은 시기 한문에는 10획 고독 허망의 운으로 이 수리운 들어 있는 시기에는 부모형제, 친지의 도움을 받지 못하는 환경에 놓인다. 39세부터 59세까지의 운으로 외로이 객지에서 고생하는 운이니 선도자로서 자기만의 새로운 정치노선을 구축하게 되는 계기가 되었을 것이다.

51세 이후 발음소리운 한글 말년운에 천풍구(天風姤)의 주역괘 운이 있는데, 이 천풍구 운의 특징은 여왕벌의 운으로 많은 사람들을 먹여 살리는 큰 리더의 운이다. 말년 총운은 평생운이며 그 사람을 대표하는 에너지로 그 사람의 삶의 큰 특징을 보여주며, 전체적인 운의 방향과 성향, 직업 등을 알 수 있다.

54세 되던 해 1949년 드디어 '중화인민공화국'을 수립한다. 비록 그는 마르크스주의의 영향을 받아 공산당을 창당, 전쟁을 치르고 자신만의 유토피아 세상을 만들고자 대약진 운동을 펼쳤지만 끝내 실패로 돌아간다. 그 이유는 마오쩌둥 한문이름 말년 평생운에도 천수송, 14와 같은 풍천소축의 흉운이 있으니 마오쩌둥의 계획과 목표는 완성되기 힘들다. 이런 흉운을 1개라도 갖고 있다 함은 제아무리 뛰어난 두뇌와 다재다능함, 성실, 진취적인 기상에 완벽한 계획과 목표를 세워도 능력과 상관없이, 성실함과 상관없이, 총명한 두뇌와 상관없이 본인의 의지와 상관없이 원하는 바를 이룰 수 없다는 불운이다.

이처럼 이름 속에 들어있는 그의 성향은 많은 사람들을 화합시키고, 나라를 일으켜 세우고자 한 '풍화가인(=가세번창, 화합주도)'의 에너지와 '천풍구(포용, 여왕벌의 운)'의 리더십으로 국민들을 먹여 살리고자 전쟁이 끝나자마자 국가재건 사업인 대약진운동을 실시하였을 것이다. 나름 대의를 갖고 이상향의 국가를 세우고자 애써왔던 끊임없는 투쟁들 역시 그의 이름 속에 있는 14획, 천수송, 풍천소축 이 3개의 영향에서 벗어나지 못하고, 결국 실패로 끝나는 운이었네요.

고등학교 때 수업시간에 잠깐 듣고, 경제학 수업 중 들은 마오쩌둥에 관한 짧은 지식으로는 그의 사상이나 정치적 리더십을 다 파악할 수는 없었는데, 오히려 성명학이론 덕분에 그의 이름을 분석하면서 그의 삶이 어떠했을지, 그가 왜 그러한 사상을 추구했으며, 그가 꿈꾸던 나라의 이상향이 왜 실패로 돌아갔는지를 알게 되는 계기가 되기도 했다. 이름분석을 통해 그의 정치 사상적인 측면보다는 인간적인 면을 더 자세히 알게 되니 사상을 떠나 나름 참으로 멋진 삶을 추구한 사람이었구나 하는 생각이 든다.

덩샤오핑(邓小平)의 이름분석

'차이나 2.0' 시대를 이끈 지도자 덩샤오핑은 1.0시대를 연 마오쩌둥과는 다른 정책노선을 갖고 중국을 이끌었는지 이름분석을 해보자.

'덩샤오핑'도 인복은 없었다. 오행의 기운을 살펴보면 화극금(火/金)의 상극운으로 불(火)이 쇠(金)를 녹이는 형국이니 윗사람이 그의 앞길을 가로막는 운이다. 부모님, 배우자, 상사도 그를 도와주

火 /	金 ←	土 /	水					
덩	샤	오	핑		邓	小	平	
6	5	4	7		9	3	5	
15	16	13	22	12	8	14	17	

산지박 산풍고 산뢰이 뇌지예 뇌수해 뇌풍항

지 않고 오히려 괴롭힘을 당하는 운이다. 또 토극수(土/水)의 오행으로 아랫사람, 후배, 자녀들에게 아무리 잘 해줘도 그로 인해 그들이 힘들어 하는 상극의 대인관계 운을 가져 가족들과도 늘 부딪힘이 있는 등 인복이 없네요. 마오쩌둥을 지지했던 그가 노선 갈등으로 미움을 사 실각 당했던 이유 즉 윗사람으로 인한 고통을 겪게 되는 운이 이렇게 이름 속에도 있네요.

덩샤오핑도 기본적인 성품은 착한 사람이다. 이렇게 말하면 마치 성선설을 이야기하는 것 같은데 그런 의미는 아니고, 실제로 이름분석을 해 보면 이름 속에 선하다, 인류애, 홍익인간의 삶, 평화주의, 화합, 봉사 등의 나보다는 남을 생각하는 좋은 성품을 지닌 사람들이 있다. 이름 속에 저런 배려하는 운이 없는 사람들 중 대부분이 이기적이고, 더러는 난폭하며, 또 몇몇은 사기성이 농후한 사람들도 있긴 하다.

덩샤오핑도 16획 덕망유복(德望有福 : 인내, 양보, 배려, 착함 등의 運)의 에너지를 가진 사람으로 총명하며(13획) 어린 시절 유복한 가정환경에서 자랐나 보다. 한문 초년에 8획 수복겸전(壽福兼全 : 운의 특징은 재물과 건강, 독단, 정확, 냉정함 등)의 운으로 이 8이라는 숫자는 중국인들이 가장 좋아하는 수로 장수(長壽)와 재물운이 있는 수이다.

지도자 황제의 리더십(15획)을 가진 청·장년기에 리더로서 활동하게 되는 삶이며, 같은 시기 한문에는 12획(박약박복)으로 재정적으로 힘들어지며 파란 많은 삶이 시작되는데 14수리 흉운(14획 이산파멸: 파멸, 이별, 풍파, 불의의 사고, 병고 등의 운)의 영향을 받아 청·장년기 때부터 삶의 고난이 시작되는 운이다. 이 14 수리운은 중년에 있는 운이지만 앞서 늘 이야기 했듯 이러한 흉운은 어느 시기에 있건 평생을 영향을 받는 운으로 청장년기 12획 박복의 유약한 운이 있는 시기에는 플러스 알파로 더 힘든 고통을 주는 운이라, '흉운'이라 한다. 24세에 공산당 지하운동 조직에서 활동하던 시기로 리더로서 움직이는 그 환경은 열악했음을 알 수 있다.

이 시기 한문이름에는 뇌지예(雷地豫)의 주역괘 운이 있는데 이 뇌지예 운은 '선후배 동료들과 호흡을 맞춰 움직인다' 하는 운으로 이 운의 시기에 마오쩌둥과 손을 잡고 활동하였으며, 같은 시기 발음소리 한글에 산지박(山地剝)의 영향으로 병고, 수술, 이별, 가까운 사람의 배신, 배반을 겪게 되는 삶이 있다.

한글 중년에는 산풍고(山風蠱 : 인생에 3가지 고통을 겪고 나서야 좋아지는 운으로 돈의 고통, 사람의 고통, 병의 고통을 겪는 운)의 운과 같은 시기 한문이름에 뇌수해(雷水解 : 천둥이 치고 비가오니 해결된다는 의미)의 운이 있으니 이 운은 얼음이 녹듯 술술 풀리는 운으로 해결된다, 해결한다는 해결사로서 살게 되는 시기이다. 오지랖이다. 이 주역괘 운과 함께 흉운 14획 이산파멸의 운이 동시에 있으니 전쟁의 와중에 마오쩌둥을 위해 해결사로서 움직였지만 역시 14수리의 흉운과 발음소리운 한글 말년운의 22획(中途挫折)의 운의 영향으로 62세의 말년의 나이에 실각을 당하고, 다시 같은 말년의 운에 17획(名望四海)의 관운(官運)의 영향과 뇌풍항-하늘이 돕는 행운의 영향으로 73세의 늦은 나이에 복권되어 다시 주석의 자리로 올라가는 운이 있다. 17 수리운의 큰 특징은 자존심이 강하고, 기본적으로 이 운을 가진 사람은 대체적으로 성실하고, 책임감이 강하며, 보수적인 성향이고 모범생의 성격을 가진 사람이 많다.

덩샤오핑은 "모두가 가난해지는 것은 사회주의가 아니다." 라고 주장하면서 '경제 살리기' 운동을 주도하다 실각을 당했으며, 중국사람이 함께 잘 살기 위해서는 '일부가 먼저 부자가 되는 것을 인정해 가난한 사람이 따라 배우게 해야 한다'는 선부론(先富論)을 주장했다고 한다.

한문총운이며 말년운이 뇌풍항의 행운의 재물운이 있으니, 평생을 재물을 누리는 삶으로 특히 말년에 행운이 함께하는 운이다. 한글의 말년 주역괘 운은 산뢰이(山雷頤 : '산이 크게 울린다'는 이 운은 소리의 기운이다)로 이 운을 말년 평생운에 가진 사람은 말 또는 노래를 잘하거나, 입으로 벌어먹는 직업을 가진 사람들이 많다. 말년에 지병으로 삶을 마감하였다는 것은 한글이름의 말년 22획의 흉운의 병고, 수술, 이별, 배신 등의 영향과 함께 작용되는 한문이름의 14수리운의 병고, 수술, 단명 등의 흉운의 영향을 강하게 받은 탓이다.

다만, 한문의 뇌풍항 운의 영향으로 하늘에서 돕는 운이 있었으니 14수리의 단명수가 있었지만 대표하는 에너지가 하늘에서 도우니 하늘이라는 방패막을 갖고 있는 격이다. 물론, 평생을 하늘에서 돕는 행운이었으니 본인은 93세까지 장수를 누리게 되었지만, 저 14수리 흉운은 필시 가족들이나 주변사람들이 겪었을 운이고 환경으로 겪는 운이다. 아들이 아버지의 홍위병 활동을 빌미로 고문을 당하고 그 고문을 피해 창에서 뛰어내려 불구가 되었다는 이야기를 통해서 덩샤오핑도 결국 이름에 들어있는 운의 환경 속에서 삶을 살아왔다는 것을 알 수 있다. 자식을 극하는 토극수(土克水)의 오행 운과 14획의 불의의 사고운의 작용은 본인의 삶 속에서도 전쟁과 배신, 실각이라는 형태로도 나타났지만, 더 강한 흉운의 작용은 결국 가족들에게 작용되었음이다.

시진핑(习近平)의 이름분석

'차이나 3.0' 시대를 이끄는 시진핑(习近平)의 타고난 성향과 정책노선은? 거의 상담 수준으로 자세한 분석을 해보자.

	金 /	金 →	水					
	시	진	핑		习	近	平	
	3	5	7		3	11	5	
8	12	10	15		14	16	8	19
지뢰복	지택림	지화명이			수지비	수지비	수천수	

오행의 에너지는 금/금←토의 기운으로 금/금의 오행을 가진 사람들은 성격이 확실하고 정확하며, 칼 같은 성격을 가져 가정보다는 바깥일을 더 중시하는 특징이 있다. 스트레스를 받으면 두통을 호소, 소리에 예민한 성격이며, 부모님, 상사, 아내와는 늘 약간의 부딪힘이 있는 삶이다. 금생수(金生水)의 오행의 에너지가 있어 아랫사람들한테는 한없이 잘 챙기는 성품으로 자녀들을 위해서라면 무엇이든 최선을 다하는 성격이고, 국가 지도자로서 국민(인민)들을 위해 최선을 다하는 성격의 소유자다.

초년의 수리운(한글 12획, 한문 16획운은 1~19세까지의 운)과, 주역괘 초년(지뢰복과 수지비는 1~33세까지의 운)은 성격형성기로 성장환경을 알 수 있다. 한글 초년은 12획 박약박복의 삶으로 이 운의 특징은 사색적이고, 신중함, 박약하고, 재물운이 약하며, 파란 많은 삶을 살며 주변사람들에게 피해의식을 느끼는 등 고독한 삶을 살게 되는 운으로 시진핑의 어린 시절인 초년(~19세까지)은 경제적으로 그다지 유복하지 못한 환경에서 건강도 유약하게 자랐을 것으로 보여지네요. 이 시기에 주역괘 운(運) 지뢰복(地雷復: 땅이 울리니 뒤바뀐다)의 運의 영향으로 새로운 판을 짜 새롭게 움직여라, 개혁, 변혁, 변동 運의 에너지로 개혁적인 성향이며, 부모자리 오행운이 金/金 상극이라 부모 덕도 없고 박복한 가운데 변동, 변화를 겪고 새로운 환경에 놓이게 되는 운이니 늘 새로운 계획 하에 움직이는 변화가 많은 삶을 보내는 시기이다.

한문이름 초년에 16획 덕망유복의 특징은 인내, 양보, 배려, 선함의 運으로 성품은 온화하고 부드러운, 인내심도 많은 사람으로 불우하고 어려운 환경에 놓이게 되었어도 불평불만을 이야기하지 않는 성품으로 인내심의 발현이 강한 운이며 일찍부터 철이 든 심중이 깊은 사람이다. 한문 주역괘 초년은 수지비(水地比:땅에 물이 스미니 초목이 자라는 형상)의 운이 같이 있다. 이 운을 가진 사람들의 특징을 보면 동호회나 모임을 잘 만들고, 문장가의 재능을 가지니 글을 잘 쓰는 예술적 소양을 가진 사람들이 많다.

청·장년기는 수리운(한글 8획, 한문 12획은 19~39세까지 운)과 주역괘 초년운(지뢰복, 수지비 ~33세까지)이 겹쳐드는 운이며, 중년의 주역괘 운(한글 지택림과 한문 수지비의 운이 39세까지 겹쳐지는 기간)으로 주역괘 중년운이 다시 들어오는 31~33세쯤부터는 대부분의 사람들이 새로운 변화를 맞이하는 시기가 된다.

19세가 되면서 한글의 8획(수복겸전 : 장수와 재물福을 겸해서 가진 운)수리운의 에너지의 영향으로 재물복이 강해지는 시기이며, 이 8획 수리의 특징은 칼 같은 성격이고, 냉정함, 고집, 정확함의 운인데, 시진핑은 오행의 기운(氣運)도 칼 같은 성향인데 수리운에도 8획수리가 한글 발음운과 한문 이름에 2개나 들어 있으니 성격이 확실하고 정확하니 쓸데없는 사설이나 변명을 늘어놓는 사람을 좋아하지 않는다. 같은 시기 한문에 14획(이산파멸)의 흉운이 있어 19세 이후 구설, 시비, 다툼, 이별, 병고, 수술, 불의의 사고 등의 운을 겪는 운인데, 결혼을 일찍 하게 되면 이별의 가능성이 많다. 사주에 이런 강한 이별운이 있으면 결혼을 늦게 해야 한다고 조언해 주는 운이기도 하다.

배우자와의 운도 金/金의 상극으로 배우자와의 궁합은 좋지 않은 편이며, 같은 시기 한글 운에 8획 무병장수와 재물복의 운을 가졌으니, 결국 이름 속의 14획의 흉운은 그러한 환경에 놓이게 되는 운으로 30대 중반에 첫 번째 부인과 헤어지게 되는 운이 여기 있었네요.

중년운은, 수리운 한글이름 10획, 한문이름 8획이 39세부터 59세까지의 운과, 주역괘 운은 지택림(地澤臨)과 수지비의 운이 33세부터 51세까지 여기에 해당된다. 지택림(地澤臨)의 운의 영향을 31세부터 서서히 받기 시작하니 리더로서 움직이는 삶이다. 지택림은 땅에 연못이 있는 형상으로 이 운의 특징은 많은 사람들 위에 군림하는 운으로 리더십, 인기운이며, 이 운을 가진 사람들의 거의 대부분은 첫인상이 거만하다는 소릴 많이 들으며 흐트러진 모습을 안보이니 차갑다는 인상이 많다.

중년의 같은 시기에 수지비운이 초년부터 그대로 이어지니 여전히 동호회나 모임을 만들고 주도하는 운이며, 38~59세까지 한글은 10획(만사허망) 고독의 운이 드니 객지에서 고생하는 운으로 일은 고되나 성과는 없는 허망한 삶을 살게 되는 시기로 겉모습은 리더의 자리이나 소득 없는 일에 분주하고, 재치와 기량은 뛰어나지만 좋은 결과를 얻기는 어려운 고독한 삶이다. 다행히 한문의 수리운 8획 수복겸전의 운으로 강단 있게 움직이게 되는 삶으로 객지에서 고생은 해도 재물복은 누리는 시기이다.

말년운은 평생운이라고 하며, 그 사람을 대표하는 에너지를 말한다. 한글은 15획, 한문은 19획이 여기에 해당하며, 59세 이후의 삶을 나타낸다. 주역괘 말년운은 51세부터 시작되는 운으로 한글이름의 지화명이(地火明夷)와 한문이름의 수천수(水天需)의 운이 여기에 해당된다.

48~49세가 되는 시점에 지화명이(地火明夷)운의 영향을 받아 떠오르는 태양의 위치에 올라가는데, 이 지화명이는 주역에서는 해가 땅 속에 묻히는 형상을 의미한다. 그러나 지화명이괘는 '산과 산 사이에 걸쳐진 해'의 모습으로 이 운의 특징은 작가 김은숙님의 '건위천' 운처럼 흉운과 길운의 두 가지 기운으로 해석된다. 이름 에너지의 흐름상 안 좋은 운의 시기에 이 운이 들면 지는 해 즉 '석양 夕陽'

의 운으로 해석하고, 좋은 운의 흐름에 이 운이 들면 뜨는 해, 즉 떠오르는 태양인 '일출 日出'의 운으로 해석한다. 시진핑의 경우 성공운으로 보는데 수리운 15획의 군계일학의 황제의 리더운과 함께 맞는 지화명이이니 높은 자리에 오르게 되는 명예운으로 해석된다.

지화명이 운은 48세부터 서서히 영향을 끼치는 운으로 높은 자리에 올라가는 성공운으로, 중년에 주역괘 운 지택림(33~51세까지)의 운의 영향으로도 당연히 리더로서 살아가는 운이다. 그러나 49세부터 또 한 단계 올라가는 성공의 운이니 더 높은 위치로 올라가는 리더로서 활약, 다시 한 번 59세 되던 해에 덕망(16획)을 가진 지도자의 황제(15획)의 위치로 등극하는 운이다.

1.0시대의 리더 마오쩌둥도 15획 황제의 리더십이, 2.0시대 리더 덩샤오핑도 15획 황제의 운이, 시진핑은 평생운이며 말년 총운이 15획 군자의 운이니, 평생을 리더로서 활동하게 되는 운이며, 선도자(先導者)적인 지도자의 운이다.

게다가 한문이름에 수천수(水天需)의 주역괘 운은 하늘의 물, 비를 담은 구름을 뜻하니 하늘에서 돕는 운이다. 중년 수리운이 10획의 유약한 운이나 수리운보다 강한 주역괘 운이 떠오르는 태양의 기운을 갖고 하늘에서조차 돕는다고 하니, 비록 39~59세까지 한글 수리 중년운이 유약했음에도 그는 리더의 자리에서 끊임없는 상승을 하는 삶을 살아냈다.

한문이름의 말년운 19획은 원래 고독비참의 수리이나 이 수리운 역시 그 아래 강한 주역괘의 운이 어떤 것을 가졌느냐에 따라 수리운의 해석이 달라진다. 그래서 시진핑의 19수리는 '고독비참'의 운보다는 '고독한 리더의 삶'이라 말할 수 있다. 원래 1인자의 삶이란 외로운 길이다. 초년과 청장년기의 고생 역시 다른 사람들보다 크게 힘들지 않게 보낸 이유가 평생운인 말년운이 좋기 때문이며, 아무리 단명의 흉운이 있을지라도 하늘에서 돕는 기운은 더 힘든 운을 가벼이 비껴가게 만드는 삶이라 하겠다.

마오쩌둥이나 덩샤오핑에 비해 말년 운이 좋은 편이다. 게다가 시진핑은 수생금(水生金)의 오행을 가져 국민들을 위해서라면 가진 것을 다 내어주고 싶은 넓은 아량과 선함(16획)의 덕망을 갖춘 황제의 기운이다. 청장시기에 15 황제의 기운이 들었던 덩샤오핑이나 중년에 15 황제의 기운을 가진 마오쩌둥보다는 평생운인 말년에 황제로서 움직이니 시진핑의 삶이 좋다. 게다가 말년의 수천수의 에너지는 하늘에서 돕는 운이면서 영적인 기운이 강한 에너지로 이 운의 특징은 자유, 자연주의를 추구하는 성향이 강하다.

1.0시대를 세운 마오쩌둥이 마르크스주의 이념을 갖고 세운 공산주의 사회를, 2.0시대를 이끈 덩샤오핑은 공산주의의 단점을 보완 개혁과 개방을 통해 중국만의 독자적인 사회주의 국가가 되는 초석을 마련했다면, 3.0시대를 이끌 시진핑 역시 개혁적인 성향을 가진 지도자이나, 마오쩌둥이나 덩샤오핑처럼 전쟁의 치열한 환경에 놓

였던 세대도 아니고, 흉운이 있으나 그들의 삶에 비하면 큰 삶의 굴곡 없이 성장했고, 실용적 리더십으로 중국형 사회민주주의를 만들어 세계 2위의 서열로 성장시킨 후진타오로부터 자연스럽게 주석 자리를 이양 받았는데, 그는 과연 어떤 중국의 모습으로 21세기를 이끌 것인가?

이름분석으로 본 시진핑은 마오쩌둥, 덩샤오핑처럼 개혁적인 성향을 가졌으나 그들보다 급하지 않고, 그들처럼 선도자적 지도자의 에너지를 가졌으나 중국인민들을 위해서라면 최선을 다해 도와주고자 하는 오행의 에너지를 갖고 있어서 후진타오보다 진보된 중국형 민주주의 국가로의 변혁을 가져올 것이라는 것을 슬쩍 예감해본다. 세계 최고의 부자들이 가장 많은 곳 중국, 빠른 시간에 세계 스마트폰 시장을 장악한 샤오미를 세계 5위의 업체로 키운 레이 쥔 같은 리더들이 자유롭게 활동할 수 있는, 아마도 중국의 문화 예술적 가치를 높이는 정책으로 유동적이고 자유로운 중국형 개방정책을 하지 않을까 싶네요. 이름분석으로 본 시진핑 주석의 성향을 보면 그렇다는 제 개인적인 견해입니다.

재미로 풀어보는 이름이야기Ⅲ

추억3 '꽃고무신'

어릴적 장에 가시는 아버지를 졸라 그 많은 딸 중에 유일하게 얻어 신은 예쁜 고무신 한 켤레! 당시 우리 마을 아이들은 대부분 하얀 고무신이거나 검정 고무신을 신고 있었다.

그 고무신을 뒤집어 자동차도 만들고 별의별 모양으로 만들어 다양하게 놀았던 기억이 난다. 물론 운동화가 따로 있기는 했다. 나도 다른 아이들처럼 고무신을 가지고 다양한 놀이를 하고 싶었다. 게다가 남들이 부러워하는 꽃고무신이면 금상첨화였을 터, 장에 가시는 아버지를 졸라 그 예쁜 고무신을 얻었다.

아끼고 아꼈던 그래서 몇 번 신지 못했던 예쁜 '꽃고무신'.

비가 오던 어느 날, 아마도 여름 장마가 시작된 지 얼마 되지 않은 6월의 언제쯤이었지 싶다. 집 앞 개울가에서 그 고무신을 갖고? 신고? 놀고 있었다.

아니, 그 예쁜 '꽃고무신'을 가지고 자랑을 하고 있었던 것 같다.

길에서 개울을 가로 질러 집으로 연결되어 있는 집 앞 작은 다리. 그 위에 누군가와 걸터앉아 있었고, 발에는 그 예쁜 꽃고무신이 신겨져 있었다. 기분은 너무 좋았고, 마냥 즐거웠고, 옆의 누군가(나중에 알고 보니 나보다 5살 차이 나는 짝은 언니 - 작은 언니였다고.)와 이런 저런 놀이를? 이야기를? 지껄이고 있었다.

"아뿔싸" 순식간에 일어난 일이었다. 비에 불어난 개울물 속으로 예쁜 꽃고무신 한 짝이 빠져 버렸다. 엉~엉 순간 옆에 있던 언니는 개울로 뛰어 들었다.

그 신발 한 짝을 건져 볼 거라고… 필사적으로 붙잡으려 애썼지만, 물은 굉장히 빠르게 흘렀고… 예쁜 꽃고무신 한 짝은 즐거운 듯, 물 속을 들어갔다 나왔다를 반복하며, 빠르게 빠르게, 멀리 멀리, 자꾸만 멀리 사라져 가는 거였다.

여전히 나는 그 광경을 안타까이 바라보며, 어쩔 줄 몰라 했고, 비에 눈물에(아마도 콧물도 범벅이었으리라) 울고 있었다. 그 사이 언니는 개울을 얼른 나와-무척 빠른 신속한 행동이었다. 집 굴뚝 옆에 세워둔 갈퀴? 장대? 같은 것을 집어 들었다. 자기 키보다도 훨씬 큰 장대를 들고 개울을 따라 달렸다

달리고, 달리고 달렸다. 달리다 멈췄고, 고무신이 보일라치면 장대로 건져내려고 개울물 속을 휘적거렸고, 다시 또 달렸다. 달리다 멈추고, 또 달리고 달려서 마침내 집 앞 개울보다 더 큰 넓은 개울까지 왔는데, 그곳은 평상시엔 나도 장화 신고(거머리 때문에) 들어가도 충분한 깊이였지만, 비에 불어난 개울은 나의 키를 훨씬 넘는 깊이로 언니도 못 들어 갈 만큼이었지 싶다

비에 땀에 눈물에 범벅된 모습으로(나의 모습) 언니는 긴 장대를 질질 끌고, 힘없이 축 처진 걸음으로 집으로 돌아왔다. 집 안으로는 차마 들어갈 수가 없었다. 온몸은 비에 젖어 추웠지만, 울고불고 매달려 애원하여 겨우 얻어낸, 아버지가 사다 주신 꽃고무신을 잃어버렸다는 것을 알면 분명 엄마한테 혼날게 뻔했다. 언니는 옆에 있던 죄로 덜덜 떨며 추운 몸을 집 굴뚝 옆에서 겁먹은 채 녹이고 있었다. (당시 굴뚝 주위는 따뜻했던 기억이 난다.) 조용히… 아주 조용히… 아무 말 없이… 비는 그쳤다. 얼마의 시간이 지났을까? 드르륵 문이 열리며 엄마가 나왔다. 우리의 몰골을 살폈고, 아마도 작은언니가 자초지종을 얘기했는가 보다.

엄마는 아까 언니가 집었던 장대인가? 갈퀴인가?를 들고 달리기 시작했다. 그 뒤를 작은언니와 나도 따라 달렸다. 개울물이 모이는 큰 넓은 개울. 아까 언니와 내가 달려갔던 그 곳이었다. 엄마는 열심히, 정말로 열심히 장대로 물속을 뒤적거렸고, 너무 많은 시간이 흘렀기에 찾을 수 없다는 것을 엄마도 알고 있었을 거다. 장날, 아버지를 졸라 받아 낸 선물. 그 '꽃고무신'을 받아들고 좋아하며 신나했던 셋째 딸아이의 속상함을 아셨을 게다. 우리는 혼나지 않았다. 아무 말도 하지 않으셨다. 엄마도 같이 속상해 했던 것 같다. "배고프지 않느냐고?", "춥지 않느냐고?"

그렇게 나의 예쁜 '꽃고무신'은 그 날 이후 외톨이가 되었다. 아끼고 아끼느라 몇 번 안 신었고, 사 온 지도 얼마 되지 않은 그래서도 몇 번 신어보지 못한, 새 것이기에 모래 흙에서 갖고 노는 것조차 흠집 날까 두려워 '신이 헐어질 때까지 기다려야지' 참고 있었던, 고무신을 구부려 여러 가지 모양을 만들어 놀고 싶었지만, 차마 찢어질까 겁나 아주 조심조심 겨우 잠깐 뒤집어 보았을 뿐인…….

아주 짧은 기간 동안의 추억이다. 내 나이 여섯 살? 일곱 살? 아주 어린 시절의 기억임에도 생생히 기억나는 이유가 "충격" 적인 사건! 너무나 행복해 했던 소중한 물건이 사라지는 걸 목격한 충격 같은 사건이었을 게다. 아직도 생각나는 그 예쁜 '꽃고무신' 빨간 바탕에 예쁜 꽃그림이 고무신 앞 코에, 알록달록 색동무늬도 고무신 옆에 그려져 있었고, 신발 안 쪽은 하얗던 추억의 예쁜 '꽃고무신'.

고　무　신
3　5　4
↘　↓　↙
12획

고무신 이름분석 결과 :

고(3획)+무(5획)+신(4획)=12획 성명학적인 12수리운의 에너지는 이별, 박약박복, 고독의 에너지로. 사색적이며 감성은 풍부하지만 현실성이 떨어지는 운이며, 소극적이고 약한 의지로 일의 진행이 미흡하여 어려운 처지에 놓일 가능성이 크다. 재치와 기량은 있으나 결정적인 순간에 매듭을 엮어내지 못해 좌절하거나 파란 많은 생활을 하고 심신이 연약해 주변 사람들에게 피해의식을 느끼는 등 고독한 삶을 살게 되고 부부운도 박약한 에너지이다.

흔히 고무신은 당시 어머니들이 주로 신던 것으로, 여인들의 하얀 고무신이 떠올려진다. 재치와 기량은 있으나, 파란 많은, 박복한 어머니들의 삶을 닮은 고무신. 요즘 젊은이들은 고무신을 모르는 세대도 많은데 여전히 군 입대를 앞둔 친구들 사이에 나오는 이야기들이다. 군대 간 남자들이 '여자들한테 고무신 거꾸로 신지 말라!' 여자의 떠남 즉, 이별을 상징적으로 이야기하는 '고무신'의 의미와 성명학적인 12 수리운에 담긴 의미가 참으로 유사함을 알 수 있다.

이름분석 연구 V

이름분석으로
사주를 알아내다

이름은 사주팔자와 똑같은 운명을 가졌다

거의 대부분의 사람들은 자신의 사주팔자와 똑같은 운명의 이름을 가졌다는 것이 수년간의 이름분석 결과 밝혀졌다. 지금까지 이름으로 한 사람의 운명을 분석하는 성명학이론은 없었다. 전통성명학(한문이름 중심의 성명학)으론 그 사람의 운명을 자세히 분석할 수가 없어 꼭 사주를 보아야만 했다. 현재까지 전통성명학자들은 사주를 보고 그 사람의 '사주에 걸맞은 그릇'으로, 또는 '부족한 기운을 보완' 하는 식의 작명을 해왔다. 그러고는 작명 시 사주를 충분히 보완해 지었으니 더 이상의 좋은 이름이 없다고 주장들을 해왔다.

그러나 이름분석 연구결과 사주를 충분히 보완해 지었다는 이름을 가진 거의 대부분의 사람들이 사주와 똑같은 운명의 이름을 갖고 있음이 밝혀졌다. 나의 이름분석을 받은 대다수 고객들은 “어떻게 이름만 갖고 평생 늘 들어왔던 사주와 똑같은 분석이 가능한지?”, 또는 “엊그제 유명한 사주철학 하시는 분한테 다녀왔는데, 거기서 들은 자신의 사주이야기와 똑같은 이야기를 하시네요.”라며, 이름만 분석하였을 뿐인데도 사주와 똑같은 분석을 해내는 것에 대단히 놀라워한다. 심지어 간략하게 한글이름만 갖고 설명하는데 한글이름만으로 자신의 삶과 성격 등을 알아낸다는 것에 깜짝 놀란다.

부모님이, 우리나라에서 최고라 하는 훌륭한 작명가로부터 사주를 보고, 흉운을 보완하여 부족한 기운을 넣었고, 거금을 주고 작명한 이름으로 살아 왔다는 몇몇 사람들은 이름분석 상담을 받은 후, 자신들의 이름에 ‘사주의 운’ 그대로 흉운이 들어간 이름을 갖고 살아왔다는 사실에 더 놀라워한다.

거의 대부분의 사람들이 이름분석 상담을 받으면서 다음과 같이 말한다.

“제 이름은 아버지가 지어줬습니다.”

“제 이름은 한학자이신 할아버지께서 지어주셨습니다.”

“제 이름은 당시 훌륭한 작명가에게 쌀 몇 가마니 값을 주고 지어 오셨답니다.”

“제 이름은 훌륭한 스님께서 지어주신 ‘귀한 이름’ 이라고 알고 지냈습니다.”

“저는 사주도 좋고, 이름도 좋다는 소리를 많이 들었습니다.”

그러면 이름분석 결과를 설명해 준 후, “그럼, 지금까지 사주(四柱)대로 사셨나요? 제가 이름을 분석해 드린 결과대로 사셨나요?”하고 다시 물으면, 거의 대다수 고객들의 한결 같은 대답이 “이름대로 살았네요.”, “사주에서 늘 듣던 대로 이름의 운명(=삶)도 똑 같네요” 이다. “예, 이름은 누가 지었건 사주와 똑같은 운명으로 가져진다는 것이 밝혀졌습니다.” 그동안 십 수만 여명의 이름분석을 해 보니 거의 대다수의 사람들이 사주의 운명과 똑 같은 운명대로의 이름을 갖고 산다는 것이 밝혀졌다.

‘한 여인이 있었다. 73년 전 그녀는 남자, 여자 이란성 쌍둥이로 시골에서 태어났고, 예전에는 이렇게 태어난 여아는 재수 없다고 해서 이불을 덮은 채 차가운 윗목에 엎어놓았더랍니다. 그리고 남아는 엄마 옆에 놓여 졌고, 안타깝게도 남아는 하늘로 갔고 난산으로 고생을 한 쌍둥이의 엄마 역시 세상의 연을 놓고 맙니다. 아기와 아내의 상을 겪어야 하는 경황없는 시점에 살아남은 딸아이의 이름이 지어졌을 리 만무였겠지요, 수습을 하고 나서야 살아남은 딸아이의 이름을 지어줬을 터인데 그녀의 이름을 분석해 본 결과 한글 초년의 운이 12획(박약박복)의 이별운을 갖고 있었으며, 한문이름의 초년 운에는 19획(고독비참)의 강한 생사이별운과 홀로 남게 되는 고독한 삶으로 되어 있었다는 것이다.’

그녀의 이름분석을 통해 이름을 갖기도 전에 일어난 일들이 나중에 지어 가진 이름에 고스란히 담겨 있었다는 분석 결과를 보면 '운명이 그러하기에 운명대로의 이름을 갖더라'는 것을 알 수 있다. 또, 사주를 정확히 알 수 없는 고아들의 이름을 분석해 보면 하나같이 모두 이름의 분석대로 삶을 살아왔음을 알수 있었다. 이러한 결과는 실제 상담자들의 '본명과 개명한 이름'을 분석한 데이터로, 상담분석 내용과 개명한 후 수년 동안 겪은 자신의 삶이나 가족들의 삶의 변화를 목격한 결과가 일치한다는 것이 상담자들의 증언이다. 기존의 이론으로 개명한 10명 중 8명은 원래의 삶과 크게 달라지지 않은 운을 그대로 가졌고, 1명은 크게 달라진 건 없으나 개명 후 더 나빠진 경우, 1명은 개명 후 조금 나아진 경우이다.

그럼 팔자가 그러하니 그런 운명의 이름을 가졌을까요? 우연히 지어진 촌스런 이름이지만 팔자와 다른 이름을 가졌더니 사주팔자는 안 좋다는데 이름대로 살았다는 것은 무엇일까요? 또는 개명으로 사주와 다른 진행 방향으로 살아진다는 결과는 어떻게 생각해야 할까요?

그동안 많은 사람들이 개명을 하여도 크게 달라지지 않은 삶을 살았던 이유는 한문성명학에 중점을 둔 작명이 주를 이루었기 때문이다. 이보다 한 단계 더 발전된 한글 소리오행의 파동을 고려해 지었다는 이름을 받고도 삶이 변하지 않은 결과에서도 보여주듯, 원래 사주의 틀 내에서 큰 변화가 없는 사주와 같은 운의 이름을 다시 가졌기 때문이다. 즉 기존 성명학(한문이름 중심의 용신성명학, 자원오행성명학, 파동/음파성명학, 초성 종성이론 성명학, 한글의 모음을 연구한 구성성명학 등)의 틀 내에서 지어진 이름들은 거의 대부분의 사람들이 사주의 기운(에너지)과 똑같은 운명의 이름을 가졌다는 것을 알 수 있었다. 심지어 이름의 소리는 완전하게 다르나 본명의 기운의 특징과 똑같은 기운(에너지)의 이름을 다시 갖는다는 것이 밝혀졌다.

이름의 기운과 MBTI, 에니어그램 적성검사 결과

MBTI, 애니어그램 등 성격유형 검사와 이름분석 결과가 같다?

'이름'이라는 것은, '에너지'라는 것은, '운명'이라는 것은, '팔자=숙명'이라는 것은 거의 대부분의 사람들은 본인의 의지와 상관없이, 애초에 그 물질에 담겨진 또는 타고난 특성대로 움직이며, 주어진 운명, 또는 에너지 틀 내에서 살고 있음을 알 수 있다.

그러나 대부분의 사람들은 삶을, 환경이 그러하니까, 누구 누구 때문에, 본인 자신 스스로가, 성격이 그러하기에 등등으로 치부하고 만다. 살아온 삶에는 다양한 이유가 있겠지만, 그러한 다양한 이유 역시 애초에 담겨진 물질(이름) 고유의 특성대로 움직이고 있는 것일 뿐이다. 본인의 의지로 선택한 결단이었든, 환경 때문에 어쩔 수 없이 선택한 일이었든, 우리(물질, 꽃, 나무…)에게 일어나는 모든 일들은 애초에 주어진 숙명=DNA의 구성대로 활동하고 움직이고 있다는 것이다.

> '장옥정 張玉貞'이라는 사람의 타고난 기질(에너지=氣)과 성장하면서 만나지게 되는 〈환경〉이라는 것이 결국 '장옥정 張玉貞'의 기운(氣運). 즉, 에너지의 방향(흐름)상 당연히 거쳐 가야 할(DNA구조상) 과정일 뿐이라는 것이다.

한 고객의 이름분석 사례를 보면, 이름상담 여성 고객 중 한분이 24세쯤에 부친상을 겪고, 집안 환경이 어려워져 그동안 사귀어왔던 남자친구와 헤어졌으며, 그 당시에 그냥 본인 자신이 결단을 내렸었던 것이고, 그 이후 30세를 넘긴 근래에까지 아직 혼자라고. 위와 같은 상황을 '운명이라는 것을 염두에 두지 않은' 단순한 이야기로만 보자면,

교통사고로 부친을 잃고, 아버지의 부재로 인해 가정환경이 어려워졌고, 결혼을 할 상황은 아니어서 자연스럽게 남자친구와 헤어지게 되었고, 지금껏 딸이지만 집안의 가장 역할을 하고 있다고. 누구나 있을 수 있는 주변의 일처럼 보인다. 어떤 사람 K씨에 의해 아버지가 교통사고를 당하게 되면서 일어난 상황들이고, 그래서 그렇게 바뀐 환경들로 인해 계획을 변경했을 뿐이라는 것이다.

그런데 그녀의 이름을 분석해 보면,

한글이름				한문이름			
	金 / 火 → 土						
	○	○	○		○	○	○
	6	5	5		11	10	12
11	10	11	16	21	22	23	33
화택규	이위화	화뢰서합		풍수환	풍산점	풍화가인	

그녀의 이름에는 불의의 사고를 겪거나 환경에 놓이게 되는 화택규(※이 운의 특징 : 관재, 불의의 사고, 구설, 시비, 다툼, 수술, 병고, 생사이별, 단명 등을 겪는 주역괘운)운을 갖고 있다. '화택규'라는 주역괘 운이 초년(~33세까지)에 있어서 이별(사별)수가 있었으며, 같은 시기에 개혁할 일이 있다는 풍수환(※운의 특징 : 개혁, 새로운 판을 짜다, 이별, 수술, 변화, 변동 등의 에너지)의 에너지가 있어서, 아버지의 부재(사망)로 가정에 경제적인 도움을 주어야 하는 상황으로 바뀌고, 당분간 결혼을 못하게 될 것 같아 사귀던 남자친구와 헤어졌으며, 부모님과의 관계를 나타내는 오행의 구성이 '불이 금을 녹이는 형상'의 화극금(金/火)의 부모를 극하는 상극의 에너지가 있었으며, 한문이름에 풍화가인(※운의 특징 : 가세번창, 화합, 아름다운 사람(美人)등의 에너지)이라는 주역괘가 있으니 주변 사람들을 화합시키고 집안을 일으키고자 하는 가세번창의 에너지를 가진 운명(運命)이었다는 것이다.

그녀로 인해 그녀의 아버지가 그런 일을 겪었다는 것이 아니니 오해하지 말라. 이름을 갖고도 어느 정도 분석이 가능한데 한 사람의 생사(生死)의 문제는 '온 가족의 운명의 합'이 동시에 작용할 때 일어나는 것이라 그녀의 운(運)만을 갖고 이야기할 수 없다는 것이다. 그녀의 이름을 통해서는 그녀의 삶만 분석 가능하다. 사주팔자와 이름의 에너지는 같으며, 고로 이름분석으로 타고난 운(=사주팔자)을 알 수 있는데, 이는 'New성명학' 이론의 획기적인 발전 덕분에 가능해진 것이라는 것을 또 한 번 증명해주는 것이다.

즉, 그녀의 이름에 담겨진 삶은 그녀가 그렇게 겪어야만 하는 환경… 그래서 겪게 되는 일들이기에 그러한 삶을 살고 있다는 것이고, 또 그녀의 어머니 이름을 보니 어머니 이름 중년의 나이에 14획 이산파멸(※14수리운의 특징 : 이산파멸의 운으로 관재, 구설, 시비, 불의의 사고, 생사이별, 병고, 단명 등등의 흉운의 에너지)의 사별수가 있었으며, 평생운인 말년총운이 19획 고독비참(※19수리운의 특징 : 고독 비참의 운으로 생사이별, 배신, 배반, 고독한, 외로움, 혼자 살 운명 등등을 겪는 운)의 에너지가 있어 혼자 살아갈 운명을 가졌으며, 어머니의 이름 또한 배우자와의 오행이 남편과 상극의 에너지로 되어 있었다는 것이다. 이 또한 어머니가 겪게 되는 삶이라는 것이다.

이렇듯 환경 또한 그녀에게 이미 주어진 에너지 구성상의 한 과정일 뿐이며, 그러나, 이렇게 주어진 에너지의 과정이 "자연의 섭리이며, 이치이기에 순응하고 살아라"가 아닌, 태어나 주어진 숙명인 생년월일시(=사주팔자) 그 이후에 가지는 후천적 운명인 '이름'을 신중히 좋은 에너지로 선택해 가질 인간의 자유 선택의지가 있다는 것이다. 우리 인간들은 운명(運命)을 개척하는 다양한 방법들(각 종교의 기도, 굿, 부적, 기(氣)수련, 요가, 뇌호흡, 명상, 사주명리학, 관상학, 성명학(姓名學) 등등)을 찾아내 지혜롭게 살아왔고, 그것들 중 이름 속에 담긴 운명을 연구해 찾아냈고 발전시켰으니, 현재까지 인간이 찾아낸 가장 효과적인 운명개척 방법 중 하나가 바로 명성학(名性學)이론이 아닐까?

MBTI 적성검사 결과와 이름의 기운

한 동안 강남에서는 적성이 거의 정확하게 나온다는 'MBTI : 성격유형검사'를 받는 것이 학부모와 자녀들 사이에 유행했었는데, 대중적으로 검증된 성격유형검사로 알려져 있다 보니 열성적인 학부모들은 고액을 주고서라도 자녀들의 적성을 제대로 알고 싶어 하고, 이는 결과에 따라 자녀의 적성에 맞춰 학업을 시키고자 하는 검사유형 프로그램 중 하나이다.

지인인 M선생님은 사주도 공부하고, 전통성명학(한문성명학) 이론도 섭렵했으며, 대부분의 사람들이 사주의 적성보다는 과학적인 근거를 둔 심리학적 검사로 나오는 적성검사결과에 더 많은 신뢰를 한다는 것 때문에 따로 'MBTI 적성검사 전문가 과정'을 공부해 교수 자격을 가지셨다. 제가 성명학 입문 당시 이름분석만으로 사주를 알아내는 새로운 성명학을 공부하고 있다고 하니, 많은 호기심을 보이면서 당신의 이름을 분석해 달라는 요청을 해왔고, 이제 막 배우고 있는 초짜 신출내기였음에도 M선생님의 이름을 어설프지만 배운 그대로 분석을 해 드렸었다.

어설픈 새내기의 이름분석이지만 집중하여 들으시며 중간 중간 놀라는 모습까지 보이더니, "그렇다면 자녀들의 이름도 내가 지어줬는데 아무래도 둘째가 안 좋게 나오겠지요?"라고 염려하듯 자녀들의 이름분석 결과를 요청, 설명을 다 들으신 후, "참으로 놀랍다. 어떻게 이름이 사주와 똑같은 운명으로 되어 있느냐?"고 하셨다. 당신도 학생들을 가르치고 있으면서 수년간 가르쳐 온 경력만으로도 학생들의 대입여부와 합격여부를 알지만, 사주를 볼 줄 알아 가끔 학생들의 사주를 슬쩍 물어 가능성 있는 대학을 조언해 주곤 했는데, 학부모들이 사주는 비과학적인 방법이라는 시각이 크다보니, 학생들의 정확한 성격 유형 검사를 위해 보다 과학적인 'MBTI 상담사 자격증'을 공부하였고, 놀랍게도 MBTI의 유형검사 결과가 당신이 배운 사주분석 결과와 똑같다는 사실에 많이 놀랐다고 한다. 그런데 나의 이름분석 과정을 들어보니 '이름 또한 사주와 똑 같은 운명'으로 지어졌다는 분석결과는 정말 더 놀랍다고 했다.

당시 성명학을 막 배우는 과정이라 과연 이 성명학 이론이 사주를 얼마나 분석해 낼 것인가? 하는 약간의 불안함을 갖고 분석을 해본 거라 염려하였지만, 이 이론을 최종 연구하신 스승님께서 수년간의 연구결과 '이름은 사주와 똑같다'라는 임상결과를 통해 탄생한 성명학이론이니 믿고 배운 그대로 설명했을 뿐이다.

그런데 MBTI 적성검사 결과와 사주가 같고, 어설픈 나의 이름분석 결과가 같다는 말에 집으로 돌아와 얼른 초등학교 때부터 모두 모아뒀던 아이들의 적성검사 결과지를 들여다보며 이름분석 상 나오는 성향과 적성의 결과를 비교하였더니 정말 놀랍게도 각 적성, 성격 유형 결과지와 이름의 성향과 적성이 그대로였다. 그 후로도 몇몇 사주를 다년간 공부하신 지인들을 통해서, 또 인터넷 상에 잘 분석되어 있다는 사주전문 사이트 등을 통해서 알아낸 나의 자녀들의 사주와 이름분석 결과, 그리고 MBTI 적성검사결과지를 두고 비교해 보았는데, 과연 놀라울 정도로 거의 같은 성격과 직업을 갖는 것으로 되어 있었다.

MBTI 성격유형검사 전문가들은 검사의 결과가 나이가 들어서 검사하면 간혹 일부의 몇 명만 변화된 검사 결과가 나올 뿐, 대부분의 사람들은 성격유형이 달라지는 예는 거의 없다고 말한다. 그런데 중3때 딸아이의 이름을 바꾸어 준 후, 고등1학년 때 다시 해본 MBTI 성격유형검사 결과는 불과 1년여의 기간이 지났을 뿐인데 예전과는 다른 검사결과를 보여줬다. 좋아하는 교과목과 학습효과 면에서도 수리를 좋아하는 이과적인 성향이 더 많았었는데, 이름을 바꾼 후 문과적인 성향을 강하게 나타내면서, 1학년 때 이과를 선택했던 것을 2학년 올라가면서 문과로 변경하는 과정에서 학교를 전학하게 되는 상황이 발생하기도 하였다. 개명이라는 것을 통해 사주와 다른 삶을 살 듯, MBTI 검사유형 또한 다르게 나타난다는 것이 밝혀진 것이다.

최근에는 애니어그램이나 손가락 끝의 지문을 통해 적성과 성격유형을 상담해 준다는 곳에서 자녀의 적성문제로 상담을 받아 봤다는 몇몇 고객들은, 우리 연구원을 통해 이름분석 상담을 받고는, 자녀의 이름분석 결과가 손가락 지문의 결과나 애니어그램 성격유형 검사와도 똑 같은 분석이 나오는 게 정말 신기하다고 놀라워하는 분들도 많다. 결국 사람의 성격, 적성 등에 대한 분석은 이렇듯 다양한 방법들이 존재하고, 애니어그램, MBTI 검사, 손가락지문 검사 등등의 과학적인 방법을 통한 '심리적성 검사결과'와 '사주의 결과' 그리고 '이름의 분석' 결과가 똑 같다는 것이다. 중요한 결론은 각자 자기 분야의 전문가로서 한 사람의 적성과 성향을 잘 분석했으니, 그 결과지를 갖고 '어떻게 하면 그 사람의 고민과 근본적인 삶의 질 개선에 도움을 줄 수 있을까?'라는 상담의 소명의식을 갖고, 늘 고민하고, 연구하며 각 분야에서 자신의 연구방법으로 사람들의 평안한 삶을 위해 최선을 다하면 되는 것이 아닐까요?

'사주와 이름' 어느 것의 영향이 더 클까요?

결론부터 말하면 사주보다 이름의 영향이 더 크다. 그 이유는 이름분석 상담만으로도 충분히 증명되어지나, 이름분석의 결과를 토대로 크게 보완하여 지어준 작명은 '사주의 운보다 더 좋게 지어진 이름'의 개명을 통한 삶의 변화로도 임상에서 충분히 증명되어지고 있다.

사주(四柱)는 숙명론(宿命論)에 근거한 학문으로 인생이나 세상의 모든 것은 선천적(先天的)으로 결정되어 이 운명(運命)을 초월(超越)할 수 없다는 학설(學說)로, '사람의 운명은 타고난 대로 살아간다'는 숙명론을 그대로 받아들여 '팔자려니 산다'고 한다면 참으로 삶이 허무해진다. 인간의 노력여하와 상관없이 그렇게 살 수 밖에 없는 삶이라면 왜 많은 사람들이 수천 년간 그토록 삶에 변화를 주고자 노력해 왔겠는가? 숙명론은 변화, 발전이라는 것에는 맞지 않는 학문이다.

이에 반해 성명학은 운명론(運命論)으로 운(運)은 '움직이다'의 뜻으로 운명(運命)은 '명을 움직이는' 즉, '인생이나 모든 것은 움직일 수 있다. 삶은 변화될 수 있다' 는 이론으로 현재 우리 인간들이 누리는 많은 변화와 발전의 혜택은 이 운명론을 받아들인 결과물이라고 말할 수 있다. 성명학(姓名學)은 이렇게 운명론(運命論)을 근거로 '타고난 운을 분석해 내는 사주론 즉, 숙명론을 초월한 학문'으로 사주보다는 이름의 영향이 더 크다는 것을 주장하고 있다.

"제 사주는 아주 좋다고, 크게 될 인물이라고 가는 곳마다 들었습니다. 그런데 이름까지도 최고의 작명가가 지은 훌륭한 이름이라고."

일반적으로 많은 사람들이 사주가 좋고, 그 사주에 걸맞게 이름까지도 좋으면 당연히 무탈하게 성공한 삶을 잘 살아가야 하는 것이 마땅한 것이라 생각들 한다. 나 역시도 당연히 그래야 한다고 믿었으니까.

나는 이름을 바꾸기 전엔 평범한 주부의 삶을 살고 있었다. 또래 친구들보다 풍족한 환경에서 빠르게 업그레이드되는 소위 중상류층의 환경에서 안정된 삶을 살고 있었으나, 어릴 적부터 삶의 목표이고 아직도 놓지 않은(지금은 수정하여 화가의 길을 목표로) 나의 꿈 디자이너의 길이, 매번 갖춰진 여건과 환경 속에서 실행을 하고자 하면, 묘하게 그 시작의 순간 코앞에 닥친 더 급한 상황들로 인해 그 꿈이 늘 좌절되는 경험을 하였으니, 사주가 그렇게 좋다는데… 이름까지도 훌륭하다는데 도대체 뭐가? 왜? 라는 의문을 늘 갖고 살 수밖에 없었다.

우연히 만난 책을 통해 접하게 된 성명학이론을 공부하고, 이 후 수년 간 성명학을 연구하면서 그동안 약 10만 여명(2014년까지 임상연구 자료통계수치)의 이름분석 상담하는 과정에서 한 사람의 이름이 성명학적으로 아무리 훌륭하게 지어진 이름일지라도 그 사람이 갖고 있는 그릇에 얼마나 걸맞게 지어져 있느냐?가 가장 중요하다는 것을 알게 되었다.

현모양처로 살고 싶은 이에게는 현모양처로, 사회적으로 성공하고 싶은 이에게는 성공운으로, 사업가에게는 경영주의 에너지로, 공부를 하고 싶은 이에게는 공부할 수 있는 총명함을, 아티스트의 꿈을 꾸는 이에게는 예술적인 재능을, 연예인에게는 인기운과 이름을 떨치는 명망의 에너지를, 정치인의 꿈을 가진 이에게는 정치적인 강한 리더의 기질과 지혜를.

이렇듯 성명학(姓名學)은 사주의 타고난 운을 통해 알아낸, 그들의 운명에 어떤 것을 보완하여 작명할 것인가? 에 근거를 두고 연구된 운명론(運命論)의 대표적 학문으로, 성명학 이론이 연구된 중국의 송나라 이후 약 1천여 년 간 전통성명학(한문성명학) 기준으로 작명된 이름들은 하나 같이 사주를 보완해 작명해 왔노라고 주장하고들 있다.

인간의 호기심에 의해 타고난 운(運)을 밝혀 '사주팔자' 이론이 연구 되고, 타고난 운은 알아냈으나 타고난 운(運)인 '사주팔자'를 보완할 대체 운(氣)을 목적으로 연구된 학문이 바로 '한문성명학'이론의 탄생을 불러 왔을 것이다.

'사주팔자'의 보완 목적으로 탄생한 성명학(性名學)이 그 시작이다. 그러나 현재 이 '이름분석성명학' 이론의 등장으로, 사주 보완을 목적으로 지어진 이름들이 여전히 사주와 똑 같은 운명으로 구성된 이름들을 갖고 있다는 것을 밝혀냈다. 이름 분석이 가능한 NEW성명학 이론의 등장은 과연 기존 한문이름 위주의 전통성명학에서 주장하는 사주의 보완이 가능하다고 말할 수 있는가?를 증명하게 된 것이다.

현재 대부분의 사람들이 훌륭하다는 작명가로부터 사주를 보완했다는 이름을 거금을 주고 지어 사용해 왔으나, 그 '이름'도 사주와 똑 같은 운명을 가진 이름이라는 것이 밝혀지면서 누가, 어떻게 지어주었던 간에 그 사람의 운명 구성대로의 틈을 가졌다는 것이며, 이런 결과로 볼 때, 사주를 보완해 작명했다는 그 '이름'이 과연 제대로 '사주

보완'이 된 것인가? 라는 것이다.

사람은 누구나 '사주'에 길운과 흉운을 가지고 태어난다. 다만, 타고난 '사주가 좋다'는 사람은 두개의 吉/凶운 中 길운>흉운을 가진 것을 의미하며, 또는 사주가 나쁜 사람은 길운<흉운에서 흉운의 영향이 더 큰 삶을 가졌다는 것을 의미한다. '사주학'을 깊이 연구하신 대가께서도 '사주'가 아무리 좋다 한들 삶에서 차지하는 영향은 50% 정도에 불과하다고 말한다. 나머지 50%는 그 사람의 이름, 심성, 관상 등이며, 인간의 의지로 극복할 수 있는 '여지=개척된 삶'을 말하는 것이다.

인간은 거대한 우주자연의 이치를 거스를 수 없음을 대부분 중·노년의 나이쯤 되면 어쩔 수 없이 실감하게 된다. 젊어서는 패기 넘치는 에너지(젊음과 용기)로 험한 세상을 다 헤쳐 나갈 것 같은 객기를 부려도 보게 된다. 좋은 학벌에, 좋은 외모에, 훌륭한 재능을, 인내심을, 성실함을, 선한 마음에 배려심도 남다른, 게다가 넘치는 건강과 적극적인 리더십을, 대범한 용기까지 너무도 훌륭한 장점을 가진 '나는 반드시 성공할 수밖에 없다'고.

그 많은 노력에도 불구하고 험난한 고통의 삶이 계속되고 어느새 중년을 지나 노년의 삶에 접어들며, 그동안 들어왔던 팔자가 맞는 거구나, 사주팔자 하나도 맞지 않더라, 세상은 '운 좋은 놈'을 따라 갈 수 없음을 '신은 공평하지 않다'는 핑계를 대기 시작한다. 차츰 大우주 자연 앞에 인간의 나약함을 인정하며, 종교를 찾게 되는 때가 보통 주로 이 시기에 나타나는 특징이기도 하다.

열심히, 성실히, 착하게, 나보다는 남을 위해 도움이 되는 삶을 살다보면 좋아질 거라는 막연한 긍정적 희망을, 신의 은총을, 부처님의 자비를 기대하며.

또는 자연의 순리가 그러하니 전생의 업(業)이 그러하니, 주어진 소명이 그러하니, 그렇게 살다 가는 것이 인생이라고…….

또 어떤 이는 '자기계발서'와 같은 긍정적인 삶에 관한 책을 통해 삶에 변화를 주고자 노력을 해 보기도 한다. 그리고 '믿음'과 '의지'가 강한 몇몇 사람들은 긍정에 관한 책을 통해, 성실하고 강한 믿음의 종교를 갖고 기도로 신의 은총을, 부처님의 자비를, 무조건 베풂, 나눔, 봉사의 삶을 실천하며, 어떤 사람은 '굿'이라는 원시신앙의 도움으로 삶의 변화를, 행복한 삶을 위해 변화를 줄 수 다양한 방법들을 터득하게 된다. 네, 맞습니다. '믿음'과 '의지'가 강한 몇몇 사람들은, 몇몇 사람들은, 몇몇…….

이름의 에너지를 연구한다는 것은,
이름의 에너지를 알아냈다는 것은,
사물의 이름풀이가 가능해졌다는 것은,
외국인의 이름 풀이가 가능해졌다는 것은,
개명으로 삶이 바뀐다는 것은,
개명으로 삶이 바뀌었다는 것은 과연 무엇을 뜻 할까요?

바로 '사주'보다 '이름'의 영향이 더 크다는 것을 의미합니다.

'이름'에는 어떤 에너지가 존재하며,
'사물의 이름'은 사물의 특징을 닮은 에너지로 구성되어 있음을, 세계의 모든 소리를 표현할 수 있는 '한글'의 위대함을 깨닫게 된 것이며,
'개명'은 어떤 새로운 에너지가 생겼다는 것을 의미하며,
'소리'는 물질을 변화시킨다는 것을,
'이름'은 '소리에너지' 즉, 파동에너지이며,
'좋은 이름'은 긍정에너지의 집합체이며,
'좋은 이름'을 매일 말하고 듣는다는 것은,
긍정적인 소리를 매일 말하고 듣는다는 것이며,
날마다 기도하는 것과 같은 효과이다.

최근에는 기도에 대한 연구가 활발하게 이루어지고 있는데, 묵언기도보다 소리 내어 기도할 때 더 빠른 효과를 갖는다는 것이 밝혀지면서 많은 종교 지도자들이 기도법을 수정해 주고 있다고 합니다. 이 글을 통해 종교가 있으신 분들은 앞으로는 기도할 때 소리 내어 기도할 것을 강하게 추천합니다. 그 이유는 기도 역시 소리에너지=파동에너지의 효과 때문인 것이 밝혀졌기 때문입니다.

이름으로 삶에 변화를 갖게 되었다는 사람들이 많아졌다는 것은, 이와 같은 인간의 잘 살고자, 평안하게 삶고자 하는 끊임없는 노력

들이 성명학을 연구, 발전시켰고 현재 가장 완벽하다는 이 성명학 이론으로 개명 후 변화된 가정과 원만한 인간관계, 풍요로운 자신감 있는 삶 등이 가능해지게 된 것입니다. 이름은 사주와 다른 삶을 살게 한다. 사주보다 이름의 영향이 더 크다는 것이 밝혀진 것이다.

이 NEW 이름분석학 이론이 세상에 널리 알려진다는 것은, 사람들의 삶이 더 풍요로워질 수 있음을 의미하며, 개인의 삶이 풍요로워진다는 것은, 나라 전체의 삶이 풍요로워진다는 것을 의미하며, 곧, 세계 속의 '부강한 한국'을 의미하는 것이며, 세계적으로 인정받은 '한글은 과학적이다.' 라는 근거를 증명해 주는 것이다. 현재 이러한 이론을 통해 많은 사람들의 삶에 도움을 줄 수 있는 한 인간으로 살아간다는 것은 나에게 주어진 숙명으로 큰 보람을 갖는 직업이다.

방송 섭외가 올 때마다 거부하지 않고 적극적으로 나서는 이유도 '이름=운명'이라는 이름의 중요성을 알리고자 함이다. 기존의 성명학자들이 자기의 이론만 주장할 것이 아니라, 좀 더 연구 발전된 이론이 나오면 그 이론은 대체 어떤 이론인가? 기존 이론과 비교 연구해서 수용할 것은 수용해서 새 이론으로 기존보다 나은 삶을 살아내는 임상결과를 확인하고 제발 제대로 된 작명을 하여 줄 것을 알리는 것도 목적이다. 때문에 주로 젊은 층이 많이 이용하는 인터넷의 블로그 운영을 적극적으로 관리하면서 한글이름의 중요성을 더 많은 사람들에게 이야기하고자 하고 있다.

이러한 목적을 갖는 가장 중요한 이유는, 이름은 소리에너지이며, 소리에너지인 즉 '말의 힘'을 알리고자 함이다. 욕을 입에 달고 말하는 것이 아무렇지 않은 듯 몸에 배인 젊은이들에게, 자신들이 내뱉는 말이 자신들의 삶에 어떤 영향을 끼치는지 알려주는 역할자로서, 나의 블로그를 보거나, 이 책을 읽은 단 한명이라도 '긍정적이고 예쁜 말을 하는 것이 자신의 삶에 얼마나 유익한 것인가? 를 알리는 것이 이 생애서의 나의 소명이라고 깨달았기 때문이다.

평범한 주부로 이러한 주장을 하였을 때의 반응보다는, 운명처럼 다가온, 이름의 소리가 중요하다는 이 성명학 이론을 매개로 소리의 기운 즉 소리 에너지의 영향이 삶에 끼치는 영향을 이야기하는 성명학자, 또는 작명가, 이제는 네임 애널리스트로 활동하는 현재의 위치에서 더 많은 사람들에게 긍정적인 말의 중요성을 이야기한다는 것이 사람들에게 얼마나 강하게 어필되는지 너무도 잘 알기에, 현재의 이 직업을 갖게 됨을 늘 감사하며 살아가고 있다.

이름 속에 공부 운(運)이 따로 있다?

정말 이름 속에 공부 운(運)이 있을까? 공부하는 자녀를 둔 학부모들의 가장 많은 관심사다. 다년간 수많은 사람들의 이름 상담 분석을 통한 임상결과를 보면, 공부 운이 있는 친구와 전혀 없는 친구는 확실히 다르다.

대학을 가느냐? 못 가느냐? 대학을 꼭 나와야 하느냐? 물론 '대학이 다는 아니다.' 라고 말은 하면서도 그럼에도 요즘 거의 대부분의 학부모들은, '너희의 미래를 위해 대학은 가야 하지 않겠느냐?'는 막연한 바람이 있다. 정말로 공부 기운(氣運=에너지)이 있어야 공부를 잘하나? 결론은 Yes다. 대학을 나왔든, 못 나왔든, 안 나왔든, 어쨌든 자력으로 성공한 사람들의 이름 속에도 공부 운(運) 즉, '총명함', '지혜', '창조/창의' 그리고 '노력'의 에너지가 있기 때문에 삶을 지혜롭게 창조적으로 또는 무던한 노력을 통해 성공이 가능했다는 결론이다.

그럼 이름에 있어야 하는 학업(學業)운(運)의 수리는 어떤 것이 있을까?

가장 대표적인 획순은 역시 13획 총명지모의 수리(數理)운이다. 이 13 수리운(數理運)의 특징은 '능히 3개의 고시(외무고시, 행정고시, 사법고시)를 패스(pass) 한다.'는 총명함을 뜻하는 에너지로 창조, 창의, 처세술에 능함, 무(無)에서 유(有)를 창조하며, 슬기롭고 지혜로운데다 능숙하고 명석한 판단력으로 어떤 고난도 임기응변으로 잘 개척해나간다. 또, 천하대세를 재빨리 간파하고 행동하니 고시에도 합격하거나 어려운 학위도 무난히 획득하며, 언론, 출판, 문화, 의학, 군인 어느 방면으로 나가도 크게 이름을 떨치며 부귀영화를 누리고 권세와 재력을 함께 가질 수 있어 천하를 호령하는 대길운이다. 선견지명과 빈손으로도 능히 대업을 이루고 3군의 참모도 잘해 낼 지모를 갖추고 있다는 것이 이 수리운 안에 들어 있는 특징들이다.

이 13 수리운은 한글이름이든 한문이름이든 어디에든 1개만 있어도 머리 좋다는 소릴 듣고, 초등학교 시절 영재 소릴 듣는 에너지로 스스로 학습하는 능력을 가지며, 창의력이 뛰어나고, 센스(Sense)라고 하는 운이며, 공부를 잘하는 특징이 있다. 단지 이 수리운이 초년에 있느냐? 청·장년기에 있느냐? 에 따라 공부를 위한 에너지의 집중도 차이만 있을 뿐, 이(李), 고(高), 구(具)씨 성을 가진 사람들의 경우 한글이름의 총운인 말년(末年)운에 이 13 수리운(數理運)을 가진 사람들이 많은데, 인생을 대표하는 운인 총운이 13으로 총명한 사람들이니 한마디로 '똑똑한 사람'이다. 지난해 수능 만점자 이름 중 동명이인 이승민이 무려 3명이나 되는데, 이 친구들의 삶의 대표에너지인 이름의 총운이며 평생운이 13획, 그야말로 '총명, 두뇌'라고 보면 된다.

한창 공부를 하는 자녀들의 경우 초년에 13수리를 이름에 가진 친구들은 대학 입학에 제일 중요한 시기인 중·고등학교까지 '스스로 알아서 공부를 하는 학생들이 대다수임을 확인할 수 있다. 초년에 13획 수리운이 있는 게 제일 좋다. 그러나 아무나 초년에 13수리를 가질 수 있는 건 아니어서 성씨별로 초년에 가질 수 있는 사람이 있고, 가질 수 없는 사람이 있다. 13획 수리운이 좋다고 이 하나의 운만을 생각하고 무조건 초년에 넣는 것은 자칫 주역괘 운에 공부를 방해하는 흉운을 가질 수도 있으니 작명전문가의 조언을 구하는 것이 좋다. 또, 13수리를 이름에 가지고 있는데도 공부를 잘 안하는 친구들이 간혹 있다. 소위 때가 안돼서 그런 경우다. 초년에 없고 청·장년기(19~39세)에 13수리가 있으면, 그 친구는 고2때쯤부터 정신 차려 공부하는 특징이 있는 것으로 이름분석 결과 나타났다.

13수리 외에 25획(지모순조) 수리운은 현모양처의 에너지이며 지략가의 머리를 가지는 운으로 이 25 수리운의 특징은 싸움이나 경쟁에서 승률만 있을 뿐 패(敗)하는 일이 없다. 대결을 하기 전에 미리 승산의 가능성이 있는지 없는지를 파악하여 패할 확률이 높으면 아예 경쟁 자체를 시도하지 않기 때문에 패율(敗率)이 없다. 지혜로운 며느리 소리를 듣는 운이기도 하다. 지략의 이 25수리 에너지는 한문이름에 주로 많이 들어가는 운인데 한글이름에 총명 운이 하나도 없는데 명문대에 들어간 친구들의 한문이름을 보면 이 25 수리운을 가진 친구들이 많다.

8획 8 수리운(數理運)의 특징은 수복겸전의 에너지로 이 수리는 중국인들이 가장 좋아하는 숫자이다. 장수와 재물복을 겸해서 가진 수로 이 수리를 가진 사람들은 냉정함, 계획적인, 고집 등의 특징이 있어 주위 여건에 흔들림이 거의 없는 강단을 가졌으며, 노력하는 에너지로 한글 한문 모두에 13획이나 25획의 총명 운이 없어도 이 수리를 가진 친구들은 계획적이며, 정확하고, 차갑고, 냉정하며, 신념이 강하고 외유내강, 초지일관의 에너지로 공부를 잘하는 상위그룹에 속해 있는 친구들이 많다.

그 외에 11수리(중인신망)의 에너지를 가지고 있는 친구들도 공부를 열심히 하는 노력형의 친구들이 많은데, 이 수리운의 특징은 매사가 순조롭고, 스스로 노력하고 개척하는 일마다 좋은 결과를 맺게 되며, 사회적 기반을 닦고 대성해 주변으로부터 두터운 신망을 얻는다. 깊은 사고력, 강한 자립심, 성실함 등과 함께 한번 목적한 바는 끝까지 이루고야 마는 진취적인 기상이 있으니 가문을 일으켜 세우고, 부부가 해로하고 자녀가 번창하며 하는 일마다 순조로워 번영을 이루는 길한 수리로 리더십도 있으며 진취적인 기상의 에너지로 8수리와 마찬가지로 이름에 13획, 25획 수리가 없어도 노력에 의해 성적이 상위그룹에 속하는 친구들이 있다.

8획 수리와 13획 수리가 같이 있는 경우는 그야말로 '자기가 알아서 혼자 다 했어요.'라고 말하는 케이스다. 총명한 가운데 계획적이고, 냉정하고(이성적 판단력이 있다는 얘기다). 초지일관하는 에너지로 8 수리운(數理運)을 가진 사람들은 노력형이라고 보면 된다. '아무리 타고난 천재라도 노력하는 자는 못 이긴다.'는 말은 이 8획 수리운을 가진 친구들을 말하는 것이 아닐까?

11획의 수리도 인기의 수리라 친구들하고 어울려 다니느라 공부를 안 할 것 같은데, 의외로 공부를 열심히 하는 운이다. 11획은 한번 목적한 바는 끝까지 이루고야 마는 진취적인 기상의 에너지가 있다. 25획을 총운으로 가진 사람 역시 13획을 총운으로 가진 사람 못지않게 똑똑하고 지혜롭다.

이름의 주역괘 운 중에도 학습, 학업, 예체능, 기술 관련한 특징을 갖는 운들이 있는데 그 중에 화풍정(火風鼎)이라는 운이 있는데, 이 주역괘 운은 예측, 예감의 총명함, 통찰력 등의 특징을 갖는 운이다. 이 운은 추리력, 창의력 등의 강한 특징이 있다. 다만 이 운을 어느 시기에 갖느냐에 따라 영적인 길을 가야 되는 운명을 갖기도 해서, 이 운은 작명 시 판단을 잘 해야 하는 운이기도 하다. 장단점이 있기는 하나 예술적인 재능이 있는 친구들에게는 좋은 운이기도 하다.

손위풍(巽爲風)의 주역괘 운을 이름에 갖는 경우 이 운의 특징은 득도(得道)의 에너지로 '하나를 가르치면 열을 안다.'는 특징이 있는 에너지다. 하나를 투자해 3개를 얻는 행운의 재물 운이기도 한 이 운의 특징은 한번에 3가지 일을 도모하는 운이며, 그 3개를 다 이루고 갖고자 하는 욕심을 갖는 특징이 있다. 늘 행운이 따르니 3개를 다 이루는 특징이 있다.

마지막으로 길(吉)과 흉(凶)이 공존하는 에너지의 수리운으로 뛰어난 영재소리를 듣는 운들이 있다, 14획, 20획 수리 운이 그렇다. 극과 극을 살 수 있는 운이다. 공부를 잘 할 수도 있고, 못할 수도 있는 운으로 특히, 20수리는 고집과 영민함보다는 영악함에 가까운 똑똑함의 특징이 있다, 파멸, 불의의 사고 운이 공존하는 에너지로 이 14(이산파멸)의 수리운과 20(백사실패)의 에너지를 가진 학생들의 경우 사춘기 이후 이과의 성향이 두드러지며, 과학 고등학교, 의대, 수학과, 과학과, 컴퓨터공학, 건축공학, 기계공학과 같은 곳에 진학을 많이 하는 특징이 있다.

14획 수리를 가진 사람들은 운동선수, 의사, 판검사, 법조계, 군경의 직업들도 많다. 다들 공부를 많이 하여야 하는 직업들이다. 이런 직업적 특성이 나타나는 이유는 14, 20획의 운의 공통적인 특징이 관재, 시비, 다툼, 불의의 사고, 병고, 수술 등의 삶이 그 수리의 특징대로 삶 속에서 공존하는 직업 또는 환경, 장소 등을 갖는 특징이 있기 때문이다. 물론 13획순과 같이 이름에 동시에 가지고 있는 경우들이다.

이 14획, 20획 수리는 아이들 이름을 작명을 하면서 한 때 제일 많은 갈등을 했던 수리운이기도 하다. 앞에서 언급했듯이 14획(이산파멸), 20획(백사실패) 수리운은 각각의 이름은 다르나 공통적인 에너지의 특징이 관재, 파멸, 다툼, 구설, 시비, 병고, 수술, 불의의 사고 등이 있는 운으로, 아직 겪지 않은 중,노년에 이 수리운이 들어있거나, 이미 성인이고 지나간 초년운에 있어도 다른 운들과 달리 이미 겪고 끝난 운이 아닌 평생 동안 따라다니며 매순간, 또는 결정적인 순간에 불운으로 작용, 삶에 강하게 영향을 끼치는 에너지이다. 이 운을 가진 사람들의 경우, 이 운으로 인해 대입 등 각종 시험에서 불합격이라는 불운을 안겨주는 운이며, 실제로 의대나 법대를 준비하면서 원하는 대학을 한 번에 가기란 쉽지 않은 운이다. 이 두 개의 수리운은 단명, 건강 특히 희귀질환으로 인한 질병을 겪게 되는 운도 있으니 아무리 영재적 특징이 있는 운이라고 해도 이 운을 작명에 넣어 줄 수는 없다는 결론을 내렸다.

수년간 이름을 분석해 본 결과, 어떤 친구는 이 수리로 공부를 잘하는 영재적 특성을 나타내는가 하면 어떤 아이는 자폐의 특징을 나타내기도 하며, 또 어떤 친구에게는 시비, 다툼의 에너지로 강하게 작용해 주먹세계로 가기도 하고, 초년에 이 운이 들게 되면 아무리 총명 운인 13획 수리가 두 개나 있다고 해도 공부에 전념하기보다는 노는 주먹친구들과 어울려 다니게 되는 확률이 더 높게 나타나는 특징이 있다.

이 14획, 20획 외에 같은 에너지의 특징을 갖는 주역괘 운이 있는데 주역괘 운 중에 화택규, 천수송 등의 운들은 이렇게 영재냐 자폐냐? 법관이나 변호사, 경찰, 의사의 직업을 갖느냐? 범죄자, 불치병 환자냐? 로 갈리니, 이렇게 주역괘 운에도 극과 극의 영향을 끼치는 운들이 있다.

결론은 이름분석 상담을 하면서 실제 자녀로 인해 고민을 하는 학부모들께 "공부 운이 있느냐? 없느냐? 에 따라 자녀들이 공부를 잘한다, 못한다가 있으니, 공부하는 운이 전혀 없는데 공부를 안 한다고, 못한다고, 또는 노력이 부족해서 그렇다고 말하지 마세요.", "그 친구가 공부 안하고 싶어서 안하는 게 아닙니다. 공부를 해야 한다는 지혜(13획)가 없거나 또는 공부를 방해하는 운(14획, 20획, 화택규, 천수송, 풍천소축 등)이 있어서 나타나는 현상이니 아이만을 탓하지 마셔요."라는 말을 해드린다.

이러한 좋은 수리의 공부 운이 청·장년기에 있는 친구들은 그 시기에 두뇌가 번뜩이며, 그 시기에 공부를 더 열심히 하고, 그 시기에 미래를 확실하게 설계하는 삶을 살게 되며, 공부 운이 늦은 중·노년(39~59세)에 들어 있으면 그때서야 이것저것 다양한 배움에 눈떠 늦은 공부를 하는 분들이 있다. 만학도(晩學徒)들이 바로 그런 케이스이다. 늦은 나이라도 어떤 공부든 한다. 학업이든, 직업공부든, 새로운 취미든 사주에서 공부 운이 늦게 들어있다는 소릴 듣는 사람들이 이름 속에서도 똑같이 이렇게 분석되어진다는 것이다.

뇌가 굳을 나이에 뒤늦은 공부를 하고, 새로운 것에 대한 호기심이 생겨나고, 늙어가면서 더 지혜로워지는 현상들을 보면 '나이 든다고 누구나 지혜로워지는 게 아니구나' 하는 것을 깨닫게 된다. 해서 나는 작명 시 아이들만 이 지혜의 에너지를 넣는 것이 아니라 어른들에게도 꼭 필수로 넣어 작명을 한다. 삶의 처세를 지혜롭게 잘하며 사시라고.

취직, 합격, 좋은 배우자를 만나는 관운이 이름에 있다

최근 대학을 졸업하고 바로 취직이 안 되서 취업 준비를 재수, 삼수를 한다거나 잘 다니던 직장을 그만두고 잘릴 위험이 적은 안정적인 공무원 직업을 갖기 위해 공무원 시험을 준비하는 20대 중반 학생들의 이야기를 매스컴을 통해 자주 듣게 된다. 물론 우리 연구원에도 이러한 젊은이들이 예전보다는 많이 찾아오는 편이다. 최근에는 취직이 잘 안 되어서 이름을 바꿔서라도 발탁만 된다면 몇 개월 힘든 알바쯤은 문제없다는 뉴스를 접하면서 이 나라를 이끌 청년들의 실업난이 정말 심각하구나 하는 안타까움에 이름 속에는 어떤 운이 있어야 발탁, 승진 또는 합격을 하는지 알아보자.

이름에서는 수리운 중에 관운이라고 하는 17획 수리가, 한문중심

성명학자들 사이에 주로 공무원의 운으로 해석되는 운이다. 대체적으로 이 17 수리운을 가진 사람들을 보면 구청, 동사무소 또는 선생님 등의 직업을 갖는 경우가 많은데, 한문성명학 중심의 통계로 나온 특징이라 한문성명학자들은 주로 관운으로만 해석을 하는데… 이 운의 특징은 성실, 책임감, 모범생, 고집, 자존심 등의 강한 특징을 갖고 있어서 공무원뿐만 아니라 어느 분야에서도 그 성실함과 책임감을 인정받는 특징이 있다. 그래서 일이 많다. 맡은바 일을 책임과 성실함으로 처리하니 상사들은 이런 부하 직원을 선호한다. 다만, 이 운의 특징 중 모범생과 자존심, 고집이라는 특징이 융통성이 없는 성격이다. 회사원으로서 다소간의 융통성을 필요로 하는 업무분야에서는 주변사람들과 융화되지 못하는 특성이 있다. 비서직이나 구매담당, 총무부, 은행, 회계업무 등의 부서에 꼼꼼함을 무기로 청렴을 필요로 하는 부서에 꼭 필요한 사람들이다.

또 한문이름 중심 성명학자들은 관운을 공무원의 수리로만 설명하는 사람들이 대부분이다. 오랜 기간 이름분석 연구 결과 관(官)운은 일복(福)이며, 승진, 발탁, 상복(賞福), 간택 등의 운으로 이러한 관운이 이름에 있어야 발탁, 승진, 또는 좋은 배우자를 만나는데, 이러한 관운은 수리운보다는 주역괘 운에 다양하게 들어 있다. '이름분석이론'에서 설명하는 주역괘 운은 주역(周易)에서 설명하는 괘의 특징과는 차이가 있다. 성명학적인 분석 상 이 운의 특징을 데이터화 한 것으로 주역의 괘의 이름을 차용하여 사용하고 있다고 보면 된다. 몇몇 주역괘 운들 중에 주역에서 말하는 괘의 특징과 비슷한 것도 있고, 또는 주역과 다르게 해석되는 운들도 있다.

주역괘 운 중의 관운(官運)에는 풍지관, 택풍대과, 천택리, 뇌택귀매 등이 있고, 이 외에 하늘에서 돕는 운이나 귀인의 도움으로 또는 강한 진취적인 기상으로 자력으로 성공하는 운들이 다양하게 있어서 81 수리운 중심의 한문성명학보다는 삶의 설명이 자세하다고 할 수 있다.

풍지관이라는 운은 덕망이 천리를 넘쳐 임금이 불러 중책을 맡긴다는 운으로, 일복, 관운, 승진, 좋은 배우자를 만나는 운의 특징이 있다.

택풍대과는 큰 과업을 맡는다. 영부인의 운으로 해석되는 이 운은, 항상 상사의 이쁨을 받는 운으로 오른팔로 승진되는 운이며, 여자가 가질 경우 영부인의 운으로 해석하는데 이 운을 가졌다고 모두가 영부인이 되는 것은 아니나, 운의 특성상 자신이 영부인의 위치에서 살아야 하는 운이니, 남편을 출세시키는 운으로 현재 반기문 총장의 아내 유순택 여사가 29 수리에 택풍대과 운을 가졌고, 이명박 前대통령의 부인 김윤옥 여사도 29 수리에 택풍대과를 갖고 있는 것으로 공통적인 특징이 있다. 어느 분야에 종사하건 여자가 가지면 남편을 출세시키는 운으로 해석한다. 남자들도 이 운을 갖고 있는 경우 관직에 나가는 운이니 윗사람으로부터 신임을 받는 운으로 발탁, 승진은 따 놓은 당상이다.

4년 전에 개명한 K씨의 경우 이름 중년 현재 운에 29 수리(권력재물의 황제의 기운)와 함께 택풍대과를 넣어주었는데, 대중 앞에 나서는 것을 꺼리는 성격으로 감투를 쓰고 움직이는 걸 좋아하지 않던 성격인데, 이름을 바꾼 후 바로 고등학교 동기회 회장을 맡더니, 지난해엔 아예 고등학교 재경 총동문회 회장에 올라 졸지에 감투를 쓰는 일이 생겼다. 같은 고등학교를 졸업한 사촌형님 중 한 분은 '대중 앞에 나서는 걸 싫어하는 집안에 동문회 회장이 웬일이냐며 이름을 잘 바꿨나보다구'… 게다가 이 택풍대과는 일복(福)이니, 무역업을 하는 동종업계 다른 업자들은 불황의 시장경제 상황을 이유로 문을 닫는 형편인데, K씨는 물량도 늘어나고, 심지어 무역 Item 종류도 늘어 바쁘다는 기쁜 비명을 지르고 다닌단다.

이렇듯 이름에 관운을 넣어 작명해 드린 고객들 중에 개명한 후 자녀가 반에서 회장을 맡게 되었다거나, 좋은 남자를 만나 시집을 잘 갔다는 소식은 종종 있는 일이다.

천택리라는 운은 호랑이 꼬리를 밟고 호랑이 옆에 선다는 운으로 이 운 역시 관운으로 운 좋게 왕의 옆에 서니 2인자의 위치에 올라가는 운이다.

뇌택귀매의 관운은 남성적인 기운으로 주로 운동선수들이 메달을 따오거나 올림픽에 출전하게 되는 운의 특징이 많으며 왕의 일을 맡는다는 운이다. 발탁운으로 흔하게 나오는 운은 아니다. 이 밖에도 또 다른 형태의 관운이 있어 수리운보다는 다양한 종류가 있어서 작명도 다양하게 구성이 가능하다.

관운(官運)은 즉 성공운이기도 하나 이름에 관운이 있고 없고는 취직, 발탁, 좋은 배우자를 만나거나, 승진 여부의 행운이 있느냐? 없느냐? 이기도 하지만, 이런 관운의 쓰임은 결국 어느 소속 단체나 그룹 활동에 취직, 입학, 또는 선거나 투표 결과에서 발탁 즉 합격, 일복(福), 상복(賞福)으로 작용되는 운이기도 하다. 그러나 누군가의 밑에 못 있는 성격을 가졌거나 또는 취직하지 않고도 자력으로 성공하고 싶어 하는 사람들도 있으니, 꼭 관운이 아니어도 본인 스스로 자수성가 할 수 있도록 적당한 리더십의 운과 진취적인 기상 또는 도약, 고속엘리베이터 승진운 등의 성공운을 넣어주면 스스로 삶을 성공으로 이끌 수 있는 여지는 많다. 이렇듯 관운의 다양한 특징을 분석해 내고, 각자 특성에 맞는 작명이 가능하게 된 것도 다 이 '이름분석이론' 덕분이다.

이름은 가족들에게 서로 영향을 끼친다

2014년까지의 통계를 내보니 연구원을 다녀간 상담 인원이 약 10만 여명이다. 사람들의 이름을 분석해 오면서 이름은 서로 가족 간에 밀접한 영향을 주고 받는다는 것이 밝혀졌다. 그래서 몇 년 전부터는 보다 확실한 분석과 원인을 파악하고자 가족들의 이름을 분석해오고 있다. 자녀문제로 인한 상담 요청이든, 본인을 위한 상담이든, 가족 간 에너지(氣) 상호작용의 결과를 너무나 잘 알기에 보다 세밀한 분석을 위해 상담 시 가족들의 이름상담은 필수이다. 사주를 잘 보시는 분들은 한 사람의 사주만 보지 않는다는 것과 같은 맥락이다. 그러나 사주보다 삶에 더 많은 영향을 끼친다는 이름은 당연히 가족들의 이름을 분석해야 하는 것이 맞다.

다년간의 이름상담 분석 통계 결과, 어린 자녀들의 초년운은 부모님의 중년운에 절대적인 영향을 끼치는 환경적 요인으로 크게 작용하는 것으로 밝혀졌으며, 늙어 자생능력이 떨어지는 부모의 말년운은 자녀들의 중년이 잘 풀리는지 안 풀리는지로 알 수 있다. 자녀들 초년운의 경우 아직 자립기반을 다지지 못하는 신체적으로나 정신적으로 미숙한 어린아이들이 어찌 할 수 없는 상황의 시기로 초년운은 환경으로 작용되는 운이다. 아이들 초년의 운에 대부대귀(大富大貴)의 '행운의 재물운'이 있는 경우 부, 모 둘 다 중년운에 재물운이 하나도 없음에도 경제적 활동을 하는 주체자(主體者)가 그 시기 많은 재물을 거둬들이게 되는 상황으로 작용되며, 그 자녀의 풍족한 초년 환경을 위해 부모가 자녀의 대부대귀의 삶을 충족시키는 일이 벌어진다.

자녀들 이름의 초년이나 아내의 중년운에 사업가의 운을 갖는 경우도 부모 중 한명이 뜬금없이 다니던 직장을 그만 두고 사업을 시작하는 경우가 있다. 이런 경우 대부분의 부모들은 마치 자기가 사업 능력이 있어서 경제적 풍요를 누리게 해 준다고 알고 있는데 '누가 어떤 운을 갖고 있느냐?'에 따라 서로 영향을 주고받는 구조로 되어있음을 가족들의 이름분석을 통해 밝혀 낼 수 있었다. 물론 부모 자신의 이름에 그러한 재물이나 사업운이 있어 움직이는 경우도 있겠으나, 거의 대부분의 사람들이 자녀들의 초년운의 환경의 영향을 받아 움직이는 삶을 살게 된다는 것이 이름분석 상 밝혀졌다.

자녀의 이름 초년에 14획 수리운이나 20획 수리운 또는 주역괘 운 중 화택규나 천수송 등의 운이 들어있으면 이 운들의 특징이 사업 실패, 건강 잃음의 단명 등의 흉운으로 잘 나가던 사업이 휘청하거나, 부모가 하루아침에 건강을 잃어 생계가 막막해지거나, 사기를 당하는 관재나 송사에 휘말리는 경우에 놓이게 되며, 심지어 갑자기 불의의 사고를 당해 힘든 환경에 놓이게 되는 일이 발생함을 알 수가 있다. 이러한 일들은 갑작스레 겪는 가정의 위기로 인해 부모님들이 사주나 점집을 다녀도 부모 당사자의 사주에는 사고운이 없으니 그 원인을 알 수 없었던 미궁 속의 삶이었다. 그렇게 힘들게 살아오던 중에 우연히 지인의 소개로 이름분석 상담을 받으면서 그 원인이 가족들의 이름 속에 있었음을 알고 나서는 그동안 답답했던 일들이 왜 일어났는지 알게 되어 속 시원하다는 이야기를 종종 경험한다.

심지어 부부 사이에 아무런 문제가 없었었고, 사주 상으로도 궁합이 잘 맞는 찰떡궁합이라고 하는데 왜 서로 으르렁거리고 이혼을 하였는가? 살아오면서 내내 부부 사이에 아무 문제가 없었지만 헤어지게 된 그 이유를 궁금해 하던 사람들도 자기 자녀들의 이름 초년에 있는 강한 이별운의 작용으로 인해 서로 헤어지게 되었다는 것을 알고는 놀라워하는 이들이 많다. 오로지 이름만 분석했을 뿐인데, 그 이별의 원인을 이름에서 알게 되니 '너무나 놀랍다'고.

이렇듯 자녀들 이름의 초년운은 부모의 중년운에 절대적인 영향을 끼치는 환경의 기운이며, 부모님의 말년의 운이 어떤 운을 가졌는가? 에 따라 풍요로운 편안한 노후를 맞이할 것인지, 늙어서도 자식들을 걱정하는 또는 병들어 누웠음에도 효도를 못 받는 불행한 노후를 맞이할 것인지… 자신의 말년이 안 좋다는 것은 자녀의 중년이 안 풀려 그 자녀들의 도움을 받을 수 없는 상황에 놓인다는 것이 이름분석만으로 알 수 있다는 것이다.

말년에 재물운이 있다는 것은 본인의 경제적 능력보다는 그 풍요로운 말년을 위한 자녀들의 물심양면 효도가 뒷받침 된다는 의미이기도 하다. 말년운에 흉 운이 있는 경우 건강이 좋지 않은 노후를 맞이하게 되는 삶으로, 늙으면 자연히 건강이 안 좋아지는 것이 아니라, 그러한 노년의 운을 가졌기에 누구는 팔순, 구순을 넘긴 나이에도 건강한 노년을 보내는가 하면, 누구는 이제 겨우 예순(60세)의 나이에도 온갖 병환으로 고생을 하는 사람들도 있다.

말년운이 좋다는 것은, 건강이 안 좋아도 부모를 돌 볼 중년의 자녀들의 여건이 좋아 충분히 편안한 노후를 맞이하는가? 의 여부문제로 가족 간에는 서로 에너지가 교류하며 서로에게 영향을 끼치는 것으로 이름분석 결과 밝혀졌다.

그래서 작명 시 초년운은 스스로 기반을 잡아야 하는 시기이니 탄탄히, 말년 운은 자녀의 중년의 상황을 뜻하기도 하며, 본인에게는 평생운이며 대표하는 에너지의 특징이기에 말년운은 무조건 든든하게 좋은 운의 구성으로 지어 주어야 하는 것이다. 조금 부족한 중년운을 가졌을지라도 자녀의 이름에 초년을 튼튼하게 지어주면 충분히 보완이 되는 삶을 영위하기 때문이다.

이렇듯 다년간의 가족 구성원 전체의 이름을 분석하면서 가정 내에 일어나는 문제점의 원인과 현상을 자세하게 분석할 수 있었으며, 삶이란 나 혼자 살 수 없는 사회적 구조로 고아로 지내다가 결혼을 하든, 직장을 다니든 어떤 식으로든 나 외의 사람들과의 관계는 형성되기 마련이며, 그러한 사회 구조 속에서 주변 사람들과 원만한 유대관계를 맺으며 살아간다는 것은 참으로 중요하다.

상사나 부모님에게 또는 후배나 자녀에게 열심히 잘 대해주고 배려함에도 알 수 없는 이유로 늘 부딪히는 상황으로 골이 깊어지면, 가족 간의 단절에 직장생활을 못하게 되는 상황이 되고, 이러한 문제가 심각해지면 대인기피 증상을 보이기도 한다. 일반적으로 몇몇 사람들은 이러한 인간관계의 부딪힘으로 인해 정신적인 갈등과 고통을 겪다가 결국은 심리학 전문가의 상담을 받아 슬기롭게 해결해 나가기도 한다.

대부분의 심리 상담 과정을 보면 가족 간의 문제점을, 그 상담자의 유년기부터 성장하면서 겪은 정서적 환경을 유추해 내는 방식으로 풀어 나가는 게 보통이다. 그러나 알콜중독자 아버지와 사회성이 떨어지는 어머니 아래서 성장하거나 또는 일자무식 할머니 밑에서 누가 봐도 바르게 자랄 수 없을 것 같은 불우한 환경에서도 반듯하고 똑똑하게 성장하여 성공한 삶을 살아간다거나, 누가 봐도 인정할 만한 정서적으로 적당한 풍요로움과 인자하고 반듯한 부모님 밑에서 따뜻한 사랑을 받고도, 어느 순간 걷잡을 수 없이 비뚤어지는 자녀를 둔 부모의 가슴 아픈, 정신적 고통은 심리학적으로 설명할 수 없는 맹점(盲點)이 있는 것도 현실이다.

이름 분석 결과를 통해 한글이름의 소리오행에서는 에너지 파동 작용이 대인관계 운(=에너지)으로 작용하고, 이 오행의 기운이 사람들과의 관계를 나타내며, 서로 교류하지 못하는 '氣(=에너지) 흐름의 막힘'임을 밝혀냈다. 그래서 개명이라는 것을 통해 이름의 오행을 서로 상통하게 하여 줌으로써 원할한 기(=에너지) 교류가 되게 한다든가, 가족 간의 관계가 친밀해지고, 말만 꺼냈다 하면 다툼이 되던 상황들이 서로 부드럽게 대화가 이루어지는 화기애애한 분위기로 바뀔 수 있다는 것은 참으로 놀라운 일이다.

소리에너지의 작용과 밀접한 음악이나 말과 글의 작용은 사람과 동, 식물에도 많은 영향을 준다는 것은 이미 많은 과학자들이 증명해 냈고, 세계 각국의 대다수 많은 사람들이 알고 있는 부분이다. 이름도 소리에너지의 작용과 밀접한 관계가 있음을 수많은 사람들의 이름분석과 상담의 결과로, 또 개명 후 대인관계 부딪힘으로 인한 스트레스가 현저하게 줄고, 또는 저절로 풀렸다는 변화를 경험한다는 고객들의 개명 후 변화 이야기로도 충분히 증명되어지고 있다.

이름분석 상담을 하게 되면 대체적으로 50대 이후의 사람들은 "자신들은 살만큼 살았으니 자신들은 중요하지 않고 자녀들은 앞날이 창창하니 자녀들의 이름만 바꿔주세요" 하는 경우가 대다수다. 이름으로 한 사람의 운명을 알아낸다는 표면적인 이야기만 들으면 마치 성명학이 통계학의 결과라는 믿음보다는 신비주의로 받아들이는 분들이 많다. 실제로 그동안 7천여 명 이상의 개명고객들과 교류를 하면서, 개명 후 '기적 같은 변화'를 직접 고객들을 통해 듣게 되면 이 성명학을 신비주의가 전혀 아니라고는 말할 수 없다.

그래서 상담자들의 이해를 위해 가끔 불교나 굿의 '조상들을 위한 천도제'와 풍수에서 말하는 '조상의 묘자리' 선택에 신중을 기하는 이유와 부모님들의 이름의 중요성을 비교해 설명하곤 한다. 예로부터 이어져온 조상들을 위한 천도제나 묘자리 풍수를 신중히 여기는 가장 큰 이유가 바로 조상들의 영혼을 평안히 하여 후손들의 삶의 안위를 보장받고자 하는 방법들 중 하나이다. 죽은 자들의 영혼이 후손들에 영향을 끼치거나 받는다는 이유로 행하는 '천도제'나 '묘자리' 풍수가 첨단과학의 시대인 요즘도 여전히 행해지고 있는 이유는 바로 죽음 이후 '영혼의 세계'를 인정하기에 가능하다고 할 수 있다. 이름의 중요성도 같은 맥락에서 비교해 설명하자면, 죽은 자들도 살아있는 후손들에 영향을 준다는데, 이름에 보이지 않는 에너지의 영향력에 대해 밝혀졌듯 살아있는 부모님의 기운(=에너지)이 자식에게 끼치는 영향력은 당연한 것이라 할 수 있다.

이러한 내용을 뒷받침하는 실험이 미국의 한 과학자를 통해 증명되었다. 한 실험자의 물건을 실험자와는 수백, 수천 킬로미터 멀리 떨어진 장소의 실험실에 각각 놓고 그 물건을 컴퓨터와 연결한 후 실험자는 또 다른 장소에서 컴퓨터와 연결해 심리테스트를 하였다. 그 결과 실험자의 심리그래프가 수천 킬로미터 밖에 있는 자신의 물건들에서 동일하게 그려졌다는 결과의 내용을 접하고는 깜짝 놀라지 않을 수 없었다.

무속인들이 가장 많이 이야기하는 '남의 물건 함부로 들이지 마라', '남의 옷 함부로 입지 마라! 그들의 기운이 묻어 있다.'는 이야기와 대중적으로는 가족의 사망 시 망자의 유품이나 옷들은 다 태워버리는 풍습이 있는데 이것은 대부분의 사람들이 당연한 것으로 여긴다. 예로부터 망자의 유품을 태우는 이유는 여러 가지가 있으나 죽은(死) 자와 산(生) 자 사이의 연결고리를 끊는 이유도 그 중 하나이다. 망자의 생전 유품을 왜 태워버리는지를 증명하듯, 결국 서양의 한 과학자는 실험자와 실험자의 물건에 흐르는 에너지 교류를 확인해 준 것이다. 나와 관련된 물건에서 나의 기운(=에너지)이 그대로 나타난다는 이 실험은, 세포를 나눠 가진 가족들 사이에도 당연히 서로의 에너지가 서로 교류된다는 것을 증명해 주는 것과 같다. 이름분석 상담자들에게 '평상시 생활 속에서 가족들의 걱정을 하기보다는 늘 긍정적으로 생각하고 말하며, 믿고 기도해 줄 것'을 늘 강조하는 이유이기도 하다.

이름으로 대인관계 궁합을 알 수 있다

이름분석 상담을 하면서, 제일 먼저 설명을 하는 부분이 한글이름의 오행으로 한글오행 운에서는 대인관계 운과 궁합을 알 수 있다. 이름에서의 궁합 운은 한글이름의 발음오행을 기준으로 분석한다.

기존의 발음오행성명학과 파동(波動)성명학, 구성(口聲)성명학, 음파(音波)성명학 등 성명학의 이름은 다 다르나 근본적으로 주장하는 한글이라는 글자의 소리의 파동에너지로 인한 삶의 영향이라는 부분에서 한글이름의 중요성을 강조하는 것은 동일하다. 그러나 '파동에너지'의 중요성을 이야기하는 것은 똑같으나, 파동에너지라 함은 발음오행뿐만이 아니라, 이름 세 글자 안에 포함된 모든 운들의 파동을 이야기하는 것으로 한글의 수리운과 한글 주역괘운, 한문 수리운, 한문의 주역괘 운까지 다 포함한 이름전체의 모든 에너지 파동을 이야기해야 한다.

이와 같이 일부 성명학자들이 한글이름 소리의 오행만을 갖고 마치 이름의 전체를 파악한 듯 '한글이름을 분석해낸다'고 주장한다거나, 한글소리오행의 운만 갖고 마치 '이름 전체의 파동, 음파에너지의 작용 때문'이라고 주장을 하는 것은 미흡한 주장이다. 파동에너지, 음파에너지의 작용에 대해 보다 과학적인 주장을 하려면 같은 전세계 모든 사람들의 이름소리에 대해서도 설명해 낼 수 있어야 한다. 즉, 불리어지는 모든 언어에 대한 소리에너지의 작용도 설명이 가능하여야 한다는 것이며, 한국인의 이름만 갖고 소리에너지의 작용을 주장하려면 적어도 한글이름 '예)홍길동(洪吉東)' 이라는 이름 전체에 담겨있는 모든 기운氣運(한글이름의 발음오행운, 한글수리운, 한글주역괘운, 한문수리운, 한문주역괘운)들의 작용임을 주장해야 하는 것이 옳은 주장이 아닐까?

이름분석이 가능해 지면서 삶에서 발음오행 즉 한글 소리오행이 차지하는 비중은 30%나 되는 것으로 밝혀졌으며, 부부이별의 향방, 사람들과의 트러블, 우울증 등 오행운의 영향이 크다. 기존에 한문이름 위주의 성명학에서도 이러한 오행의 관계를 한자의 자원오행을 갖고 설명해 왔는데, 사주에 부족한 오행의 기운을 작명 시 꼭 넣어 작명하여야 한다는 한자 자원오행론이 긴 기간 동안 성명학계에 주를 이루었으나, 현실적인 문제에서는 한문의 자원오행이 상생임에도 불구하고 실제 임상에서 별다른 효과를 못 나타냈으며, 한쪽에서는 사주의 부족한 오행을 이름 속에도 넣어주면 좋지 않을까하는 성명학자들의 기원으로 시작된 용신성명학 이론이 성명학자들 사이에 널리 퍼져 있었었다. 아직도 두 개의 이론을 주장하는 성명학자들이 작명을 하고 있는 것도 현실이다.

이러한 연구 과정들 속에서 실제 임상으로 자원오행론이나 용신오행 이론을 토대로 작명을 하여 주었음에도 불구하고 문제점 개선에는 큰 도움이 되지 못하면서 한글이름에 대한 연구가 활발하게 일어났고, 각계각층의 소리에너지에 대한 연구결과들과 접목하여 이름도 소리의 파동에 의한 작용이 있음을 증명해 내고자하는 노력들이 이루어졌다.

한글이름의 소리 오행에 대해 연구하는 과정에서 현재 제가 사용하는 이름분석 또는 작명에 적용하는 발음오행 성명학과, 『혜례본』의 오행을 주장하는 성명학 두 개의 이론이 대두되고 있다. 이 두 개 이론의 주장은 한글 이름의 소리 오행 중 土의 오행과 水의 오행에 대한 서로 상충되는 주장을 하고 있으며, 『혜례본』의 오행을 따르는 성명학자들은 세종대왕이 한글 창제 시 주장한 오행을 그대로 따라야 한다는 것으로, 이 『혜례본』의 오행은 세종께서 그 소리가 입안의 어디에서 나오는가에 대한 구분으로 ㅁ, ㅂ, ㅍ 는 토(土)의 기운으로 보며, ㅇ, ㅎ은 수(水)의 기운으로 구분하는 방법이 다를 뿐 나머지 오행은 똑같다.

그러나 발음 오행이론을 연구해 낸 성명학자들의 주장은『혜례본』의 오행과 달리 실제 생활에서 널리 사용하는 단어들인 물, 비, 바다, 피 등 물(水)의 근본적 특성을 가진 한글 단어들의 토(土)의 성분이 될 수 없으니 ㅁ, ㅂ, ㅍ 는 수(水)의 오행으로 구분하여야 하고, 반대로 흙, 항아리, 화분 등 토(土)의 근본적 특성을 지니는 단어들의 에너지가 흙(土)이 물(水)이 될 수 없기에 토(土)의 오행으로 보아야 한다는 이론이 있다.

이러한 이유로 성명학자들 사이에 '성명학에서는 세종의 혜례본의 오행과 달리 적용되어야 한다는 주장'이 더 합리적으로 받아들여지고 있으며, 같은 맥락의 주장으로 저는 목(木)의 오행으로 분류되는 ㄱ, ㅋ의 성씨 오행들 강, 고, 구, 가, 공, 김씨… 등의 성씨 오행 중에 김씨는 ㄱ이라고 해서 무조건 木의 기운으로 볼 것이 아니라 김씨의 원래 근본인 한자 金씨의 쇠, 철, 금속의 성분을 가진 에너지의 특성상 김(金)씨는 金의 오행으로 보아야 한다는 스승님의 이론을 따르고 있으며, 결국, 이 이론으로 이름분석 시 다른 성명학자들과 다르게 분석되고, 작명되는 것이 우리 연구원의 가장 큰 특징이기도 하다.

4년 전, 이러한 오행이론을 김(金)씨를 金의 기운으로 분석한 실제 임상 상담자들 중에, 엄마와 세 자녀(모두 김씨 성을 가짐)가 같이 이름분석 상담을 받고 개명을 결심하면서, 엄마는 배우자와의 부딪힘과 풀리지 않는 관계로 그동안 힘든 삶을 살아왔으며, 그녀의 자녀들도 아버지와의 관계가 원만치 않아 힘들었었다며 상담 후 이름이 안 좋다면 개명하고자 한다는 사례가 있었다. 상담 결과, 엄마와 자녀들의 마음은 개명하고 싶은 것이 절대적인데, 남편과 아버지의 반대로 개명을 못하면 어쩌나 하는 고민을 심각하게 하였었고 그 과정에서 아버지와의 부딪힘이 생기게 된다면 그녀는 이혼을 하더라도 이름을 바꾸고 싶다는 것이었다. 같이 온 자녀들도 역시 그동안 아버지로 인해 힘들었던 터라, 아버지와 헤어지는 한이 있더라도 엄마와 함께하겠다는 각오로 개명을 결심하였노라며 작명의뢰를 한 예이다.

그 가족들은 한 달 후 작명된 이름을 문자로 받고 충분한 고민 후 각자가 선택한 이름으로 작명장을 수령해 갔고, 바로 1주일 뒤에 전화를 주셨다. 몇 년 전에 돈을 빌려주고 못 받아 법적 소송을 했으나 도저히 받을 수 없을 것 같아 포기하고 까맣게 잊었던 사건이 있었는데, 이름을 받아 일어난 현상인지 모르겠지만, 법원에서 "다는 못 돌려주나 1천만 원을 받아가라"는 소식을 들었다며 '감사하다.' 해 주셔서 적잖이 놀랐는데, 그로부터 한 달 뒤에는 법원에 개명신청이 들어간 상태인데 남편이 달라졌다고 또 기쁜 소식을 전해왔다. 아이들과 아버지 사이가 원만해지고 화기애애해진 가정 분위기가 되었다며 '참 신기하고 거듭 감사하다.'는 전화를 주신 가족이다.

이 가족들의 경우 이름의 오행의 에너지가 아내는 남편과 상극의 오행을 가져 늘 부딪히는 대화의 단절과, 수리운이나 주역괘 운에 다툼, 시비수이며 이별 운의 강한 특징을 갖고 있는 운이 있었으며, 자녀들의 이름들도 역시 부모와의 관계를 나타내는 오행이 상극으로 구성되어 있어서 아버지뿐만 아니라 어머니와도 늘 부딪힘이 있는 삶이었었다. 그리고 중요한 건 당시 그녀의 남편이자 아이들의 아버지는 이름이 크게 문제가 없는 분이었다는 것이다. 그런데도 아내 본인의 이름에너지의 특성상 단절과 다툼임을 인정하기보다는 상대방의 탓을 했으며, 이름분석 상담을 하는 내내 남편에 대한 불만과 아버지에 대한 불만으로 가득한 상담을 했던 그들이 자신이 가진 이름의 에너지가 그러하기에, 상대적으로 본인이 느끼는 감정일 뿐이라는 것을 이해하고 나니 불만의 상대자를 이해하게 되었다는 것이다.

이외에도 다양한 많은 사람들의 이름들을 분석하면서 나오는 결론은 어떤 운을 가졌느냐? 에 따라 본인의 삶이 힘들거나 가족들 간에 부딪힘이 있거나? 한다는 결론을 얻게 되었으며, 정확한 이름분석이 가능해야 근본적인 문제점을 파악, 작명 시 막혀있는 에너지의 흐름을 상생으로 바꿔줌으로써 개명 당사자와 나머지 가족 모두가 원만한 유대관계를 갖게 된다는 것이다. 상대방을 탓하기 이전에 차라리 '내 탓이오, 내 팔자 탓이오!' 하고 막연하지만 이해하며 살아가든가?, 자신의 대인 관계 운은 구체적으로 어떠한지 알고 삶을 살아가는 것도 지혜가 아닐까 생각해본다.

한글이름의 소리오행이론이 두 개이든, 세 개이든 중요한 것은 무조건 나의 이론이 옳다가 아니라, 어느 이론을 공부하였든 각자 배운 이론을 토대로 임상에서 고객들의 이름분석 상담을 얼마나 정확하게, 또 그 확률은 어떻게 되는지? 끊임없는 연구를 하고, 그 통계적인 결과를 갖고 상담자들의 대답을 통해 증명을 해 내면 되는 것이다. 기왕에 성명학자의 길을 가기로 하였다면 스승님의 가르침에 문제점은 없는지, 또는 좀 더 세밀한 분석을 해낼 수 있는 방법들은 없는지 등등 더 많은 연구노력을 하는 자세가 필요하다. 이러한 분석 과정들을 통해 나온 정확해진 데이터 결과들을 갖고 자신의 이론에 대한 확신을 가져야 하는 것은 당연한 것이며, 이름이 사람들의 운명에 끼치는 영향이 크다는 것을 안다면, 좀 더 신중한 자세로 '더 많은 사람들에게 이름으로 어떻게 도움을 주며 살아갈 것인가?'를 늘 생각하고 연구하는 삶이야말로 진정한 성명학자의 길을 가는 바른 자세가 아닐까? 생각한다.

좀 더 정확한 분석이 가능한 새로운 성명학 연구들이 나오고, 그러한 이론을 토대로 많은 사람들의 좋은 변화 소식을 들었다면, 이 새로운 이론을 하시는 분들의 새 이론을 공부하고자 하는 배움의 자세도 필요하지 않을까? 이 부분은 나의 제자들에게도 늘 이야기하는 주장으로 스승인 나의 이론이 다가 아니라, 끊임없이 연구를 통하여 앞으로 더 정확하고, 더 좋은 이론을 갖고 더 많은 인류에 도움이 될 수 있는 '늘 연구하는 네임 애널리스트'의 길을 갈 것을 매번 강조하고 있다.

예명의 효과와 본명

이름은 불리어지는 운의 영향을 더 받는다? 본명과 예명 둘 중에 어느 것의 영향이 더 클까? 연예인들은 예명으로 불리는 경우가 더 많은데 그럼 그들의 삶은 어떤 이름의 영향을 더 받을까?

앞글에서 자주 언급하였듯 이름분석이 가능해지면서 형상문자인 한문이름보다는 소리글인 한글이름이 삶에 끼치는 영향이 더 크다는 것은 속속 밝혀지고 있다. 소리나 말의 영향력에 대한 중요성은 우리 선조들도 이미 알고 있었던 것 같다. 태교의 중요성을 미리 알고 임산부에게 언행이나 행동을 조심하도록 하는 태교법이 전수되어 내려져 왔었다는 것을 보면 우리 조상들이 얼마나 지혜로운 분들인가를 알 수 있다.

20여 년 전부터 임산부들 사이에 태교가 아기의 건강과 정서적 안정, IQ 또는 인성(EQ)에도 많은 영향을 끼친다는 이유로 좋은 태교 음악을 들으려는 노력을 임산부라면 누구나 유행처럼 따라 했던 적이 있었다. 이러한 현상은 20여 년이 지난 지금까지도 이어지고 있고 요즘 부모들은 오히려 더 열심인 것 같다. 건강하고 정서적으로 안정된 똑똑한 자녀를 갖기 위한 노력들은 어미가 되는 순간 본능적으로 나타나는 당연한 현상인 것 같다.

이처럼 음악이나 말이 사람들에게 많은 영향을 끼친다는 것을 거의 대부분의 사람들은 여러 다양한 실험결과 등으로도 이미 알고 있다. 많은 과학자들의 각종 다양한 농작물 실험과 화초재배 실험을 통해서도 증명된 바 있으며, 이 소리에너지의 영향뿐만이 아니라 글자나 사람의 말에 의해서도 물의 입자가 변화한다거나 사람들에게 직접 실험을 통해서도 상호간에 서로 영향을 받는다는 것이 2009년 한글날 특집 다큐로 MBC에서 방영된 적이 있다. 실험을 통해 일상에서 사용되는 막말의 영향력, 긍정적 표현과 부정적 표현에 따른 인체의 변화, 언어의 심리적 지배력 등을 다루는 것을 주제로 실험자 '집단의 변화과정'과 '밥의 변색과정' 등을 방영한 적이 있다.

이름분석과 개명 후 변화 과정에서도 보여 주듯 '이름의 소리의 파동'이 삶에 끼치는 영향에 대해 밝혀지면서 또 하나 놀라운 발견은 서류상에 등재된 이름의 영향이 불러주는 이름의 영향보다 더 많은 영향을 끼치고 있음이 밝혀졌다.

성명학에 입문 당시 스승님으로부터 새로운 이름은 하루에 1만 번씩 매일 2년간을 꼬박 불러야 새 이름이 2년 만에 안착된다는 교육을 받은 바 있다.

그런 이유로 몇몇 성명학자들은 새 이름을 녹음해 늘 반복해 들으라고 말한다는 것이다. 삶이 바쁜 사람들에게 매일 1만 번 이름을 부르고 듣는다는 것은 쉽지 않은 일이다. 하루 1만 번을 불러보니 2시간이 꼬박 걸린다는데 바쁜 현대인에게 쉽지 않은 일이다. 이런 방법들은 사람들에게 소리에너지에 편중된 이유를 들어 법적인 개명을 굳이 안 해도 된다는 의식이 많이 깔리게 됐다. 실제 정확한 이름분석이 가능해지면서 예명을 많이, 널리 사용하는 사람들의 이름을 분석해본 결과 일반인들보다는 대중적으로 훨씬 많이 불리어지는 여건을 가진 연예인들조차 예명보다는 본명의 영향을 더 많이 받는 것으로 밝혀졌다.

2011년 케이블 TV 프로그램 '미스터리 블랙홀'에 출연을 해 준 나의 고객의 예이다. 그녀는 당시 남편과의 대화단절로 결혼 10년이 넘도록 아기도 없는 상태였고, 나를 찾았을 당시 부부사이의 불협화음에다 아기도 없으니 친정식구들은 조금이라도 나이 어릴 때 헤어지는 게 낫지 않겠느냐는 이야기가 나올 정도로, 이혼을 심각하게 고려하던 차에 지인의 소개를 받고 마지막 노력으로 개명을 해볼 생각으로 상담을 했었다. 그녀의 원래 이름은 ○/○/림으로 한글 총운이 14수리의 이별의 흉운을 가진 이름이었는데, 한참 상담을 해보니 자신의 이름은 주민등록증 개편 당시 동사무소직원이 자신의 이름 끝글자의 한자가 '수풀 林'자로 〈○○임→○○림〉으로 바뀌 놓았다는 것이다. 친구들이나 가족들은 당연히 원래이름인 '○○임'으로 불러주었으며, 그러나 주민등록증이나 서류상에는 '○○림'으로 되어있었다.

당연히 나는 두 개의 이름을 서로 비교하여 설명을 해 주었고, 놀랍게도 이름분석 상담 결과, 불러주는 이름의 운보다 서류상의 이름의 운의 영향을 더 많이 받고 있었다는 것이 서류상 이름만 바뀐 후 그녀의 삶과 이름분석 결과가 일치함을 인정할 수밖에 없었다. 원래 이름이니 당연히 불러준 이름 '○/○←임'에는 자식운이 있고, 13획 총명, 지혜의 인생 총운을 가졌었는데, 서류상의 바뀐 이름 '○/○/림'은 자식자리가 닫혀있고, 인생총운인 대표에너지가 14획의 강한 이별, 시비, 다툼의 흉운으로 되어 있어서 결혼 후 남편과의 다툼과 이별 직전의 삶을 경험했으며, 자식운도 없는 것으로 되어있었다. 물론 원래이름이나 서류상의 이름의 배우자와의 궁합은 오행의 상극으로 원래 사이는 좋지 않았다. 그러나 원래 그녀의 삶은 이별과 다툼, 자식운이 없는 삶은 아니었으니 동사무소 직원의 쓸데없는 과한 배려로 인해 그녀의 삶이 달라지기 시작하였음은 충분히 알 수 있다. 부부 모두 작명을 해드렸고, 그녀 먼저 개명 후, 결혼 후 12년, 법원 개명 후 4개월 만에 임신을 하는 기쁨을 가졌고, 멋진 사내아이를 낳아 잘 키우고 있으며, 배우자는 방송출연의 불편함으로 기분이 상해 개명신청을 몇 년 뒤에 하게 되었는데, 지금은 세 가족이 단란하고 화목한 생활을 하고 있다.

일반인들보다 더 많이 불려지는 연예인들이 예명의 효과보다, 그들의 본명인 서류상 이름의 영향으로, 이름을 바꾸고 새로운 예명으로 잠깐 뜨는 듯하던 유명연예인이 안 좋은 사건으로 오르내리며 구속되는 사례들을 보며, 소리에너지의 작용이라는 것은 불림도 중요하지만 글자의 영향이라는 것도 상당히 삶에 관여하는 에너지가 있음을 증명해준다고 할 수 있다.

우리 연구원을 통해 이름분석 상담 후 이름에 단명수가 있는 흉운을 가진 고객에게는 무조건 법적인 개명을 권장하고 있으며, 심지어 법적 개명을 하지 않고 "예명으로만 부를 건데 작명해 주십쇼" 하는 고객에게는 애초부터 아무리 많은 큰돈을 준다고 해도 작명 자체를 아예 안 해 주는 것을 원칙으로 하고 있다. 서류상 이름에 흉운이 있는 한 불려지는 운의 작용은 미비함을 알기에 개명 후 전혀 달라지지 않을 뻔한 삶을 위해 '황시현이름연구원'에서 작명되었다는 소리를 듣고 싶지 않기 때문이다.

책『물은 답을 알고 있다』중에서

물에도 '의식'이 있다. 한마디 긍정적인 말이 기분을, 분위기를, 세상을 바꾸는 힘이 된다. 아름다운 생각과 음악도 그러한 원동력이 된다. 어떻게 가능할까? 눈에 보이지도, 손에 잡히지도 않는 그것들이 어떻게 물리적 세상을 변화시킬 수 있는 것일까? 아무도 생각하지 못했던 저자의 이러한 연구는, "말이 씨가 된다"는 우리 조상들의 격언이 결코 허언이 아니었음을 뒷받침 해준다. 또한, '생각이 현실을 만든다'는 정신주의자들의 주장에 힘을 실어 준다. 나아가 '의식과 물질은 하나' 라는 선구적 현대 물리학자들의 가설이 진리임을 강력하게 암시하고 있다.

물의 세계가 보여주는 이 놀라운 진리는 인간의 의식이 이 세상을 평화와 사랑이 넘치는 곳으로 만드는데 얼마나 큰 역할을 할 수 있는지를 웅변하고 있다. 우리를 의식과 물질의 통합이라는 우주 본래의 세계로 인도하는 매력적인 안내서이다.

에모토 마사루, 『물은 답을 알고 있다』 (양억관 옮김) 글 중에서

사람의 몸은 70%가 물로 구성되어 있다. 각 종교의 기도법, 긍정적인 말, 아름다운 소리(음악), 좋은 이름으로 불린다는 것, 에모토 마사루 박사의 물 입자 실험의 결과에서 보여 주듯 소리 파동 에너지의 작용이 얼마나 왜 중요한지를 밝혀주는 중요한 실험 결과들 중 하나이다.

모든 물체와 물질은 고유의 이름을 가지며, 그 이름에는 고유의 에너지가 있다. 사람의 이름이 중요한 이유는 '황시현'이란 세 글자에 함축된 에너지가 불리어지는 대로 또는 서류상 호적에 적혀 있는 이름(글자)의 기운(氣運=에너지)이 그대로 삶에 반영되었음을 많은 사람들의 이름분석 상담 결과로도 알 수 있고, 개명 후 고객들과의 교류를 통해 그들의 변화를 수년간 지켜본 결과로도 충분히 증명되어지고 있다. 일반인들보다 더 많이 불린다는 연예인들의 이름분석을 통해서도 예명보다 서류상의 본명의 영향이 더 크다는 것이 밝혀졌는데, 연예인들의 예명과 본명 이름분석 결과와 언론에 노출된 그들의 삶의 현상을 통해서도 충분히 증명되어지고 있다.

즉 이름은 불리어지는 이름의 운보다 서류상의 이름의 운 또는 이름을 쓰는 행위(서명)로도 이름의 영향력은 크며, 이러한 결과를 통해 일반사람들에 비해 월등하게 많이 불리어지는 예명을 가진 연예인들조차 예명보다는 서류상의 본명의 이름의 영향이 더 크다는 것이 밝혀지고 있다.

소리가 공기 중에 한번 울려 퍼지면 어느 순간 작아지는 현상이 있다면, 글자는 종이에 적어 놓고 태워 없애지 않는 한, 글자에 담긴 기운 여전히 존재하는 에너지이기 때문이다. 어떤 풍수전문가는 일반인들이 집에 종교적인 기운이 있는 물건은 서가(書架)에 둘 것을 권한다. 많은 책들의 에너지가 강한 그 기운을 상쇄시킨다는 것이다. 이 의미는 책속의 글이 갖는 기운(에너지)의 작용을 말하는 것이며, 불경(佛經)을 필사하고, 성경(聖經)을 필사하고 소원을 이루었다는 대다수 몇몇 사람들의 체험에서도 알 수 있듯이 부처 또는 예수께서 깨달은 삶의 지혜를 글로 담은 경전의 좋은 기운(에너지)이 주는 영향력 때문이 아닐까?

우리 연구원에서 이름을 받으신 분들은 받는 즉시 그 이름으로 서명을 바꿀 것을 적극 권하며, 법적으로 바꾼다는 조건이 충족될 때에만 작명을 해 주는 것을 원칙으로 한다. 법적인 개명을 하지도 않고, 자신들의 삶이 달라지지 않는다고 말하는 분들이 몇 있었다. 이름의 작용은 대상자의 이름을 작명하는 그 순간, 그 시각부터 에너지 작용이 일어나는 것이 고객들을 통해 체크될 정도로 이름의 에너지 작용은 빠르게 나타난다. 그러나 작명 받은 이름을 받았음에도 개명하지 않으면, 이름의 기운(氣運)은 더 이상 움직이지 않는다는 것도 밝혀졌다. 새 이름의 변화의 기운을 느끼고 싶다면 법적으로 바꾸어야 한다는 것이 나의 주장이다. 고로 예명보다는 본명이 더 많은 영향을 끼치며, 본명의 운이 좋다는 조건이 맞을 시에만 예명을 지어주는데, 이때 예명은 본명의 운에는 없는 그러나 현 생활에는 꼭 필요한 에너지들을 보완하여 작명해 준다.

동명이인의 경우
그들의 삶은 똑같은가요?

똑같은 삶을 살아가는가?

그럼 사주가 같은 쌍둥이가 성격이 다르고 다르게 살아가는 이유는?

같은 사주이나 상반된 삶을 사는 경우가 있다. 사주전문가들은 그 이유를 시대 배경, 환경, 집안 내력, 부모가 어떠한지에 따라서 달라질 수 있다고 보며 부모를 공간의 개념으로 본다. 같은 사주를 갖고 똑같은 삶을 살아간다는 주장에는 무리가 있으며 내륙, 물가, 더운 지방, 추운 지방, 유복한 가정, 가난한 가정이라는 환경적인 조건의 차이에서도 삶에 많은 영향을 준다는 것이다. 부모, 형제 가족환경의 차이와 배우자의 영향력도 크게 작용하고, 사람들의 삶에 영향을 미치는 요소는 크게 5가지로, 성장하고 생활하는 환경, (풍수)지리적 환경, 사주, 생김새(용모, 관상), 자기수양 등의 노력 여하에 따라 삶을 달리 산다 고 말한다.

그러나 사주로는 쌍둥이처럼 초(秒)차이 분(分)차이로 태어난 같은 부모, 같은 환경, 같은 지역에서 자랐음에도 그들의 성격이 다르고, 적성과 재능이 다르고, 서로 다르게 살아가는 이유에 대해서는 명확하게 설명을 해내지 못한다. 물론 환경론을 적용하면 성장 후 성인이 되어 서로 다른 직장을 갖게 되면서 차츰 다른 모습으로 살아간다고 설명할 수 있겠으나, 성인이 되어 서로 다른 환경에 놓이기 전까지 그들에게 나타나는 현상에 대한 설명은 하지 못한다는 것이 사실이다. 사주보다 이름의 영향이 더 크다는 것이 밝혀지면서 이름은 쌍둥이 일지라도 서로 다르게 갖기 때문에 사주로 설명해 내지 못하는 부분을 이름에선 성격, 적성, 삶이 다른 이유를 정확히 설명해 낼 수 있게 됐다.

심지어 고아원에서 자라 부모형제도 없이 사주가 정확히 언제인지 모르는 사람들은 일반인들처럼 재미로든, 삶이 고달파서든 사주철학가들을 통해 왜 그러한 삶을 살고 있는지? 타고난 운명에 대한 설명을 평생 듣지 못하고 답답하게 살아간다는 것이다. 그런데 이 이름분석학 이론으로는 누가 지어준지 모르는 이름이라도 현재의 이름만으로도 그 사람이 가진 재능이나 성격의 장단점과 살아온 삶, 앞으로 펼쳐질 삶을 설명해 낼 수 있다는 것이다.

물론 그 이름대로의 삶이 그의 타고난 운명이냐? 라고 묻는다면 그건 나도 모른다. 다만, 수많은 사람들의 이름분석 결과를 통해 얻어낸 결과를 토대로 설명하자면 그의 운명이 그러하여 그런 운의 구성을 가진 이름을 갖더라는 대다수 90% 이상의 사람들의 이름분석 결과, 사주와 똑같은 운명대로 살더라는 것과 사주보다 이름의 영향이 더 크다는 것에 대해서는 설명할 수 있다. 또 실질적으로 고아출신 고객들의 이름분석 상담을 통해서도 이름에 있는 그대로의 재능과 성격과 환경대로 살고 있음이 이름분석을 들은 후 '맞습니다. 그렇게 살았네요' 라는 그들의 증언으로도 충분히 증명되어진다. 개명을 한 후 성격이 바뀌었고 막연했던 미래에 대한 계획적인 생각들이 정립이 되며, 직업이나 환경적으로 많은 변화를 겪으며 주변 사람들의 부류가 달라진다는 소식을 통해서도 증명해 낼 수 있다.

곧 태어날 아기를 가진 부모나 갓 태어난 신생아를 가진 부모들이 아기의 이름을 지어보는 경우들이 많이 있는데, 신기하게도 그들 부모들이 지은 이름들은 아기의 사주와 똑같은 운명의 이름들을 갖게 되며, 시중에 성명학 책 몇 권을 읽고 그것을 토대로 아기의 이름을 신중하게 지었다는 부모의 사랑이 담뿍 담긴 이름조차 그 신생아의 사주와 똑같은 운명의 이름으로 지어졌다는 것이다. 수개월 전 이름의 중요성을 잘 아는 할머니가 손주의 이름을 감명의뢰 하는 과정에서 밝혀졌는데, 그 아기의 친부모는 몇 권 읽은 성명학 책을 통해 알게 된 약간의 성명학적 지식을 갖고, 손주 이름을 의뢰한 할머니와 제가 못마땅한지 아기 이름이 작명되어 선택하기까지 '자신들이 원하는 이름을 지어줄 것을 얼마나 강하게 주장을 하던지' 애를 먹었던 적이 있다. 지난 10월 즈음의 일로 결국, 자신들이 지은 아기 이름을 분석하여 설명해 주고, 아기의 사주를 설명해 주면서, 아기 아버지가 지은 이름이, 아기의 사주 상 힘든 시기의 운에 똑같이 힘든 흉운이 들어 있는 이름으로 지어졌다는 것을 듣고는 '어떻게 그럴 수 있는지?' 크게 놀라며, 그 후, 저를 믿고 순순히 절차를 밟아 이름을 받았던 사례다.

"그렇다면 동명이인의 경우 같은 삶을 살아가나요?"

많은 사람들이 궁금해 하는 질문이다. 대답은 "아니요, 다릅니다." 이다.

"왜요? 원장님 설명대로면 사람들은 이름대로 산다면서요."

똑같은 한자의 이름을 가지고도 서로 다르게 살아가는 이유는? 한 사람의 운명은 그 사람의 기운(氣運) 단독적으로 움직이는 게 아니라 같이 사는 구성원 가족들이 어떤 기운(=에너지)을 가졌느냐? 에 따라 이름에 들어 있는 기운(氣運) 즉, 에너지들이 서로에게 끼치는 영향 때문에 그렇다. 그래서 한 사람의 이름만을 분석하기보다 등본상의 가족 구성원이 어떤 운을 갖고 있는지도 중요하기에 단독 세대주가 아닌 경우 무조건 가족 구성원의 이름을 분석해야 정확한 분석이 가능하다.

13년 가을, 62세 가량의 한 여성이, 다녀간 고객의 소개로 이름분석 상담을 해왔다. 30대 초반의 아드님 문제로 방문한 케이스인데, 명문대를 졸업한 멀쩡한 아들이 두문불출 집 바깥을 안 나가고 사회활동을 전혀 하지 않는 답답한 삶을 살고 있다는 것이다. 수년간 아들의 문제를 해결코자 안 해 본 것이 없고, 안 다녀본 곳이 없었다고… 말하던 한 어머님의 사례로, 그녀의 외모로는 연령이 70이 넘은 줄 알았는데, 가족들의 이름을 분석해 본 결과 그녀가 실제 나이보다 왜 더 늙어보였는지 그 원인을 잘 알 수 있었다.

이름분석 상담을 받은 후, 그녀는 우리 연구원에서 이름을 분석받아보기 전까지는 아들의 문제로만 여겨 절에도 다니면서 치성도 들여 보고, 굿을 통해서 해결해 보고자 노력도 하였고, 사주도 용하다는 데는 다 찾아 다녔고, 이름이 문제라고 하여 10여 군데 성명학자들로부터 아들의 이름에는 문제가 없고 부모님인 자신들의 이름이 안 좋다고 하여 이름도 여러 번 지어 봤고, 심지어 은수저에 새겨서도 사용하고 있노라고 하였다. 살면서 돈은 아쉬움을 모르고 지내고는 있는데 멀쩡한 4년제 대학 졸업 후 두문불출 집 밖으로 나갈 생각은커녕, 사회생활을 전혀 하지 않는 서른 살 넘은 아들의 문제로 자신들이 죽고 나면 그 아들이 뭘 해먹고 살지, 결혼시킨다는 것은 꿈도 못 꾸는 아들의 풀리지 않는 삶이 참으로 불행하고 답답하였노라고 하셨다.

가족의 이름을 분석한 결과 원인은 아들이 아닌 부모님에게 있었다. 아버지, 어머니 두 분의 이름을 분석해 보니 재물운은 참으로 많았으나 생사를 달리 할 만큼의 강한 흉운이 아버지 이름에는 3개, 어머니 이름에는 2개나 들어 있었으며 공교롭게도 두 사람 모두 '하늘에서 돕는다'는 행운이 시기마다 들어 있었다. 이름에서 말하는 흉운은 개명을 권할 만큼 안 좋은 운으로 이 흉운(수리운 중 14획, 20획 수리나 주역괘 운 중 화택규, 천수송 등의 운을 말함)은 본인뿐만 아니라 곁에 있는 사람들에게까지 영향을 끼치는 강한 기운(氣運)으로, 자신의 이름에 이러한 흉운을 가졌으면서 동시에 같은 시기에 하늘에서 돕는다는 행운이 들어 있게 되면 이 흉운의 영향은 본인보다는 타인 즉, 다른 가족들이 영향을 받게 되는 현상이 있다.

그동안 수많은 사람들의 이름을 분석하면서 소위 완벽한 맑은 운의 큰 리더십을 가진 사람들을 보면 집안을 일으켜 세울 만큼 큰일을 할 사람으로, 이런 운의 사람들은 사주에서도 집안을 일으켜 세우는 운을 갖고 있는 것으로 해석되는 운이다. 성명학적으로 문제가 없는 이름을 가졌음에도 이러한 운을 가진 사람이 흉운을 가진 다른 가족들의 영향을 더 많이 받는 것으로 이름분석 상담 결과를 통해서 밝혀지는데, 이 상담 사례자의 경우도 상담 후 두 분 부모님의 이름을 개명할 것을 강하게 권하였다.

이름에 들어 있는 운의 설명을 다 들으신 그 어머니는 슬며시 다른 두 명의 이름을 내 놓았다. 이름 상담을 하면서 3명의 이름만 주셔서 원래 3명의 가족만 있는 줄 알았는데, 이름분석을 받고 그간의 삶이 이름을 통해 다 분석이 되어지니 그동안 원인을 알 수 없었던 일들의 해답을 들은 듯 나머지 두 명의 자녀 이름을 내 놓은 것이다. 그 자녀들의 이름 운 또한 완벽한 운을 가진 친구들이었다.

이름분석이 다 끝난 후, 어머님의 이야기를 들으니 그 두 자녀 중에 첫째 장남은 영재소리를 듣던 학생이었는데, 고등학생 때 수학여행 중 친구들과의 가벼운 장난으로 갑자기 심장마비로 세상을 떠났고, 둘째 따님은 명문대를 다녔는데 그만 뇌종양으로 1년간 고생하다 얼마 못 살고 명(命)을 달리하였다고 한다. 그렇게 멀쩡하게 잘생긴 똑똑한 자녀들을 둘이나 앞세우면서 독실한 기독교 신자였으나 자녀를 앞세운 현실에서는 종교조차 큰 힘이 되지 못하였고, 굿도 여러 차례 해보았으며, 여기 저기 안 다녀본 곳이 없이 전전하다가 심지어 종교를 불교로 개종도 해보았다 한다. 그것도 큰 도움이 되지를 못하니 결국 참선을 하는 수행을 해보았지만, 하나 남은 아들은 건강은 하나 사회생활을 전혀 하지 않고 집에만 있는 모습에 자신들이 죽고 나면 그 아들은 어찌 살아 갈 것인지를 늘 노심초사 하였고, 그러한 삶으로 인해 당시 그녀의 수심 가득한 모습은 70이 넘은 내 친정 엄마의 나이보다 훨씬 늙어 보였던 것이다. 그 분의 원래 나이는 갓 60을 넘긴 나이였다.

이름분석 상담 의뢰를 해 오면 정확한 분석을 위해 등본상의 가족 구성원 전체의 이름을 분석하고 있다. 정확한 분석은 어떤 사람이 개명을 하여야 하는지, 누가 좋은 운의 이름을 가졌는지, 완벽한 운을 가진 사람이 왜 흉운의 영향을 받는 것인지, 등을 판별하는 기준이 되기 때문이다. 이름분석 결과, 세상을 일찍 달리한 두 자녀는 막내아들처럼 완벽한 이름의 운을 가진 운이었기에 그 집 전체에 나타나는 불행의 원인은 두 분 부모님이 생사이별의 강한 흉운을 여러 개 가지고 있어서이고, 그 흉운이 다른 가족들에게 영향을 끼쳤기 때문이고, 그 과정에서 2명의 자녀가 먼저 세상을 떠나는 일이 있었다는 것이다.

이 어머님의 경우 30대 막내아들이 문제 있다고 생각하여 아들의 이름을 바꿔 주고자 우리 연구원을 찾아왔지만, 상담 결과는 그 부모님의 이름의 흉운이 자녀에게 끼친 영향에서 원인을 찾을 수 있었다. 그동안 살아오면서 자식을 위해서라면 별의별 안 해 본 것이 없었다는 그 어머니는 마지막 지푸라기라도 잡는 심정으로 아들의 이름을 개명해 주고자 크게 마음먹고 찾아온 터였다.

그러나 오히려 자신들의 이름에 문제가 있어 본인들의 이름을 개명하여야 한다고 하니, 많이 난감해 하셨다. 나는 부모님의 이름을 바꾸지 않겠다면 아무리 큰돈을 주신다 해도 아드님의 이름을 지어드릴 수 없으며, 현재 아드님이 멀쩡한 운을 가졌음에도 부모님의 흉운의 영향을 받고 있다는 것이 밝혀진 이상, 아무리 좋은 이름을 아드님께 지어주더라도 아들의 개명이 아무 소용없음을 알고 있기에, 부모님의 이름을 무조건 개명하셔야 함을 단호히 말씀드렸다. 대신 아드님은 안 바꿔도 되는 이름이나 부모님이 걱정하시니 좀 더 좋은 운으로 그냥 지어드릴 것을 약속하니 결국은 아들을 위해 과감하게 개명을 하였다. 그리고 1년이 지난 어느 날 그녀를 소개했던 고객이 인사차 방문하여 그녀의 소식을 전해 주었는데 이름을 바꾼 후 아들은 오피스텔을 따로 얻어 나갔으며, 사회생활을 열심히 잘하고 있고, 두 부모님 또한 그런 아들의 모습으로 활기를 되찾았다는 것이다.

동명이인으로 똑 같은 한자의 이름을 가진 사람들이 왜 다르게 사느냐구요?

바로 위의 상담의 예에서 보듯이 똑같은 이름을 가졌을지라도, 같은 이름을 가진 두 사람의 각 부모님의 이름이 같을 확률은 거의 없기에, 가족 간의 기운의 영향을 받는다면 당연히 서로 살아가는 모습과 환경은 다를 수밖에 없음을 의미합니다.

쉽게 예를 들자면, 김명자(金明子)라는 이름을 가진 사람이 전국에 10명이 있다고 한들 그들의 부모님의 이름이 같을 확률은 거의 없지요. 게다가 태어난 가정환경조차 다르고요. 그 부모님의 중년운과 '김명자'라는 사람의 초년운은 같은 시기의 환경으로 작용합니다. 그래도 예를 들어 우연히 1만 명 중에 하나 2명의 김명자의 부모님이 김길동, 한순희로 한자까지 똑같은 이름을 가졌다고 합시다. 그렇다면 김명자의 초년의 환경은 거의 비슷하게 형성될 수 있습니다. 물론 형제들의 이름이 또 어떠하냐에 따라 그 환경은 서로 다를 수 있구요.

두 김명자가 성인이 되어 직장을 다니는 나이가 되었을 때를 봅시다. 두 김명자가 우연의 일치로 한 직장, 한 부서에 다니게 된다면야 그 시기에 같은 환경에 놓이면서 잠깐 비슷한 성격이 형성될 가능성이 있겠으나 그러한 확률 또한 거의 없지요. 설사 거기까지 우연히 같이 왔다고 합시다. 결혼을 하여야 하는데 두 명의 김명자가 똑같은 한자의 이름을 가진 박길동을 만나 같은 결혼을 할 확률은 훨씬 더 떨어집니다. 결혼을 하게 되면 그 후에는 나의 운(=에너지) 외에 배우자의 에너지의 영향을 받기 때문이죠. 그럴 리가 없겠지만 만에 하나 여기까지도 정말 우연의 일치로 두 명의 김명자가 똑같은 한자 이름을 가진 박길동을 만나 결혼했다고 칩시다. 그럼 여기까지는 두 김명자의 삶은 비슷하게 진행되는 것이 맞습니다. 마지막으로 이 두 '김명자'가 같은 해 같은 시기에 자녀를 낳을 확률은 정말 정말 더 떨어집니다.아기의 태어남과 사람의 죽음은 이름의 개명으로도 장담을 못합니다. 왜? 생(生)과 사(死), 인연(因緣)은 신의 영역이기에.

이렇듯 같은 사주와 성별이 같은 사람이 평균 50명 정도 된다는데 그들의 삶이 각기 다른 자세한 이유를 설명해 내기 어렵지만, 동명이인이 서로 같은 이름을 가졌음에도 그들이 왜 다르게 살아가는지 제대로 설명할 수 있다는 것이지요.

이름 속에 영적인 기운이 있다

이름을 분석해 보면 영적인 에너지를 유난히 많이 가진 사람들이 있다. 전 세계적으로 우리 한국인들은 인디언 다음으로 신끼(神氣)가 가장 많은 민족이라고 한다. 가장 많은 종교가 큰 다툼 없이 공존하는 나라로도 유명하다. 대부분의 사람들이 '신끼가 많으시네요'라고 이야기하면 기분 나빠한다. 신끼(神氣)를 '무속인의 기운'이라고 생각하시는 분들이 많아서 빚어지는 현상이다.

이름 속에도 영적인 기운이 들어있고, 상담 시 '신끼'라는 표현 보다는 '영적인 기운이 많습니다.' 라는 표현을 주로 사용한다. '영적인 기운'하면 기독교인들의 경우 종교적인 에너지로 해석하시는 분들이 더 많아 부드럽게 받아들이고, '신끼'라고 하면 무속인의 기운으로 받아들여 기분 나빠 하는데, 사실 두 단어의 사전적 의미는 거의 같다고 할 수 있다.

신끼와 영기의 사전적 의미는?

신기(神氣)의 사전적 의미는
귀신 신(神) : 신령, 정신, 혼, 마음, 덕이 높은 사람, 불가사의 등.
기운 기(氣) : 기백, 기세, 힘, 공기 등.
1. 신비롭고 불가사의한 운기(雲氣).
2. 만물을 만들어 내는 원기(元氣).
3. 정신과 기운을 아울러 이르는 말.

영기(靈氣)의 사전적 의미는
신령 영(靈) : 신령, 혼령, 영혼, 귀신, 정기, 정신, 영적인 존재 등.
기운 기(氣) : 기백, 힘, 공기, 눈에는 보이지 않으나 오관(五官)으로 느껴지는 현상 등.
신령(神靈)스럽고 영묘(靈妙)하게 느껴지는 기운(氣運)으로 정신, 혼령, 유령, 혼백, 영혼, 귀신 등을 이르는 말.

신끼 '神氣'와 영적인 기운 '靈氣' 한자 상으로 사전적 의미의 차이는 거의 없음에도 오히려 영적인 기운(靈氣)이라 하면 좀 더 편안해 하는 인식들을 하는데, 두 단어의 숨은 의미의 차이는 거의 똑같다. 오히려 영적인 기운이 더 강한 의미가 있다고 할 수 있다. 사주나 이름분석에서 '영적이다.' '영적인 기운이 많다.' 라고 말함은 신의 기운이 일반인들보다 남다르게 강하고, 큰 에너지를 갖고 있다는 의미이다.

영적인 에너지를 유난히 많이 강하게 가진 사람들의 직업적 특징을 살펴보면, 각 종교지도자(신부님, 스님, 목사, 무속인 등), 사주철학가, 의사, 한의사, 기(氣)치료사, 카이로 프락틱(추나요법, 지압사), 연예인, 아티스트(각 예술계통 종사자, 성악가, 무용가, 화가, 작가 등등), 헤어디자이너, 요리사, 남자는 주먹세계, 여자는 화류계 종사자 등의 직업을 가진 사람들에게서 가장 많이 나타나는 특징이다. 위와 같은 특수한 직업을 갖지는 않지만, 평범한 일반인들 중에도 영적인 기운이 많은 사람들이 있고, 이런 분들 중엔 종교생활을 정말 열심히 하는 독실한 신자들이 많이 있다. 직업의 특성상 종교지도자나 아티스트의 길을 가는 사람들은 영적인 기운 즉, 영감(靈感)이 없다면 자신의 길을 더 크게 펼쳐낼 수 없는 운으로, 꼭 있어야만 그 분야에서 성공할 수 있는 직업들이다.

남자는 주먹세계와 여자는 화류계 종사자들 중에서 신내림을 받는 경우가 가장 많은데 그들의 이름을 보면 거의 대부분이 흉운으로 구성되어 있고, 지혜로운 에너지보다는 삶이 온통 고통이요, 고난으로 가득하며, 영적인 에너지 또한 많은 흉운과 함께하니 늘 걱정과 불안, 억울한 누명, 시비, 다툼, 구설, 의심 등의 파동 속에서 넘치는 영적 기운을 주체하지 못하는 약한 자아를 가진 사람들이 대부분이다. 이러한 직업을 가진 사람들은 삶을 지혜롭게 판단할 수 있는 강한 자아를 갖지 못해 안 좋은 영적인 기운에 휘둘리는 사람들이 많은 것이 특징이다.

아래 ①, ②, ③은 이름에 영적인 기운을 가진 사람들의 에너지 구성표로, 영적인 기운을 가진 사람들은 대체적으로 인복(人福)이 없다. 부모형제들 간에도 도움을 못 받는 경우가 대부분으로 이름 오행의 운이 상극의 기운(氣運)을 가진 사람들이 많다. 대인관계에 부딪힘이 많은 생활로 인해 우울증, 대인기피증, 심지어 가족들과도 부딪치는 생활로 정 둘 곳을 모르니 마음의 안정을 찾지 못하는 피해의식을 가진 사람들이 많다.

①

금 / 목 / 토

○ ○ ○

7 6 5

13 11 12 18

풍화가인 풍뢰익 풍수환

①번 같은 운의 구성을 가진 이름의 경우는 한글 전체의 기운이 영적인 에너지로 수리학에서 18획 수리운의 특징은 부귀영달의 재물운으로 의학, 문, 무, 예체능 등의 기운이 많아 대체적으로 의사, 예술

인, 스포츠선수 등에게 많다. 이 18획 수리운과 함께 '풍뢰익'의 주역괘 운을 가진 사람은 '봉사하는 삶을 살아라! 어려운 이웃을 보면 베풀고 보살피라! 홍익인간의 삶을 살아라!'의 기운(氣運)이 많아, 실제 이 운을 가진 사람들은 어려운 사람들을 보면 가만히 있지 못하고 발 벗고 나서 도와주는 성격을 갖고 있다. 직업을 살펴보면 사회복지사, 소방대원, 119구급대원, 인권변호사, 구청이나 동사무소에 근무하는 사람들이 많다.

'풍화가인'이라는 주역괘 운의 특징도 주변사람들을 화합시키고 이끌어가는 에너지로 ①번 이름을 가진 사람의 경우 오지랖이 대단하며, 18수리 예술적인 재능과 풍수환(※주역괘 풍수환운의 특징 : 개혁하라, 새로운 판을 짜라, 변동, 변혁의 에너지로 주역괘 운 중 택화혁, 지뢰복이 풍수환과 같은 특징을 갖는다)을 가진 사람들 중엔 뮤지컬 배우, 칼럼니스트, 기자, 인테리어 디자이너, 헤어디자이너, 자연주의 또는 약선요리를 추구하는 요리사, 인쇄업 등의 직업을 가진 사람들이 많다.

②

토 / 목 / 토

○ ○ ○

5 6 6

11 12 11 17

화뢰서합 이위화 화풍정

②번과 같은 한글이름의 운을 가진 사람들은 인생의 총운이며 평생운인 주역괘 운이 화풍정으로 이 화풍정이라는 주역괘 운의 특징은 '제사장의 운명'을 뜻한다. 제사장이라 함은 성경에서 '하나님께 제사 드리기 위해 특별히 구별된 사람'이라는 의미로 그야말로 하늘에 제를 드리며 기도하는 운명을 가진 사람이다. 이름에 이 운을 가진 사람들은 '영적인 삶을 살아라!' 하는 운명으로 실제, 각 종교 지도자(스님, 신부님, 목사, 무속인), 기치료사, 한의사 등의 직업을 가진 사람들이 많다.

이 운은 초년이나 중년에 있으면 미래를 예감, 예측이 잘 맞고, 감(感), 촉이 발달한 사람들이 많다. 그래서 초년이나 중년에 이 운이 있게 되면 총명함으로 해석을 하는데 삶을 살아가는데 적당한 예감, 예측이 가능하니 선경지명이 있어 삶을 지혜롭게 살아가는 지표가 되기도 한다. 실제로 개명의뢰자에게 이러한 운을 초년이나 중년에 넣어 주었는데, 추리력과 감(感)이 좋아지면서 삶을 보는 안목이 넓고 깊게 바뀌었다고 한다. ②번의 전체적인 운을 가진 사람들을 살펴보면, 종교인, 연예인들이 가장 많은데, 김태희, 개그맨 김준호, 강호동 등이 있고, 이들은 모두 영적인 기운(氣運)을 많이 갖고 있으며, 영적인 에너지를 갖고 연예인으로 살아가니 갖고 있는 기운을 제대로 활용하는 삶이라고 말할 수 있다.

강호동씨는 한때 '무릎팍도사' 코너에서 마치 신당처럼 꾸민 무대에서 한복을 입고, 찾아온 각 분야 예술인들에게 해준 덕담들이 모두

다 이루어졌다!는 후문으로 유명한데, 강호동의 강한 영적인 기운인 제사장의 운(화풍정)과 함께 화뢰서합이라는 주역괘 운의 특징인 '말의 힘'의 에너지를 그대로 살려 강력한 목소리로 장담하듯 덕담을 해주니 안 이루어 질 수 있겠는가? '영적인 말의 힘'의 기운은 곧 강호동의 한마디가 가진 에너지의 효과라고 할 수 있다.

해서 이름 안에 영적인 기운과 말 또는 소리의 에너지를 가진 분들은 말의 힘을 가진 자들이니 항시 조심해야 한다.

③

토 / 수 / 화

○ ○ ○

7 6 7

13 13 14 20

손위풍 풍수환 풍택중부

③과 같은 한글이름의 운을 가진 사람들은 머리도 상당히 좋고, 예술적인 재능도 뛰어나며, 영재소리를 들을 만큼 이과적인 성향도 강한 이름의 기질로 저 운은 직업도 학업운도 극과 극을 가는 경우가 참 많다. 일반적으로 이 ③번 이름운의 특징을 가진 사람들은 의사(수술의), 변호사, 예술인, 판검사, 과학자, 연구직 등의 직업을 갖는 사람들도 많고, 영재소리를 듣고 자랄 만큼 머리도 좋지만 14수리와 20수리의 흉운의 영향을 받아 학업보다는 평생운인 풍택중부라는 주역괘 운의 기운(氣運)인 예술인의 삶으로 전환하는 친구들이 많

다. 부모님은 의사, 변호사, 판·검사 자녀를 꿈꾸다 예술 쪽으로 턴하는 자녀들과의 마찰로 힘들어 하는 사람들도 많다. 이런 기운을 가진 변호사나 의사들의 경우 방송에 자주 출연하여 마치 연예인처럼 활동하시는 분들이 있다.

위와 같은 경우 이외에도 수리운 중에 총명함이나 예감 예측이 뛰어난 운으로 해석되어지기도 하는 영적인 특징을 나타내는 수리들이 있는데, 27획 수리의 특징은 도인의 삶을 추구, 철학적, 심리학적, 세상을 통달한 듯 살아가는 특징이 있고, 영적인 기운이 가장 강하게 작용, 이 운을 이름에 가진 분들 중에 신부님이나 목사, 스님의 길을 가는 사람들이 대체적으로 많다. 그러나 다재다능의 재능으로만 활용하며 평범하게 살아가는 분들도 많다. 물론 이들의 성격이나 추구하는 삶의 모습들이 평범하지는 않다.

41획 수리의 특징은 천추지도자의 운으로 '제도중생(濟度衆生 : 고해(苦海)에 있는 중생(衆生)을 건져주는 일)'의 삶을 살며 남다른 통찰력과 사명감을 갖고 지도자의 삶을 추구하는 특징이 강하다. 45획, 48획의 수리운의 특징도 미래 예측, 예감, 통달(通達)의 기운으로 선견지명이 뛰어나 만인의 사표(師表)가 되는 삶을 산다거나, 47획 수리는 강한 행운의 재물운으로 학문, 종교에서 크게 성공하는 운이며 故문선명씨가 이 운을 가졌었다. 이 수리운에 하늘에서 돕는 운이 있으니 헬기추락 사고에서도 살아남은 이유가 문선명 씨 본인의 이름 속에도 있기 때문이다.

이렇듯 수리(數理)에도 영적인 기운이 있으나, 주역괘 운에 있는 화풍정, 산수몽, 수천수 등의 영적인 기운보다는 약하다. 이름 전체 운의 에너지구성 비율을 보면 수리운이 30%(한글수리, 한문수리 포함)를 차지하고, 주역괘 운이 40%를 차지하니 주역괘의 에너지가 삶에 끼치는 영향이 가장 크기 때문이다.

이 외에도 영적인 기운을 한글이름이나 한문이름에 넘치게 가진 사람들의 이름분석 상담을 해보면, 아직은 미숙하고 유약한 어린 자녀들 중 5살, 7살 꼬마가 집안에서 귀신을 본다는 경우가 가끔 있다. 이런 경우는 정말 극히 드문 일이고, 대체적으로 초년의 시기의 운에 강한 영적인 에너지를 이름에 가진 경우로 아직 신체적으로나 정신적으로 미숙한 아이들에게는 감당할 수 없는 큰 영적인 기운으로 인해 정신질환, 자폐의 특징이 나타나는 경우도 있다. 심하진 않아도 자기만의 세계에 빠져 있거나, 병명을 알 수 없는 질환들로 몸 여기 저기 옮겨 다니며 아파서 병원을 찾아 온갖 CT를 촬영해보지만 '원인을 알 수 없다'는 판독결과를 듣고, 또 언제 아팠냐는 듯이 증상이 사라졌다가 또 다른 부위가 아파 병원에 실려 가는 일을 반복하게 되는 삶을 살았다는 고등학생 친구도 있었다. 이 친구 역시 이름을 개명하고 원인을 알 수 없는 고통에서 벗어나 활력을 되찾고, 우울해 하던 모습에서 밝고 명랑한 모습으로 남은 고3 생활을 즐겁게 한 케이스로, 그동안 몸이 아파 손 놨던 공부를 다시 하고 싶은 욕심도 생겼다고 한다. 그래서 재수를 해서라도 하고 싶은 거 다 해보고 싶다고 했다.

5년 전 20대 후반의 한 여성이 이름 상담을 한 지 1년이 지난 후에야 작명의뢰를 했고 개명하기까지 더딘 진행과정을 겪은 고객이 있었다. 당시 그녀의 이름분석 결과 "당신의 이름 속에 영적인 기운이 있습니다."라는 나의 말에 사실은 그녀의 아버님이 무속인의 피가 흐르는 집안으로 부모님이 신 받음을 거부하면서 아버지가 후천적 장애를 갖게 되었고, 어머님 집안도 아버지와 같은 경우로 어머님 역시 후천적 장애를 가지게 되었고, 그런 두 분이 만난 결혼 후, 두 자녀를 두었고, 두 자녀는 평범하게 잘 자랐다고 했다. 그러나 성년이 되면서 남들이 못 보는 세계의 다른 것들을 보고 듣게 되면서 우리 연구원에 이름 상담을 의뢰하였었다. 당시 그녀는 직장에서 동료들 주변에 뭐가 보인다는 이야기를 해 줄 정도였고, 심지어 이명 현상인줄 알았는데 남들은 못 듣는 귀신들의 이야기를 들을 정도였단다.

개명을 신청하기 1년 전 지방에 있어서 전화로 상담을 했던 케이스인데 상담하는 와중에도 '이름상담을 못하게 그들이 방해한다'면서 겨우 겨우 힘들게 상담을 하였고, 상담을 하고 바로 이름을 바꾸고 싶다는 의사를 밝혔고, 남동생도 바꾸어 주고 싶다는 이야기를 했었지만 1년이 지난 뒤에야 겨우 작명의뢰를 했었다. 그동안 알 수 없는 무언가의 방해로 1년이 지나 작명의뢰를 하게 되었다며, 그 사이 부모님께도 상담 내용을 말씀드렸고, 부모님은 흔쾌히 개명을 허락하셨다며 그제야 작명을 의뢰하였다.

작명된 이름을 문자로 받기만 하였는데도 그 뒤부터 잠을 편하게 자고, 이상한 소리도 들리지 않는다며 너무나 편한 생활을 하고 있노라 했다. 평온한 삶이 너무 좋다며 이름이 법원에 개명이 되지도 않았는데 너무 신기하다며, 그녀는 개명 후 좋은 남자친구도 만나고 잘 지내고 있다고 소식을 전해왔다. 영적인 에너지가 넘치는 사람은 영적인 직업을 갖고 살 목적이 아니면 대부분이 그 에너지를 감당하지 못하고 휘둘리는 경우가 대부분이다. 원치 않는 넘치는 불안정한 영적 에너지를 감(減)하여 안정적인 에너지로 바꾼 경우다.

또 한분은 중국에서 '천기누설' 방송을 보고 '이 사람이면 자기 자신을 도와줄 수 있겠다.'는 생각에 무작정 예약하고 찾아온 여성이 있었다. 그 여인의 눈에서는 마치 피를 쏟아 낸 듯 붉은 기운이 넘쳐나는 ①번과 같은 한글의 운을 갖고 계셨던 분으로 당시 그녀의 이름에 있는 그대로 분석을 해 드렸고, "이름 속에 영적인 에너지가 많으니 전공을 예술분야를 하셨으면 그 길을 가시는 게 좋겠습니다." 라고 이야기하니 그녀는 미술을 전공해 화가의 길을 가고 있었었고, 배우자는 교수며, 예전에는 재정적으로도 어려움 없이 중상류층에서 워낙 잘 사셨었노라고, 아들이 하나 있는데 아들 공부를 위해 중국에 나가 있던 상황이었다고 말하였다. 그러나 어느 순간부터 지인들과 대화를 나누다가도 그 지인 신상에 관해 무속인처럼 이야기하고 있는 자신을 보고는 깜짝깜짝 놀라는 일이 있었다며, 별생각 없이 있다가도 어느 순간 때와 장소를 막론하고 말이 술술 술술 위기에 처한 사람의 신상에 관한 이야기를 내뱉고 있더라는 것이다. 정신을 똑 바로 이성을 차리고자 함에도 어느새 그런 상황에 놓이곤 했다며 삶이 난처한 지경이 한둘이 아니었단다.

그 후 몇 년 간 신 받는 것을 피해 끊임없는 거부를 하면서 가정생활과 경제적으로 최악의 고통에 몰림 상태에 있는 중이라며, 대나무만 잡으면 바로 돈방석에 앉을 수 있다는 소리를 수도 없이 들을 만큼 강한 신의 기운으로 인해 많이 힘들었고, 신내림을 받는 것을 계속 거부하면서 재정적으로 계속 힘들어지는 상황이 계속되고, 신내림을 안 받으면 남편이 하는 일과 가진 모든 것을 다 빼앗겠노라는 소리를 들으면서도 도저히 그 길을 받아들일 수 없었다고 했다. 다행히 내게 오기 전까지 아들의 교육만은 시킬 수 있을 만큼만 금전이 도는 힘든 상황에 있었노라고 했다,

이 여성의 경우 남편의 이름에도 종류가 다른 영적인 기운이 있었고, 아들의 이름에도 영적인 기운이 가득해서 가족들 모두가 기도하는 삶을 살아야 하는 운명이었다. 크게 흉운이 있지 않았음에도 집안 가득 넘치는 영적인 기운을 본인이 혼자 감당해야 하는 상황이었던 것이다. 이름분석 후 나는 "타고난 운명이면 잘 받아 들여 영적인 기운을 예술로 승화시키는 삶을 사는 게 어떠하겠느냐?"고 권하였고, 이 여성분은 "신내림 즉, 무속인의 삶을 받아들일 수 없으며, 전혀 모르는 낯선 사람과 관련된 이야기를 하는 자신이 너무 싫다며 이름을 바꾸어 신끼(신의 기운)를 빼 주십사" 작명의뢰를 요청하였었다.

이름을 바꾸게 되면 본명 속에 넘치는 영적인 기운을 빼는 작명을 하는데, 실제로 이분처럼 바로 거의 당장 무속인의 삶을 살아야 하는 강한 영적인 기운을 가진 분들이 이름을 개명하면서 일어날 변화에 대한 결과는 개명으로도 장담할 수 없음을 알려드렸고, 그럼에도 이름을 바꾸면 자신이 좋아질 것 같다는 요청에 의해 작명에 들어갔다. 워낙 영적인 기운이 강한 분들은 작명을 하고도 바빠서 새 이름을 전송해 드리지 못해도, 미리 아시는 분들이라 그 당시 다른 일로 너무 바빠서 1주일이 다 지나서야 작명된 이름을 문자로 드렸었다. 이 여성분의 경우 신끼(神氣)를 빼는 것도 급했지만, 아들의 입학금이 없어 작명을 빠른 시일 내에 해줄 것을 특별히 부탁한 경우라 우리 연구원 원칙상 작명 의뢰 후 1달 뒤에나 작명된 이름을 받아 보실 수 있는데 이 여성분은 상황이 딱하여 다른 분들보다 빠른 작명을 하여 이름이 나간 경우다.

이름 받기 1주일 전(제가 작명하던 날)꿈으로 이름이 나옴을 아셨고, 아들의 입학금은 잘 해결되었으며, 그러나 때마침 건강검진을 받을 일이 있어 병원에 가셨다가 자궁협착증으로 갑자기 수술을 하여야 하는 상황이라 입원을 했는데, 공교롭게 아들도 각막이 찢어지는 일로 모자(母子)가 동시에 같은 병원에 입원 수술을 했어야 하는 상황이라 그동안 이름 선택 관련 전화를 못 했노라고 하셨다.

"이름이 나오면서 명현을 겪으시는 것 같습니다."라고 말하니, 웃으면서 자기는 "이미 꿈으로 좋은 이름을 받았음을 알았고, 내일 당장 무속인이 되어야 할지도 모르는 상황의 신끼(神氣)를 빼는데, 그 정도의 명현은 충분히 감당할 수 있다."고 그러면서 이름을 선택하였노라고 아들과 본인의 이름을 불러주었다. 남편 분은 한문만 바꿔도 되는 상황이라 한문만 교체하였고, 퇴원 후 작명장을 받으러 오셨을 때 나는 상담중이라 그분을 직접 만나 뵙지는 못했다. 제자가 그녀의 모습이 상담하러 오셨을 때와는 전혀 다른 모습으로 한결 밝아져 있었고, 눈가 그득한 붉은 기운은 없어지고 부드럽게 바뀌었으며, 화사한 얼굴빛으로 '원장님 바쁘시니 작명장만 받아 조용히 갈란다.' 하시고 작명장만 갖고 가셨다. 이 여성분은 자신에게 일어나는 상황과 새 이름의 기운 등을 저보다도 더 잘 아시는 분이라 더 이상의 질문 없이 흔쾌히 작명장을 받아 가셨던 케이스다.

이렇게 주체할 수 없는 영적인 기운의 영향으로 힘들어 하는 사람들도 있지만 이 영적인 운을 타고난 사람은 '영적인 생활을 하면 하늘의 도움을 받는다'는 에너지이며, 그 예로 종교생활을 하면 종교의 도움을 많이 받을 수 있는 에너지를 가진 사람들이다. 가끔 개신교 신자들 사이에 '기도의 달란트'를 가진 사람으로 평가받는 이들도 그런 에너지를 가진 사람이다. 영적인 기운을 갖고 있기에 그들의 기도는 일반 평범한 사람들보다는 강한 기운이 있어 본인들의 삶뿐만이 아니라, 주변사람들을 위해서도 기도하는 삶을 살아갈 때 편안함을 느끼게 되는 삶이기도 하다.

이름분석 상담을 하면서 가장 많은 시간을 할애해 가장 많은 긍정적 메시지를 이야기하는 그룹이다. 영적인 기운이 있다는 것이 나쁜 것만은 아니며, 위에서도 이야기했지만 우리 한국인은 전 세계민족 중에 인디언 다음으로 영적인 기운이 많은 민족이라고 한다. 영적인 기운이 이름 속에 누가 더 많이 있느냐, 적게 있느냐의 차이가 있을 뿐, 대부분의 한국인들이 영적인 기운을 갖고 있고, 영적인 기운이 남달리 많아서 그 에너지를 삶에서 어떻게 사용할 것이냐? 의 문제인 거지 무조건 거부할 것은 아니라고 말해 준다. 이렇듯 이름 속에 유난히 많은 영적 기운이 있다는 것, 즉 신끼(神氣)는 '신이 주신 특별한 기도 능력'으로 '이웃을 위해 영적인 능력을 활용할 것'이 그들이 영적인 에너지를 더 많이 가진 이유라는 것이다.

상담 후 이런 영적인 삶, 즉 기도하는 삶의 운명을 가진 상담자들에게 종교생활을 할 것을 강력하게 권하고 있다. 이런 영적인 기운들이 많은 사람들의 특징을 보면 의심이 많고, 점, 사주에 관심이 많으면서도 그들의 조언을 믿지 않는 성향이 강하고, 심지어 종교조차도 깊이 못 믿거나, 반대로 종교에 빠지면 맹신을 하는 상반된 성향이 가장 큰 특징이다.

많은 고객들이 사주나 무속인을 통해 영적인 기운이 있다는 이야기를 듣고도 못 믿었었는데 눈으로 직접 이름분석표를 보면서 분석받은 이름에도 그러한 기운이 있다 하니 그동안 들은 이야기가 거짓은 아니었고, 무속인이나 스님들을 만나서 들은 '기도 많이 하라'는 이야기가 구체적으로 무언가 했었는데, 상담을 통해 "어느 종교든 본인의 고달픈 삶을 위해, 또는 가족들과 주변 사람들에게조차 기도해 줄 수 있는 능력이 있는 것이니, 기도하는 삶을 살면 많이 편안해 질것입니다."라고 해 드리니 많은 위안을 얻고 간다고 말씀들 하신다.

기도하는 삶의 에너지를 가진 분들에게 "영적인 에너지를 강하게 가진 사람들은 자신의 운명이, 자기 개인의 삶의 안위를 위한 삶이 아니며, 이웃의 많은 어려운 이들을 위해 쓰라고(병을 고치는 재능, 기도의 재능, 목회자의 재능, 음악, 미술, 조각, 요리, 지압, 기치료, 카이로프락틱:이 직업은 우리나라에서 지압, 추나 요법을 주로 하는 것으로 외국에서는 의사로 인정을 받았으나 우리나라에서는 의사로 인정을 하지 않고 있다.) 신께서 특별히 주신 재능이니, 신께서 자신들에게 왜 그러한 특별한 재능을 주셨는지, 그 이유를 곰곰이 생각해보고, 그 재능을 어떻게 활용하여 사람들을 위한 삶을 살아갈 것인가를 생각해보라는 조언을 주로 한다.

또 개명을 하여 넘치는, 불안정한 영적에너지를 뺐다 하더라도 타고난 영적인 기운은 재능과 같은 것이니 개명 후에도 영적인 기운의 활용을 위해서, 또는 개명을 하지 않았어도 영적인 에너지는 강한데 반해 강하지 못한 우유부단한 약한 자아를 가져 힘들어 하는 사람들에게는 차라리 종교를 가질 것을 강하게 권하고 있다. 혼자서는 감당이 되지 않으니 종교 안에서 영적인 에너지를 다스릴 것을 권하는 것이다. 그 종교가 개신교이든, 가톨릭이든, 불교이든 맘이 편한 곳을 정해 안정을 찾으라고, 갖고 있는 넘치는 영적 에너지는 본인 스스로 충분히 기도로써 삶을 충만하게 만들 수 있는 넘치는 자질이라는 것을 강조하여 전하고 있다.

부록

한글이름의 발음오행표(수리오행)

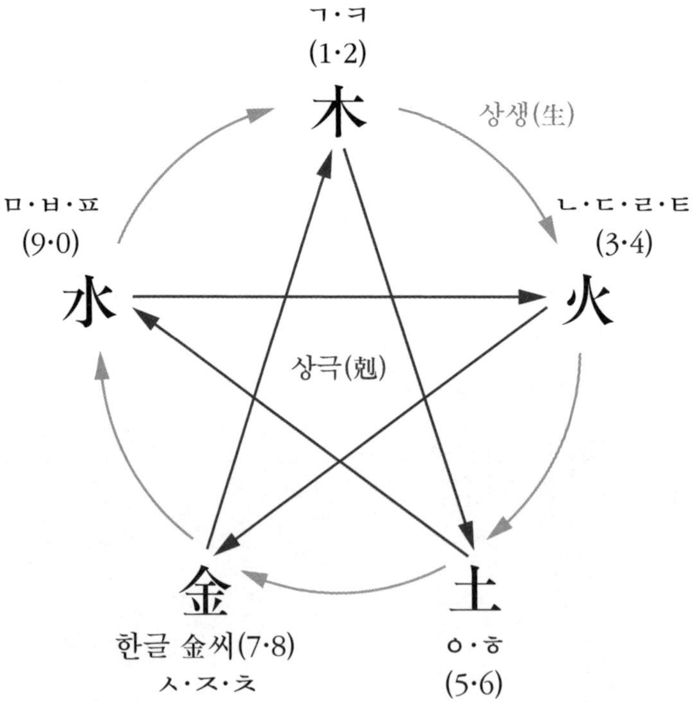

한글이름의 획순표

자음				모음
ㄱ,ㄴ	……	1획	……	ㅡ,ㅣ
ㄷ,ㅅ,ㅇ,ㅋ	……	2획	……	ㅏ,ㅓ,ㅗ,ㅜ
ㄹ,ㅁ,ㅈ,ㅌ	……	3획	……	ㅑ,ㅕ,ㅛ,ㅠ
ㅂ,ㅊ,ㅍ,ㅎ	……	4획	……	ㅐ,ㅔ

영어 수비학 숫자표

1	2	3	4	5	6	7	8	9
A	B	C	D	E	F	G	H	I
J	K	L	M	N	O	P	Q	R
S	T	U	V	W	X	Y	Z	

이야기를 마치며

요즘 4차 산업혁명 시대를 맞이해 사회, 정치, 경제, 산업 등 사회 전반적인 변화에 대해 어떻게 대처를 해 나아갈 것인가? 에 대한 연구와 토론들이 각 분야에서 이루어지고 있다.

한글, 한문 이름 분석으로 각 개인들의 성격과 재능, 직업, 결혼 등… 단순한 이름분석 상담의 차원을 넘어 보이지 않는 미래에 대한 궁금증과 삶의 터닝(turning) 시점에 다가올 미래를 어떻게 준비하고 맞이해야 할지를 같이 고민 해주고 조언해 주는 나의 직업상, 또 경제학을 전공하는 경제학도로서, 이미 들어선 4차 산업혁명의 새로운 변화는 아주 중요한 관점 중 하나이다.

대부분의 사람들이 사주나 타로, 점 등은 주로 40~50대 중년들이 주로 찾는 것으로 알고 있는데, 요즘은 20~30대 젊은 친구들이 더 많이 찾고 있다. 젊음의 열정과 넘치는 호기심만 있으면 성패를 떠나 목표를 세우고 도전해야 할 나이인데, 아직 부딪혀 보지도 않은 미래의 삶을 염려하여 자신의 미래 운명을 미리 들여다본다는 것은 썩 좋은 현상은 아니다.

이러한 현상들을 그저 사회적인 유행현상의 기류로 가벼이 볼 문제는 아닌 것 같다. 이미 4차 산업혁명 시대에 접어든 세계적인 사회현상으로 정치, 산업, 경제의 흐름과도 맞물려 로봇, 컴퓨터 등 기계에게 인간들의 일자리를 빼앗기며 실직자와 설자리 없는 구직자들이 증가하는 사회적인 문제점들이 이제 막 사회 속으로 들어선 20~30대들이 불안감을 느낄 수밖에 없는 큰 사회문제와도 연결되어 있기 때문일 것이다.

2차 산업혁명 시대인 우리 부모님세대는 단순, 반복 기술만 있으면 됐었다면, 이후 3차 디지털 산업 세대인 우리 4-50대들은 초기 컴퓨터 세대로 겨우 프로그램을 만들고 응용해 가는 단계로 이제 좀 알고 적응할 수 있을 것 같은데, 너무나 빠른 속도로 4차 산업혁명 시대에 들어와 이미 첨단화된 인공지능 기기와 사이버 세상이 펼쳐져 생활 속 곳곳에 편리를 제공하고 있다.

움직이는 컴퓨터인 스마트폰(Smart Phone)과 그 기능은 우리 생활에 필요한 모든 정보를 얻을 수 있는 대단한 물건임엔 틀림없다. 그저 전화나 받고 걸고만 할 줄 아는 나의 아버지도 스마트폰을 갖고 계시며, 74세 나의 어머니는 페이스북에 카카오스토리까지 하시는 정말 스마트한 세상에 잘 적응하는 멋진 할머니이다.

얼마 전 제자 한 명이 '사이버 머니의 전망이 크니 여유 있을 때 조금 사두세요'하면서 비트코인(Bitcoin)과 이더리움(Ethereum)이 전망 있는 가상화폐라며 이야기와 문자를 하나 보내주었는데 첨엔 무슨? 어느 나라 언어인가? 살짝 당황스러웠다. 보내준 문자뉴스를 읽어보고 나서야 몇 년 전 컴퓨터 업계 종사하는 남동생과 나눈 이야기가 떠올랐다. 앞으로는 가상화폐를 통해 사이버쇼핑몰을 이용한 거래가 이루어질 것으로 그들 업종사람들은 전망하고 있다는 대화를 나눈 적이 있는데 그 가상화폐가 신 투자가치 종목으로 떠올랐다니 정말 거부할 수 없는 사이버 세상에 살고 있는 것이 분명하다.

쉿! 이름분석가의 본능 상 제자와의 통화 후 비트코인과 이더리움 어느 것에 투자를 하는 것이 나을까 이름분석을 살짝 분석해보았었다. 여러분은 어디에 투자하셨습니까? 사이버 머니에 투자하신다면 어디에 투자하실래요?

비트코인(Bitcoin)의 소리에너지는 17 명망사해의 운으로 관직에 오른다, 자존심, 유명해진다의 에너지를 갖고 있으며, 영어 스펠링 Bitcoin의 에너지는 36 영걸시비의 실패운으로 영웅적인 기질로 일시적인 명성을 얻어 만인의 추앙을 받으나 파란곡절이 심하고 재운이 약한 수비운을 갖고 있다.

이더리움(Ethereum)의 소리에너지는 18 부귀영달의 다재다능한 탈렌트적인 능력과 부의 에너지를 가졌고, 영어 스펠링 Ethereum은 41 천추지도자의 에너지로 제도중생의 지도자운으로 재물과 덕망을 함께 갖춘 세인의 존경을 받는 운으로 되어 있더라구요. 어디에 투자를 해야 할지…….

소유한 부동산이 없으면서 세계에서 가장 큰 숙박업체인 에어비엔비(Airbnb)를 통해 12월 뉴욕의 친구를 만나기 전 숙박할 장소를 벌써 예약을 해 놓았다는 24살 나의 딸님이 부모 몰래 이미 자주 애용했다는 쏘카(Socar)와 평창동 산 중턱에 위치한 집 위치 때문에 가끔 이용한다는 카셰어링(Car Sharing) 서비스 등, 이미 많은 4차 산업의 산물들이 우리 생활 곳곳에 침투해 있으며 새로운 것에 적응이 빠른 젊은 친구들은 자연스럽게 적응해가고 있다.

집안 청소를 위해 불렀던 도우미비용을 대체할 식기세척기와 로봇청소기는 나에게 신경 쓰지 않아도 되는 인간관계의 불편함과 경제적 비용의 절감이라는 2가지 측면에서 유용한 4차 산업 산물들이다. 일부 어느 가정의 비용절감과 첨단기기의 실용성을 이야기하는 것 같지만, 경제학적인 4차 산업시대의 사회현상측면에서 들여다보면 도우미 한사람의 일자리를 빼앗았고, 사회 전체적으로는 도우미들의 일자리가 없어졌으니 실직자들이 증가되었다. 결국 4차 산업의 첨단화는 사람들의 일자리를 기계가 대체하는 현상이 나타나고 있고 우리 자녀들 세대인 지금 20~30대의 현실이기도 하다. 그래서인지 요즘 주 상담고객은 20~30대와 또래의 자녀를 둔 부모님들로 이름분석 상담과 개명신청의 이유를 취업여부와 적성에 맞는 직업의 찾기가 주를 이룬다.

평소 제자들에게 그저 이름의 분석과 작명만이 능사가 아닌 한사람의 인생의 전체적인 흐름을 되짚어주고, 삶의 방향을 조언해 주는 상담자이며 봉사자의 역할을 해야 하는 직업임을 강조하고 있다. 작명으로 한 사람의 미래를 책임질 이름을 잘 짓는 것도 중요하지만, 이 한 사람, 한 사람들이 모여 사회를 구성하고, 국가를 이끌어 갈 리더와 구성원들을 만들어 내는 중요한 직업이기 때문이다. 또 한사람의 인생을 책임질 특별한 직업의 특성상 질 높은 정확한 상담과 조언을 위해서는 사회, 정치, 경제, 산업 전반적인 흐름과 정보를 미리 알고 있으려면 많은 책들을 읽어내고 공부하여야 한다.

개명을 하건 안하건 이름분석 상 본명에는 그들의 타고난 재능과 적성이 그대로 드러나 있다. 신이 주신 특별한 그들만의 재능을 어떻게 잘 살려 나갈 것인지에 대한 조언은 그들의 삶에 중요한 터닝포인트(turning point, 전환점)가 되기 때문에 그들의 미래 삶의 바탕이 되는 직업 전망에 대한 이야기는 참으로 중요하다.

4차 산업혁명의 기계화로 일자리가 없어지는 폐해가 있기는 하지만 조금만 깊이 들여다보면 어차피 인간의 두뇌로 만들어 낸 기계일 뿐이고, 그 기계를 관리하는 것 역시 인간이다. 인간은 아직 다 연구되지 않은 무한한 창조력의 세계를 가진 두뇌가 있고, 그 크기를 잴 수 없는 무한한 사랑을 담은 따뜻한 심장을 가지고 있다. 기계와 달리 인간은 각기 개성이 다르다는 특성도 있다. 고갈되지 않는 창조력과 따뜻한 심장, 자기만의 개성을 표현할 수 있는 직업을 찾아낸다면 첨단기계로 무장된 4차 산업사회에서도 충분히 사회의 일원으로 잘 살아 낼 수 있을 것이라고 감히 조언해 본다.